U0620199

华侨大学 2014 年度"海上丝绸之路"专项研究重点课题

"利用海外华商资源推动海上丝绸之路建设"（HSZD2014-07）研究结项成果

21 世纪海上丝绸之路研究丛书

海外华商
与 21 世纪海上丝绸之路建设

OVERSEAS CHINESE BUSINESSMEN
AND THE CONSTRUCTION OF
THE 21ST CENTURY MARITIME SILK ROAD

林春培　李海林　朱晓艳　著

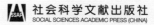

社会科学文献出版社
SOCIAL SCIENCES ACADEMIC PRESS (CHINA)

前　言

　　海上丝绸之路形成于秦汉时期，发展于三国至隋朝时期，繁荣于唐宋时期，转变于明清时期，是已知的最为古老的海上航线，也是沟通东西方经济文化交流的重要桥梁。它不仅仅是一条有形的贸易通道，更代表了一种文化和精神，弘扬的是东西方文明间交流、融合、合作和共赢的基本价值观。2013 年 10 月，习近平主席出访东盟时提出共建"21 世纪海上丝绸之路"，与"丝绸之路经济带"共同构成"一带一路"倡议。自此，这条古老的航路被赋予了时代新内涵，展示了中国与欧亚各国进行深度交流与合作的开阔胸怀，显示了中国对欧亚发展与合作的责任感和使命感。其本质是各方共建、共享的开放性平台，通过深入推进我国与"21 世纪海上丝绸之路"沿线国家和地区产业转型升级、货币区域一体化、基础设施、海洋经济、公共外交等方面的发展与合作，让 21 世纪欧亚之间的文明对话更加顺畅、更加便利，最终实现共赢。因此，研究"21 世纪海上丝绸之路"建设的相关问题，对于探索全球治理新模式、构建新型大国关系具有重要的理论指导意义，特别是在当前复杂多变的国际政治形势下，深入研究如何推进"21 世纪海上丝绸之路"的顺利建设具有重要的现实意义。

　　本书打破传统的"现状—问题—对策"研究思路，突破现有研究重点关注现实问题的局限，综合运用企业微观分析的资源基础理论和宏观分析的比较优势、竞争优势理论，立足海外华商推动"21 世纪海上丝绸之路"建设的重要作用，创造性地提出了一个从微观视角分析宏观问题的整合式分析框架。具体而言，本书从海外华商研究及海上丝绸之路研究的热点与趋势着眼，基于绝对优势、竞争优势和比较优势三大理论，构建了一个关系模型，从资源视角出发，以海外华商的资讯类资源、生产类资源、关系类资源为基础，深入展开，探讨海外华商通过市场驱动、政府协调、民间交流三大机制，推动"21 世纪海上丝绸之路"建设五大重点领域（包括产业转型升级、人民币区域化、互联互通建设、海洋经济合作和公共外交关系）的过程机理，并进行实证检验，为我国政府制定相关政策和企业利用海外华商资源在"21 世纪海上丝绸之路"沿线国家开展业务提供理论依据和实证支持。

全书共十一章。第一章是绪论，阐述了建设"21 世纪海上丝绸之路"的重要性和必要性。第二章阐述了海外华商研究的基本概况、热点领域和未来研究趋势，归纳分析了华商对华投资、海外华人经济、海外华商网络和海外华人华侨等四个热点领域的研究成果。第三章阐述了海上丝绸之路研究的基本概况、热点领域和未来研究趋势，归纳分析了区域经济合作、海洋经济与海洋强国建设、海上丝绸之路文化意义、沿海城市及港口发展四个热点领域的内容。第四章通过数值聚类和趋势聚类详细分析了我国与"海丝"沿线 33 个国家之间在贸易、投资、业务、专利四个方面合作的基本情况及趋势。第五章基于资源视角，通过理论分析和逻辑演绎，构建海外华商影响"21 世纪海上丝绸之路"建设的机制模型，系统阐述其中的作用机制和具体方式。第六章至第十章分别从产业转型升级、人民币区域化、互联互通建设、海洋经济合作、公共外交关系的角度，阐述了"21 世纪海上丝绸之路"建设的研究动态、现状、新趋势或新要求，并应用理论演绎形成的关系模型，分析海外华商影响"21 世纪海上丝绸之路"建设五大重点领域的具体路径和作用方式。第十一章实证检验了资源视角下海外华商影响"21 世纪海上丝绸之路"建设的关系模型，并对所得结论进行讨论。本书既注重理论性分析，通过共词分析、社会网络分析和内容分析，提炼"21 世纪海上丝绸之路"建设研究领域的热点问题，突出本研究的学理性特征，也注重通过规范的实证分析对所提出的理论框架进行实证检验，书中收集了"海丝"沿线 33 个国家的数据，突出应用价值，是从海外华商视角推动"21 世纪海上丝绸之路"建设的全景式介绍。

笔者在撰写本书的过程中得到了许多人的支持和帮助。学生刁雅钰、杨金焕、赵冠希、张婧、钟方、吴若云、熊子俊、卫晓敏、饶思禹等人在数据和文献收集整理及论文初稿写作方面提供了大量的支持与协助；华侨大学 21 世纪海上丝绸之路研究院院长许培源教授对本书的研究思路和写作框架提出了宝贵建议；华南理工大学副教授余传鹏为本书的修改提供了许多宝贵意见；社会科学文献出版社编辑对书稿进行了认真的审读，并做了很多修改。在此一并表示衷心感谢。

　　由于笔者水平所限，书中的遗漏、缺点及错误在所难免，希望读者不吝批评指正。

目录
Contents

第一章 绪 论

海上丝绸之路在古代已经存在，是指在海上进行通航运输的贸易网络。随着运输工具、交通航线和交易内容的改变，其具体形态和内涵已经发生了较大的改变。它强调运用现代运输工具和信息技术将国际海上贸易运输通道或交易网络连接起来，它不仅是一条有形的贸易通道，还代表着一种体现国际合作关系的文化和精神。

"21世纪海上丝绸之路"这一概念是中国国家主席习近平在2013年10月出访东盟成员国印度尼西亚的讲话中提出的："东南亚地区自古以来就是'海上丝绸之路'的重要枢纽，中国愿同东盟国家加强海上合作，使用好中国政府设立的中国东盟海上合作基金，发展好海洋合作伙伴关系，共同建设21世纪'海上丝绸之路'。"[①] 随后，时任中国国务院总理李克强在2014年3月的政府工作报告中再次强调，要"抓紧规划建设丝绸之路经济带、二十一世纪海上丝绸之路"[②]，此后，"21世纪海上丝绸之路"建设便成为我国改革开放深化和对外合作战略调整的重要举措，频繁出现在各级政府报告当中，并成为国内外媒体和学者关注的热点话题。

"21世纪海上丝绸之路"是一个复杂的概念，具有多维性质，它立足古代海上丝绸之路的概念内涵，并在新的历史时期中不断深化和提升。从历史的角度来看，21世纪海上丝绸之路的前身是中国与周边国家之间的海

① 《习近平谈治国理政》，外文出版社，2014，第293页。
② 《十八大以来重要文献选编》上，中央文献出版社，2014，第843页。

上贸易之路，最早可追溯到秦汉时代，在宋元时期达到鼎盛，直至 20 世纪 60 年代以后，海上丝绸之路这一概念才被正式提出，① 并于 21 世纪被重新赋予了新的内涵。从横跨的地理范围来看，古代海上丝绸之路自中国东南沿海出发，穿过南中国海，进入印度洋、波斯湾，远及东非、欧洲，形成了四通八达的交通网络，而经济全球化以及区域合作的日益深化将推动"21 世纪海上丝绸之路"不断延伸和拓展，超越古代丝绸之路的地理边界。从合作的范围和深度来看，古代海上丝绸之路涉及的沿线国家和地区间的合作交流更多以经济贸易为主，而"21 世纪海上丝绸之路"所涉及的合作交流范围大大扩宽了，合作深度也提高了。它倡导的经济贸易合作交流，不只是古代海上丝绸之路开展的普通商品贸易，还包含了在基础设施、海洋经济、产业转型升级、资金融通等方面合作互补性以及空间的深度挖掘。此外，它还包含了政治、军事、安全、人文等领域的合作与交流。因此，"21 世纪海上丝绸之路"的提出，将以新的形式推动沿线国家联系更加紧密，互利合作迈向新的历史高度，促使古代海上丝绸之路焕发新的生机活力。它不仅是一个地理概念，还是一个历史概念，更是一个跨地区、具有全球视野、谋求合作共赢的合作倡议。② 在这种倡议下，相关国家和地区将立足古代海上丝绸之路的良好合作基础，以和平合作、开放包容、互学互鉴以及互利共赢为理念，共同将"海丝"③ 沿线国家和地区打造成为一个政治互信、经济融合、文化包容的利益共同体、命运共同体和责任共同体，实现地区各国的共同发展、共同繁荣。

　　"21 世纪海上丝绸之路"建设这一提法随着"21 世纪海上丝绸之路"概念的实施落地而流行开来。2014 年 8 月，国务院印发《关于促进海运业健康发展的若干意见》来落实"21 世纪海上丝绸之路"建设；2014 年 10 月，时任中国国务院总理李克强在第十届亚欧首脑会议（ASEM）中又重点介绍了 21 世纪海上丝绸之路倡议，为解决全球和地区性问题贡献中国智慧和中国方案。2015 年 6 月，国家发展改革委、外交部、商务部联合发布

① 参见周长山《"海上丝绸之路"概念之产生与流变》，《广西地方志》2014 年第 3 期。
② 参见刘赐贵《发展海洋合作伙伴关系推进 21 世纪海上丝绸之路建设的若干思考》，《当代中国史研究》2014 年第 5 期。
③ "海丝"是"21 世纪海上丝绸之路"的简称。

《推动共建丝绸之路经济带和 21 世纪海上丝绸之路的愿景与行动》，并指出"一带一路"建设应以政策沟通、设施联通、贸易畅通、资金融通、民心相通为主要内容。全毅等基于海上丝绸之路的发展历史以及新时期重提海上丝绸之路的背景及意义分析，阐释"21 世纪海上丝绸之路建设"的概念内涵。他们认为，"21 世纪海上丝绸之路"建设应包括构建精神纽带、经贸合作以及人文交流三大支柱，中国–东盟合作区、南亚区域合作联盟、海湾合作委员会、南部非洲关税同盟、欧洲经济与货币联盟、南太平洋岛国以及太平洋联盟七大战略支点，并重点推进，逐步深化。① 刘赐贵基于海洋经济视角认为，"21 世纪海上丝绸之路"建设，就是通过互联互通、港口城市合作以及海洋经济合作等途径，把中国和沿线国家的临海港口城市串联起来，互通有无。② 基于上述观点，"21 世纪海上丝绸之路"建设本质上是以和平共处、共同发展为基本准则，深入推进我国与"海丝"沿线国家和地区在政治、经济、文化等方面的合作发展，最终实现共赢的过程。"21 世纪海上丝绸之路"这一概念主要回答"是什么"的问题，"21 世纪海上丝绸之路"建设主要回答"怎么做"的问题。前者基于"海丝"沿线国家以往良好的合作基础赋予了海上丝绸之路新的内涵，是一种应对经济全球化、重塑世界经济地理格局、开启共赢时代的合作倡议；后者基于实践操作的视角提出这个战略合作框架的重点内容，即"海丝"沿线国家应该坚持互利共赢的原则，在政治、经济、社会文化等领域开展更为广泛的合作，深度推进"海丝"沿线国家的"五通"建设。

"21 世纪海上丝绸之路"能够串联起东南亚、南亚、西亚、北非和欧洲等地，促进沿线各个国家和地区的经济文化交流，推动全球经济增长。因此，建设"21 世纪海上丝绸之路"，既继承和发挥古代海上丝绸之路的功能，又在 21 世纪世界经济快速发展过程中，赋予其新的时代意义和内涵，在全球范围和国家层面具有重要价值。

---

① 全毅、赵江林、黄启才：《构建我国"战略性产业"亚太生产网络的路径与策略》，《中共福建省委党校学报》2014 年第 8 期。
② 刘赐贵：《发展海洋合作伙伴关系推进 21 世纪海上丝绸之路建设的若干思考》，《当代中国史研究》2014 年第 5 期。

一 建设 21 世纪海上丝绸之路是积极探索全球治理新模式的重要体现

随着经济全球化，许多问题的应对与处理已经超越了国家的地理边界，需要各国共同协商，方能得到有效解决。加强全球治理，推动全球治理体制变革并实现创新发展是大势所趋。中国作为最大的发展中国家，随着在全球范围内地位的不断攀升，在全球治理和发展中起到举足轻重的作用。如果中国在推动全球治理新模式创新中要发挥更多作用，就需要积极探索和挖掘与世界发展相契合的具有中华文化特色的处世之道和治理理念，并与时代特点相结合，在打造人类命运共同体的基础上，进一步弘扬"共商共建共享"的全球治理理念。全球治理本质上是一个协商、参与身份重塑的过程，强调的是彼此文化融合，是各种文化同在、自在、融合和共同进化的过程，是一种公共交流活动的理解与适应。从某种程度上来说，建设"21 世纪海上丝绸之路"与全球化治理的"新型大国关系"构建是一脉相承和互相呼应的。如果说"新型大国关系"构建强调的是全球有序的竞争和合作共赢，那么，建设"21 世纪海上丝绸之路"就是突破地缘所带来的主客观压力和限制，促进和谐共同体建设，实现区域合作共赢。

经济社会发展的全球化和区域化是当前世界经济文化发展的两个主要趋势特点。全球化与区域化相辅相成，区域化是全球化的重要部分和形式，发挥着全球化不可替代的重要作用。建设"21 世纪海上丝绸之路"，旨在促进、扩大以及加深周边区域经济文化领域的交流，紧密联系国与国之间的关系，促进国际关系的区域化发展，这将为周边国家的发展营造良好的环境氛围，真正将世界打造成一个"地球村"，是积极探索全球治理模式的重要体现。共建"21 世纪海上丝绸之路"倡议，是中国向周边地区乃至全世界发出的和平发展善意信号。"21 世纪海上丝绸之路"建议不仅具有区域化发展的意义，而且具有建设国际新秩序的全球化意义。区域化发展，其本身是降低和削弱由全球化带来的部分负面作用和不利影响的重要举措。通过"21 世纪海上丝绸之路"沿线国家和地区的共聚力量，集体向全球治理中的不公平秩序和规则说"不"，以"区域化"优势制衡"全球化"弊端，减缓国家之间的分歧，打破争端僵局，以"21 世纪海上丝绸之路"建设为契机，进一步增进国家之间的了解和互信，促进世界各地区的文明、和平和共赢，为稳定全球治理秩序作出贡献。

随着经济全球化进程的加快和世界多元化格局的形成，以美国为主导的国际秩序体系在 2008 年金融危机后，其缺陷和不足日益凸显出来，而以金砖国家新开发银行成立为标志，通过利益相关方的平等原则建立国际新秩序成为众多国家共同期待的格局。"21 世纪海上丝绸之路"所涵盖的利益相关国家更多、范围更广，有利于联合更多沿线国家共同推进世界平等新秩序的形成。建设"21 世纪海上丝绸之路"，将更加注重依靠区域主体自身的优势和文明特点，推动资源禀赋和制度优势形成合力，实现"合作导向一体化"，为不同发展水平、不同文化传统、不同社会制度、不同资源禀赋、不同上层建筑等的各个国家搭建共同发展的平台，促进成果交流和技术共享，将地缘优势转化为实际的经济、制度和文化合作成果，共同构建全球治理新模式。

二　建设 21 世纪海上丝绸之路是我国进一步对外开放的重要内容

2017 年 10 月 18 日，习近平同志在党的十九大报告中指出，"推动形成全面开放新格局。……中国开放的大门不会关闭，只会越开越大。要以'一带一路'建设为重点，坚持引进来和走出去并重，遵循共商共建共享原则，加强创新能力开放合作，形成陆海内外联动、东西双向互济的开放格局。"① 建设"21 世纪海上丝绸之路"将促进中国与沿线国家的贸易与投资，加强沿线国家的互联互通与新型工业化水平，推动各国共同发展，提高各国人民的生活水平。"21 世纪海上丝绸之路"是衔接亚洲、欧洲及非洲的大动脉，其不仅是海上运输通道，也是航空和管道运输及陆路运输的重要通道，是我国海外交通与贸易的重要渠道和桥梁。建设"21 世纪海上丝绸之路"，是我国继续扩大对外开放的重要体现，这意味着我国对外开放模式由过去"请进来"向"请进来""走出去"并重转变的趋势将会持续强化。"21 世纪海上丝绸之路"建设是一套具有韧性和弹性的合作机

① 习近平：《决胜全面建成小康社会　夺取新时代中国特色社会主义伟大胜利——在中国共产党第十九次全国代表大会上的报告》，人民出版社，2017，第 34~35 页。

制，能够在落实过程中有效应对参与主体多边性（空间）和不同发展阶段（时间）所产生的不同要求和挑战。此外，"21 世纪海上丝绸之路"建设将会保障货物的自由贸易和要素的自由流动，将沿线节点港口互联互通，进一步辐射港口城市和腹地的贸易网络和经济带，将中国与沿线国家联络联通，并以此为契机，加强中国与沿线国家的经贸合作关系，促进经贸合作规则和制度建设，以此形成平衡的对外开放局面。

从经济上看，中国历经 40 多年的改革开放后，呈现外向型经济特征，并积累了一定的开放资源和优势，营造出一种和谐的开放格局和环境。但是，中国经济的增长更多得益于东部沿海地区的率先开放，更强调"引进来"的重要性，重视发达国家的市场开发和技术引进。随着传统劳动力资源及原材料资源等要素价格优势的逐渐削弱，中国以低廉的价格向国外出口商品的优势已经受到很大的制约，再加上中国对外开放仍表现出显著的不平衡特征，还存在巨大的空间和发展潜力。因此，在已有开放市场和领域的基础上，开辟新的对外开放市场，促进开放市场多元化，降低单一化风险，扩大和优化开放格局迫在眉睫。"21 世纪海上丝绸之路"建设，顺应经济全球化和区域一体化潮流，能够推动中国东部与西部、沿海与内陆协同发展，提高中国对外开放的深度和平衡性，形成东西互济、南北互通、陆海兼顾、内外共融的新型开放格局。从文化交流上来看，"21 世纪海上丝绸之路"建设，有利于打破沿线国家以各自为中心的文化自恋情结，推动世界各国逐渐以一种开放包容的心态去迎接各种来自域外的物质、非物质文化和价值观念，向沿线国家和人民诠释一个开放的经贸与文化交流格局，形成一种开放的心态和社会文化。随着"21 世纪海上丝绸之路"的开辟、延伸和扩展，以及内涵的日益丰富，其意义和价值已经超越简单的经贸交流，更多的沿线国家和人民感受到开放的力量和世界"地球村"的浪潮，并逐渐融入这种开放潮流中。由中国倡导的共建"21 世纪海上丝绸之路"是开放度更高、包容性更强的跨国区域合作，是中国进行对外开放的积极探索，将为中国多元化对外开放和发展增添新的正能量。

三 海外华商是加快推进"21 世纪海上丝绸之路"建设的重要力量

在《2007 年世界华商发展报告》中，"华商"是指具有中国国籍或华裔血统、活跃在世界经济舞台上的商人群体，其中包括港澳商人、台湾商人以及遍布世界各地的华侨华人中从事商业活动者。他们被统称为"世界华商"。[①] "海外华商"是"华商"的子概念，目前学术界对"海外华商"的界定范围有不同的说法，主要是在狭义和广义之分上，狭义的"海外华商"是指国外的华侨、华人中从事工商业等经济活动的人士，广义的"海外华商"是指除境外的华侨、华人之外，还包括港澳台地区中从事工商业等经济活动的人士，泛指中国大陆以外的华商。[②] 在本书中，我们采用狭义的海外华商概念。海外华商作为一个特殊的商人群体，在其身上具有多重特征：一是具有本地化特征，不管是行为个体，还是商业主体，海外华商都融入并且适应当地的社会经济生活；二是具有现代化特征，海外华商不仅在中华文化认同和跨文化环境下表现出强大的融合性，而且还具备现代化特征，能够不断学习先进的国际化理念和管理模式推动自身企业的持续成长；三是海外华商硬实力和软实力兼备，他们不仅拥有雄厚的经济实力，而且形成了一定的商业网络，在住在国具有一定的社会影响力；四是海外华商对住在国和祖国有着浓厚的感情，他们一方面对于住在国有着强烈的"第二故乡"情感，并通过各种方式推进当地社会经济发展，另一方面对于祖国有着强烈的家国情怀，并愿为祖国做贡献。

海外华商资源这一专有名词被许多学者和侨务工作者广泛使用，泛指镶嵌于海外华商当中的各类资源，具体包括资本、人力、市场、渠道、发明专利、品牌、关系网络，以及它们对祖国和住在国的政治、经济、文化习俗等方面的认知。[③] 例如，游国龙和张禹东认为，东南亚华侨华人具有雄厚的经济金融实力、成熟的生产营销网络、广泛的政商人脉关系、牢固的中华语言文化教育与传播平台、独特的融通中外优势；[④] 曾少聪和李善龙认为，海外华商能充分发挥其人数众多、经济实力雄厚、华商网络发达等优势。[⑤] 周

---

① 《2007 年世界华商发展报告（全文）》，中国新闻网，https：//www.chinanews.com/hr/kong/news/2008/01-16/1135297.shtml。
② 李国梁：《海外华商网络与中国企业的跨国经营》，《东南学术》2004 年第 S1 期。
③ 林勇：《海外华商资源与我国企业海外投资战略浅析》，《国际贸易问题》2004 年第 2 期；林在明：《东盟华商在中国—东盟自由贸易区中的作用》，《亚太经济》2008 年第 3 期。
④ 游国龙、张禹东：《华侨华人在"一带一路"中的作用、问题与新动向》，载贾益民主编《华侨华人研究报告（2016）》，社会科学文献出版社，2017。
⑤ 曾少聪、李善龙：《跨国活动、海外移民与侨乡社会发展——以闽东侨乡福村为例》，《世界民族》2016 年第 6 期。

丽萍认为，海外华商资源包括以下五类：一是早期带动经济增长的侨资侨汇、华商投资；二是海外社会网络资源，是指海外华侨华人基于亲缘、地缘、神缘、业缘、物缘而形成的一种高度稳定的人力资本和社会资本，主要体现在人际关系中；三是海内外华商合作资源，是指可以吸引海外资本创办合资企业的信任和情感基础；四是海外华商财富资源；五是海内外产业互补优势资源。① 借鉴以往研究学者以及侨务工作者对这一概念的具体描述，结合上述文献内容的分析结果，本书将海外华商资源定义为海外华商所掌握或镶嵌于海外华商个体当中各种资源的总和，可分为三类：资讯类资源、生产类资源和关系类资源。资讯类资源是指海外华商掌握的关于中国和住在国的各种信息及其判断的总和，具体包括海外华商关于中国和住在国政治、经济、社会、文化等方面的发展动态及其认知评价；生产类资源是指海外华商所拥有的能够用于生产经营当中的各类要素的总和，包括海外华商所拥有的资金、设备、技术、经营管理才能等；关系类资源是指海外华商所拥有的关系网络及由此产生的衍生资源，它不仅包括海外华商在当地所形成的各种关系网络，还包括海外华商在其关系网络当中所拥有的社会地位、威望等。

"21 世纪海上丝绸之路"建设是我国在经济全球化日益深化的背景下提出的全新的对外开放措施。它基于历史，又面向未来，是推动沿线国家和地区加速一体化进程，形成利益共同体和命运共同体的重要平台，将对世界经济的发展产生重要影响。"21 世纪海上丝绸之路"沿线各国和地区是华侨华人的聚集区，有 4000 多万华侨华人，是海外华商经济最发达的地区。据估算，全球华商企业资产约 4 万亿美元，其中东南亚华商经济总量为 1.1 万亿~1.2 万亿美元。② "21 世纪海上丝绸之路"沿线的亚洲国家和地区是华侨华人传统聚集区，亚洲海外华商经济实力占全球海外华商经济的 70% 以上。③ 欧洲约有 255 万华侨华人，其中 70% 以上为经商者，欧洲

---

① 周丽萍：《泉州民营企业利用海外华商资源"走出去"战略研究》，硕士学位论文，华侨大学，2015。
② 《21 世纪海上丝绸之路建设应充分发挥华商经济的作用》，搜狐网，http://mt.sohu.com/20151016/n423449035.shtml。
③ 《李肇星：海外华商在"一带一路"战略中有建设性作用》，中国新闻网，https://www.chinanews.com/gn/2014/06-07/6255427.shtml。

华商数量已超过 178 万。①

随着产业升级和资本积累，打拼于海外的华侨华人经过资产积累，逐渐形成"华商阶层"，并逐渐完成向资本密集型、技术密集型的转变，构建了一个独特的资源体系，即华商资源。作为海外华侨华人的重要组成成分，海外华商是海外华侨华人的商业精英，在长期的跨国商业活动和海外贸易中积累了强大的产业资本和关系网络，已经成为推动当地经济发展的重要力量，也是推动中国改革开放和经济发展的重要力量。随着经济全球化的发展及华商实力的壮大，华商经济正在积极地转型，海外华商企业由传统的家族式经营逐步向现代化经营转变，由劳动密集型向知识密集型、技术密集型和资本密集型转变。一些海外华商企业经过长期积累和沉淀，通过引进西方先进技术、国外资本、优秀人才，以及和其他华商联营，逐步建立起集团化、现代化、国际化的具有全球竞争实力的跨国公司。

海外华商的独特优势，使他们能够在"21世纪海上丝绸之路"建设中发挥举足轻重的作用。首先，华侨、华人、华商对住在国的政治经济、社会文化和法律法规等有更加充分的了解和掌握，能够在促进中国与其他国家联系的过程中起到增进了解、解决矛盾、促进沟通的平台作用。面对一些沿线国家的质疑，当地华商能够作为沟通的桥梁和纽带，向住在国政府和主流社会传递友好的合作意向和理念，增进中国与住在国政府沟通和理解，加强政治互信，积极构建从政府到民间、从产业到企业、从上层到基层的多层次、全方位沟通交流平台和合作机制。其次，海外华商能够借助自身的影响力和资源优势，让住在国民众了解"21世纪海上丝绸之路"倡议的具体成果，并借助当地政府协调，将诉求反馈给当地政府部门，反作用于当地政府相关政策的制定与调整。再次，海外华商积累了大量的资金和资源，有雄厚的经济实力，对住在国社会经济发展起着举足轻重的作用，因而在各种交流沟通中更有话语权。随着"21世纪海上丝绸之路"沿线各个国家和地区商贸、文化及服务产业的深入对接，既熟悉中华文化，又熟悉居住地经济环境，历经数代耕耘、如鱼得水的海外华商在"21世纪海上丝绸之路"建设中发挥的作用是无可替代的。最后，在"21世纪海上

---

① 《这个报告为你揭示真实的海外华商生存现状》，搜狐网，https://www.sohu.com/a/136740182_695585。

丝绸之路"建设过程中，海外华商还可以帮助中国企业更好地"走出去"和"走进去"，降低其国际化风险，提升其国际竞争力。中国企业可通过与海外华商企业对一些经济效益相对较高、投资风险相对较小的项目进行合作，以减少因经验不足而遭到挫折的风险。海外华商可以通过促进合作环境的优化与深化，发挥语言文化优势，充分利用其经济实力、社会地位在东盟国家政府和企业界举足轻重的地位优势，在中国企业与国外企业进行经贸合作中化解矛盾，促进沟通。因此，海外华商凭借其自身的独特身份，能够在"21 世纪海上丝绸之路"建设中发挥不可或缺的积极促进作用。

第二章 我国海外华商研究的热点与趋势

自改革开放以来，海外华商一直备受学者关注。本章运用共词分析理论，对"中国学术期刊网络出版总库"中1986~2020年海外华商的期刊论文进行量化分析，直观反映海外华商研究的主题分布，归纳总结海外华商研究的热点领域和未来趋势，为海外华商在"21世纪海上丝绸之路"建设中的角色扮演和作用发挥提供依据。

第一节 海外华商研究的基本概况

2013年我国提出"一带一路"倡议以来，学者对这一倡议实施的学理依据、概念内涵和推行现状等方面进行了详细分析，为这一构想的进一步完善及在我国各省份以及沿线国家和地区的全面实施与合作机制提出了很多合理化建议。过去分享到中国经济发展成果的海外华商，更是对未来合作充满期待，并且希望能够更好地充分发挥其在"21世纪海上丝绸之路"建设中的重要作用。本章通过"中国学术期刊网络出版总库"进行文献搜集，采用标准检索，检索控制条件中不限定期刊类别，期刊年限设定为"1986~2020年"。内容检索条件中将关键词设定为"海外华商"，共获得相关文献939篇，本次检索时间为2021年4月30日。为使文献研究对象更有代表性和有效性，在初步检索文献的基础上，剔除重复发表、会议通知、人物介绍、没有作者或者关键词等的非研究型文献 350 篇，最终选定 589 篇有效文献。研究海外华商有效文献的年度分布情况如图 2-1 所示。由图 2-1 可知，1993 年以前，研究海外华商的文献较少，2000 年和 2010 年是海外华商研究的分水岭：2000 年以前，相关文献的数量较少，增加幅度较小，研究者对海外华商的关注度较低；2001~2009 年，相关文献数量有大幅增加，这多与我国当时引进和利用外资政策的重大调整相关；① 2010 年之后，相关文献数量有所减少，年均文献为 16 篇左右，总体上呈现平稳态势。

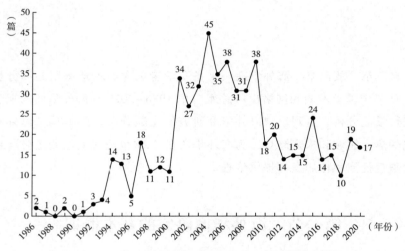

图 2-1　海外华商研究在中国主要中文期刊的发表情况

利用 Bicomb 2.0 软件的统计功能对 589 篇关于海外华商有效文献中的作者及其单位进行计量，将同一单位的不同部属进行统一，共得到 210 家作者单位和 508 位作者。找出发文量超过 4 篇的作者单位并将隶属于该机构的高频作者与之对应，得到研究海外华商的作者单位和高频作者统计，如表 2-1 所示。由表 2-1 可知，有关海外华商的研究多集中于福建、广东、浙江等侨乡，其中尤以福建省、广东省高校和研究机构所占的比例较高。具体来说，位于著名侨乡福建省的厦门大学、福建社会科学院、华侨

① 巫云仙：《改革开放以来我国引进和利用外资政策的历史演进》，《中共党史研究》2009 年第 7 期。

大学的发文量占 38.27%；位于侨乡广东省的暨南大学的发文量占 17.90%；位于北京市的清华大学、中国社会科学院、中国华侨华人研究所和中共中央党史研究室的发文量占 18.52%。综上可知，我国中央政府和侨乡学者对海外华商的重视度相对较高。

表 2-1　关于海外华商有效文献的作者单位和高频作者统计（部分）

序号	作者单位	发文量（篇）	发文量占比（%）	高频作者
1	厦门大学	31	19.14	庄国土、聂德宁、王望波
2	暨南大学	29	17.90	廖小健、周聿峨、刘权
3	福建社会科学院	16	9.88	黄英湖、李鸿阶、林珊
4	华侨大学	15	9.26	张禹东、贾益民
5	清华大学	12	7.41	龙登高
6	华中师范大学	12	7.41	李其荣
7	科学投资杂志社	10	6.17	程欣乔
8	中国社会科学院	8	4.94	刘平青
9	浙江师范大学	8	4.94	陈肖英
10	温州大学	6	3.70	周欢怀、徐华炳
11	广西民族大学	5	3.09	郑一省
12	中国华侨华人研究所	5	3.09	程希、乔印伟
13	中共中央党史研究室	5	3.09	任贵祥

综观现有文献，当前学者们主要从地区或国家的角度就海外华商经济的现状、影响因素，以及对中国经济的影响等进行了探索。为了更好地推进对海外华商的理论研究和应用发展，一些学者对先前的研究进行了评述，但这些评述大多重视定性分析而非定量分析。例如，蒙英华从新制度经济学、社会资本理论、现代进化生物学和博弈论等角度对国际贸易和投资中的海外华商网络进行了评述。[①] 朱英等从横向和纵向两个视角阐述了南洋中华商会研究的价值、现状和未来趋势。[②] 龙登高从历史和文化角度

---

① 蒙英华：《华商网络内部信息交流机制研究》，《南洋问题研究》2009 年第 2 期。
② 朱英、郑成林、魏文享：《南洋中华商会研究：回顾与思考》，《华中师范大学学报（人文社会科学版）》2013 年第 3 期。

对海外华商经营管理有关的研究进行了评述。[①] 基于此，本章选取中国知网数据库中海外华商的期刊文献，采用 Bicomb 共词分析，结合社会网络分析方法，定量地描述海外华商研究的热点领域及其内在联系，并归纳分析热点领域的主要内容，直观反映海外华商的热点和未来趋势，为后续章节研究海外华商如何推动"21 世纪海上丝绸之路"建设提供理论支持。

第二节 海外华商研究的热点分析

对上述过滤后的文献数据进行共词分析，初步了解海外华商研究的主题分布与关注热点，然后通过社会网络分析，进一步阐释不同主题之间的内在联系，并在此基础上结合文献阅读形成海外华商研究的热点领域，最后通过战略坐标分析阐释不同热点领域之间的关系和地位。

一 高频关键词确定与相似性矩阵分析

关键词是论文研究内容和研究方法的高度概括，而高频关键词则可以直观地反映某一研究领域的热点和趋势。本章通过对研究海外华商的 589 篇有效文献的关键词进行统计，将提取出的关键词进行合并和筛选，并剔除含义过于宽泛的关键词以避免因词语命名不规范对关键词分析结果的影响，如：将"海外华人华侨"和"海外华侨华人"统一为"海外华侨华人"，将"国际直接投资""外国直接投资""外商直接投资""对外直接投资"合并为"FDI"，将"'走出去'战略""走出去"合并为"走出去"，将"杂志介绍"剔除，以避免对词频分析的干扰等，共得到有效关键词 3058 个。根据 Donohue 由齐普夫定律推导的高频词和低频词临界值计算公式和我国学者孙青兰提出的高频词和低频词临界值计算公式，同时结合统计结果的代表性，最终得到有效高频关键词 46 个（见表 2-2）。这 46 个高频关键词能够在一定程度上较为客观地反映海外华商研究的热点。

---

① 龙登高：《海外华商经营管理的探索——近十余年来的学术述评与研究展望》，《华侨华人历史研究》2002 年第 3 期。

表 2-2 海外华商研究的高频关键词

序号	关键词	出现频次	百分比（%）	序号	关键词	出现频次	百分比（%）
1	海外华商	305	33.48	24	温州鞋	11	1.21
2	世界华商	56	6.15	25	国务院侨办	11	1.21
3	海外华侨华人	45	4.94	26	东南亚华人	11	1.21
4	经济发展	25	2.74	27	中国侨联	11	1.21
5	华商网络	24	2.63	28	侨务政策	10	1.10
6	华侨华人	23	2.52	29	国际市场	10	1.10
7	华人经济	22	2.41	30	经济全球化	9	0.99
8	FDI	21	2.31	31	中国南京	9	0.99
9	两岸经济	20	2.20	32	外向型经济	8	0.88
10	侨资企业	18	1.98	33	西班牙人	8	0.88
11	侨务工作	17	1.87	34	管理动态	8	0.88
12	科技交流	16	1.76	35	海峡两岸	8	0.88
13	世界经济	16	1.76	36	中华总商会	6	0.66
14	家族企业	15	1.65	37	实际利用外资	6	0.66
15	中国	14	1.54	38	大陆经济	6	0.66
16	华商	14	1.54	39	海上丝绸之路	6	0.66
17	埃尔切	13	1.43	40	商帮	6	0.66
18	华人社团	12	1.32	41	作用	6	0.66
19	华人企业	11	1.21	42	"三来一补"	6	0.66
20	中国商人	11	1.21	43	家族式经营管理	6	0.66
21	华侨华人研究	11	1.21	44	金融危机	6	0.66
22	"走出去"	11	1.21	45	海外移民	6	0.66
23	东盟国家	11	1.21	46	老工业基地	6	0.66

　　基于上述高频关键词，构建 Ochiia 系数相似矩阵。Ochiia 系数可以量化出高频关键词两两之间联系的紧密程度。其中，该数值越趋向于 1，表明关键词之间关系越密切，相似度越大；该数值越趋向于 0，表明关键词之间关系越疏远，相似度越小。与"海外华商"有关的其他高频关键词中，关系较为密切的有"世界华商"（0.51）、"海外华侨华人"（0.36）、

"经济发展"（0.31）、"华人经济"（0.24）、"两岸经济"（0.24）等（见表 2-3）。由 Ochiia 系数可知，"世界华商""海外华侨华人""经济发展""华人经济""两岸经济"等词，与"海外华商"被共同讨论或研究的程度较高。

表 2-3 海外华商研究中高频关键词的 Ochiia 系数相似矩阵

	海外华商	世界华商	海外华侨华人	经济发展	华人经济	两岸经济
海外华商	1.00					
世界华商	0.51	1.00				
海外华侨华人	0.36	0.92	1.00			
经济发展	0.31	0.95·	0.98	1.00		
华人经济	0.24	0.57	0.34	0.37	1.00	
两岸经济	0.24	0.07	0.19	0.04	0.22	1.00

二 高频关键词的聚类与社会网络分析

在共词分析中，关键词在同一篇文献中同时出现的频次越高，表明它们的研究主题越接近，相互之间的关系越紧密。[①] 借助 Bicomb 2.0 软件统计两两关键词在同一篇文献中出现的频次并构建关键词共现矩阵，通过 SPSS 20.0 统计软件对形成的共现矩阵进行聚类分析，进而显示海外华商研究不同主题之间的结构关系，结果如图 2-2 所示。由图 2-2 可知，这些关键词可分为四类：两岸经济、科技交流、海外华商、大陆经济、实际利用外资、外向型经济、华侨华人、中国侨联等关键词可聚为一类；世界华商、华人经济、华人企业、家族企业、华商等关键词可聚为一类；华商网络、"走出去"、商帮、温州鞋等关键词可聚为一类；侨资企业、海外华侨华人、侨务政策、海外移民、东南亚华人、海上丝绸之路等关键词可聚为一类。

[①] 荣莉莉、蔡莹莹、王铎：《基于共现分析的我国突发事件关联研究》，《系统工程》2011 年第 6 期。

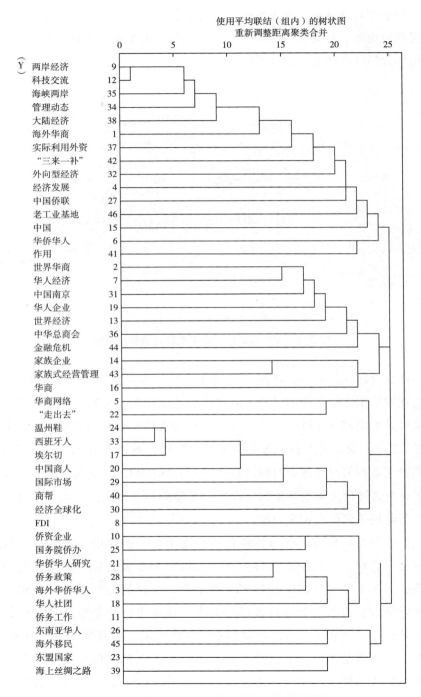

图 2-2　海外华商研究高频关键词聚类树状图

为了更好地解析海外华商研究不同主题之间的内在关系，基于高频关键词相似矩阵，利用 Ucinet 和 Netdraw 工具将 46 个高频关键词的关系绘制成可视化的社会网络图谱（见图 2-3）。

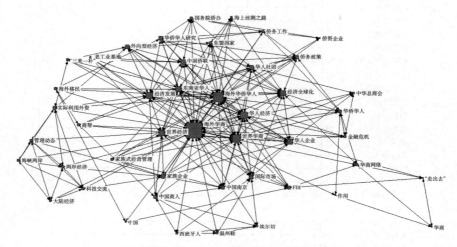

图 2-3 海外华商研究高频关键词的知识图谱

在社会网络分析中，网络密度是指网络中各节点间关系的紧密程度，是指在图形中实际存在的线与可能数量的线的比例，常被用来表示行动者的关系是否紧密并借以测量社会网络中行动者之间的联结程度。该值介于 0 与 1 之间，越接近 1 表示彼此间关系越紧密。运用 Ucinet 工具计算海外华商研究高频关键词图谱的网络整体密度为 0.0311，该密度较低，说明网络中各个关键词之间的紧密程度较低，高频关键词之间共词的情况并不集中，与此相关的研究较为分散。

中心性可以分析个体和整体在社群图中处于怎样的中心地位，具体包括度中心性、接近中心性和中介中心性三个度量指标。其中，度中心性是指与某个节点连接的其他节点的个数，反映的是网络中那些相对于其他行动者而言处于中心位置的行动者。接近中心性是指某节点到其他节点最短距离之和，关系到获取信息的快捷程度，距离越短关系越密切。中介中心性测量的是一个行动者在多大程度上控制其他行动者，此类行动者具有沟通桥梁的作用。海外华商研究共词网络节点的中心性计算结果如表 2-4 所示。

表 2-4　海外华商研究共词网络节点的中心性测度（前 10 名）

序号	关键词	度中心性	关键词	接近中心性
1	海外华商	9.375	海外华商	587.924
2	海外华侨华人	4.753	海外华侨华人	92.2
3	世界华商	3.986	世界华商	40.615
4	两岸经济	3.554	华人企业	30.084
5	科技交流	3.441	华商网络	27.563
6	华人经济	3.339	经济发展	21.565
7	管理动态	3.221	FDI	20.001
8	海峡两岸	3.115	经济全球化	19.008
9	温州鞋	3.005	华人经济	18.112
10	西班牙人	2.999	作用	16.889

　　基于 Ucinet 和 Netdraw 工具对海外华商高频关键词进行可视化分析可知：（1）海外华商、海外华侨华人、世界华商、华人经济位于网络的中心位置，它们的中心性测量结果排名较为靠前，在网络整体中起到重要的桥梁作用，在较大程度上影响其他研究方向；（2）世界经济、经济发展、经济全球化、华人企业位于网络核心区域的外层，与其他高频词的连线较多，联系较为密切；（3）华商网络、中国、华商、"走出去"在网络的边缘位置，距离其他高频词的距离最远，尤其是中国和华商，与其他高频词的连线只有 3 条，说明与其他高频词的联系最弱。

三　高频关键词的热点领域与战略地位

　　战略坐标分析最早是由 Law 等提出的，是在共词矩阵和聚类分析的基础之上，通过把每一个研究热点放置到坐标的四个象限中从而描述某研究领域内部的联系情况和领域间相互影响的情况，进而分析学科内部各个研究热点的发展阶段及其所处的战略地位。① 其中，横坐标表示向心度，它

---

① J. Law，S. Bauin，J. P. Courtial，J. Whittaker，"Policy and the Mapping of Scientific Change：A Co-Word Analysis of Research into Environmental Acidification，" *Scientometrics*，14（1988）：251-264.

通过度量各个类别主题词和其他类别主题词之间的紧密程度来表示一个学科领域和其他学科领域相互影响的程度。一个学科领域和其他学科领域联系的数目和强度越大，该学科领域在整个研究工作中就越趋于中心地位。纵坐标表示密度，它通过度量各个类别之内主题词的紧密程度来表示该学科领域维持自身和发展自身的能力。在战略坐标图中，第一象限的主题领域密度和向心度都较高，说明研究主题内部联系紧密，研究趋向成熟、稳定，该研究热点与其余各热点密切相关；在第二象限，主题领域内部连接紧密，这些领域的研究已经形成了一定的研究规模，与其他领域的联系不密切，在整个研究网络中处于边缘；在第三象限，研究主题密度和向心度都较低，是整个领域的边缘主题，内部结构比较松散，研究尚不成熟；在第四象限，主题领域比较集中，研究人员都有兴趣，但是结构不紧密，研究尚不成熟，这个领域的主题有进一步发展的空间和潜在的发展趋势。①

　　基于上述聚类分析结果，结合关键词的社会网络图谱分析及对相关文献的阅读，将海外华商研究热点分为四个领域：领域一是海外华商对华投资研究，重点探讨海外华商对中国经济发展的贡献；领域二是海外华人经济研究，重点探讨海外华商自身的经济发展及海外华商企业的经营管理；领域三是海外华商网络研究，重点探讨海外华商网络的形成过程和作用机理；领域四是海外华侨华人研究，重点探讨海外华侨华人的生存发展及他们与我国侨务政策和对外战略的关系。

　　结合聚类分析结果，使用高频关键词共现矩阵的相关数据，计算各个研究领域的密度和向心度，绘制出海外华商研究领域的战略坐标图（见图 2-4）。由图 2-4 可知，有关海外华商的四个热点研究领域的发展阶段和战略地位各有不同。海外华商对华投资研究（领域一）和海外华人经济研究（领域二）位于第一象限，发展比较成熟、稳定，处于研究网络的核心位置。其中，海外华商对华投资研究（领域一）的向心度和密度居四个研究领域之首，位于第一象限外侧，不仅内部联系最为密切，而且与其他领域的研究关系密切，明显属于该研究网络的中心。海外华商网络研究（领域三）和海外华侨华人研究（领域四）位于第三象限，密度较低，发

① 冯璐、冷伏海：《共词分析方法理论进展》，《中国图书馆学报》2006 年第 2 期。

展相对不成熟；其中，海外华商网络研究（领域三）的向心度和密度居四个研究领域之末，内部结构比较松散，距离研究中心比较远，属于该研究的边缘领域。

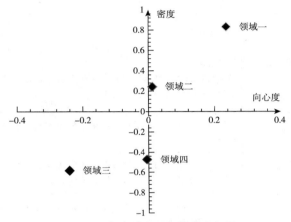

图 2-4　海外华商研究战略坐标图

第三节　海外华商研究热点领域的内容阐释

基于上述利用 Bicomb 进行的初步文献计量分析，以关键词为基础线索对海外华商研究四大领域的代表性论文进行检索和阅读，并归纳总结四大热点领域的代表性学者及其主要观点（见表 2-5）。

表 2-5　海外华商研究四大热点领域的代表性学者及其主要观点

领域	学者	主要观点
海外华商对华投资研究	龙登高等	海外华商对华投资主要受经济环境、中国经济发展势态，以及华商投资与经营特点等因素的共同影响。 国内投资环境的变化使侨资企业面临地理转移与产业转型，侨资企业从以制造业为主到服务业兴起，从出口导向到依托国内市场发展，其竞争力从利用中国生产要素比较优势转向在全球产业链中形成集群优势
	任贵祥	海外华商资本在服务中国现代化建设的同时也为中国的发展创造独特机遇

领域	学者	主要观点
海外华商对华投资研究	张淘君等	海外华商通过国际市场推动传统侨资产业的资本形成与技术升级，促进新侨企业的前沿技术研发应用的市场机制的形成和战略性新兴产业中侨资企业突出作用的发挥
海外华人经济研究	廖小健	华人经济是指海外华人为在所在国生存和发展而取得各种经济资源并参与生产、交换、分配、消费等一系列生产和再生产过程的客观经济活动。 马来西亚的华人经济发展状况对于改善所在国的族群关系，促进当地社会的稳定与和谐作用显著
	李鸿阶等	华侨华人经济活动对所在国的融入将影响到其自身发展、中国发展和所在国经济
	叶祥松	二战后，东南亚的华人经济促进了所在国经济的早期开发和后来的国际化，推动了所在国市场的形成和发展
海外华商网络研究	龙登高	海外华商网络是海外华商在非政治化的不同联系中依靠血缘纽带和经济利益形成的泛商业网
	庄国土	海外华商网络由各种纽带结合而成的多个关系圈层构成，以个人或家庭为圆心，家族圈—本地同乡圈—外地同乡圈/本地华族圈/外地同姓圈—外地华族圈—包括中国本土在内的世界华人圈，关系的亲疏依次递减，公开性与透明性依次加强
	张禹东	海外华商网络由海外华商的社会网络和经济网络构成，是封闭性与开放性、确定性与非确定性、正式性与非正式性的统一体
	唐礼智等	海外华商网络具有民间自发性、互惠互利性、开放包容性、灵活高效性和被动从属性
	江扬	海外华商网络基于生产要素的国际流动和地区组合，其"社会-市场"联系具有东亚地区特性；它被国家、市场与社会的共同力量所塑造时，也重新塑造了地区的发展模式和权力结构
	郑玉琳	海外华商网络指海外华商以家庭、族群、地区、行业、社团、文化认同等为社会基础，通过血缘（同宗）、地缘（同乡）、业缘（同业）、学缘（同学）、神缘（同信仰）等"五缘"的联系建立起来的商贸关系
海外华侨华人研究	张秀明	华侨是指定居在国外的中国公民，外籍华人是指已加入外国国籍的原中国公民及其外国籍后裔，以及中国公民的外国籍后裔
	孙霞	海外华侨华人是保护我国海外利益的重要力量

领域	学者	主要观点
海外华侨华人研究	姜淑萍	海外华侨华人在促进中国科技发展、两岸交流、祖国统一和民族振兴等方面作用突出

资料来源：龙登高、赵亮、丁骞《海外华商投资中国大陆：阶段性特征与发展趋势》，《华侨华人历史研究》2008 年第 2 期；龙登高、丁萌萌、张洵君《海外华商近年投资中国的强势成长与深刻变化》，《华侨华人历史研究》2013 年第 2 期；任贵祥：《新时期中国对外开放的先声——邓小平侨务思想述评》，《中共中央党校学报》2006 年第 5 期；张洵君、龙登高：《中国经济转型下的侨资企业经营：国际竞争下走向新格局》，《现代经济信息》2014 年第 16 期；廖小健：《也论"华人经济"》，《世界民族》2005 年第 3 期；廖小健：《马来西亚华人经济的发展与影响》，《亚太经济》2008 第 3 期；李鸿阶、廖萌：《华侨华人经济与住在国融合发展研究》，《亚太经济》2009 第 5 期；叶祥松：《略论东南亚华人经济》，《当代亚太》2001 年第 8 期；龙登高：《论海外华商网络》，《当代亚太》1998 年第 4 期；庄国土：《论早期海外华商经贸网络的形成——海外华商网络系列研究之一》，《厦门大学学报（哲学社会科学版）》1999 年第 3 期；张禹东：《海外华商网络的构成与特征》，《社会科学》2006 年第 3 期；唐礼智、黄如良：《海外华商网络分析及启示》，《宁夏社会科学》2007 年第 5 期；江扬：《浅析海外华人商业网络的特性——以国家与地区的视角》，《南洋问题研究》2011 年第 3 期；郑玉琳：《海外华商网络与我国中小企业的跨国经营》，《经济纵横》2008 年第 2 期；张秀明：《华侨华人相关概念的界定与辨析》，《华侨华人历史研究》2016 年第 2 期；孙霞：《中国海外利益的政治风险与侨务公共外交》，《华侨华人历史研究》2012 年第 2 期；姜淑萍：《新时期邓小平重视海外华侨华人作用论析》，《当代中国史研究》2012 年第 6 期。

一　领域一：海外华商对华投资研究

改革开放初期，拥有雄厚经济实力、科技实力和人才资源的海外华商是境外商人中对华投资的主力军，因而较早引起研究者的关注。有关海外华商对华投资的研究主要集中在吸引海外华商对华投资的动因、对华投资特点、对我国经济发展的带动作用，以及为继续吸引海外华商资本而应采取的措施。首先，华人资本大量涌入境内主要受经济影响，但也不乏政策考虑。为吸引侨资，中央政府及各省、自治区、直辖市纷纷出台相关政策、条例或措施，这些构成了中国新时期完整的华侨投资政策。[1] 但也应看到，海外华商主力军中的东南亚华人资本对华投资主要受经济因素影响，对华投资属于国际资本的正常流动。[2] 其次，将资金以何种方式流向中

---

[1]　任贵祥：《新时期中国对外开放的先声——邓小平侨务思想述评》，《中共中央党校学报》2006 年第 5 期。

[2]　李怀、朱邦宁：《改革开放以来东南亚华人资本对中国大陆的 FDI 分析》，《新视野》2011 年第 5 期。

国大陆是分析海外华商对华投资时众多学者关注的话题。研究发现，直接投资是海外华人与中国大陆保持经济联系的主要方式，这种联系以侨汇为纽带。[①]而东南亚华商则选择香港作为中介来对中国内地进行投资。[②] 再次，海外华商从科技、就业、出口、经营管理等方面为我国经济发展提供重要支持。海外华商是其他外商投资中国的先驱，将资本、先进的商业技能和市场网络带入中国，推动中国农业的商业化和农村的国际化，促进中国民营经济的发展；[③] 带动我国轻工业等出口产业的发展，规范我国投资环境；[④] 同时，与海外华商之间的双边互补性合作、海外华商网络及其经商的"诚信"原则又为我国经济发展带来新启示。[⑤] 最后，一些学者聚焦于海外华商促进我国经济发展过程中的政府作用研究。他们建议，适时调整政策取向，高度重视侨资企业；[⑥] 激发新一代海外华商对中国的关注，重视建设重点侨区和新侨发展态势较好的地区，改善我国发展环境，拓展海内外华商合作领域和方式。[⑦]

二 领域二：海外华人经济研究

1997 年亚洲金融危机过后，海外华商的飞速崛起再次引起了研究者的广泛关注。研究者从区域经济的角度出发肯定了各地区海外华人企业自身的实力发展及其对当地经济进步的带动作用。1997 年亚洲金融危机过后的 11 年中，新加坡华人企业集团实力大增，排名前十的华人企业集团在这 10 年中资产总额增加了近 3 倍；[⑧] 北美华人大巴在短短 10 多年中开创了新的城际交通服务体系，改变了原有的行业格局，进而从边缘走向主流并影响主流；[⑨]

① 李涛：《中、印海外移民与母国经济联系的比较研究》，《世界民族》2011 年第 3 期。
② 王望波：《东南亚华商对华投资分析》，《当代亚太》2006 年第 4 期。
③ 郭宏：《华商网络与中国经济转型》，《东南亚纵横》2008 年第 6 期。
④ 林珊：《中国—东盟经济合作与海外华人经济》，《亚太经济》2003 年第 6 期。
⑤ 傅江景：《试论海外华商经济发展的成就、经验与启示》，《国际经贸探索》2003 年第 5 期。
⑥ 龙大为、谭天星：《中国大陆侨资与外资发展比较研究——基于 2005—2008 数据分析》，《云南师范大学学报（哲学社会科学版）》2011 年第 4 期。
⑦ 马占杰：《海外华商在中国的发展趋势分析——基于第十二届世界华商大会的数据》，《亚太经济》2014 年第 6 期。
⑧ 黄兴华：《1997 年东南亚金融危机以来新加坡华人企业集团变化发展分析》，《东南亚纵横》2011 年第 7 期。
⑨ 龙大为、张洪云、登高：《从边缘走向主流——新移民与北美华人经济发展新动向》，《华侨华人历史研究》2011 年第 2 期。

加拿大多伦多华人商业不但满足了华人移民的消费需求，更为所在的城市缴纳了大量的税金并创造了可观的就业机会。① 各地区海外华人企业取得如此大的成就与其对当地社会的适应和良性互动、商业网络的发展和对中国市场的关注等密不可分。印尼华人商业的成功，集中展现了个人、家庭、社群以及同"非中国"环境中的其他族群与地方社会的复杂互动；② 新加坡华人中小企业一方面充分利用新加坡政府《中小企业 21 世纪行动计划》等扶持政策，通过国际化战略，加大了对中国等新兴市场的投资力度，另一方面通过凯利板上市为其快速融资创造条件；③ 非洲华商实力逐步增强与其占多数且多从事批发零售业的中小商人、庞大的销售网络、新生代华商实现的商贸模式的转型，以及华商向多元化本土化的转变密不可分；④ 而美国和意大利的海外温州商人则抓住中国国内高速发展的时机，利用其在语言、文化、人际和社会网络等多种优势开创了跨国生产和商业活动的繁盛，也显示海外华人在发展全球供应链、国际贸易、旅游和多种形式的经济交流中的优势。⑤

三　领域三：海外华商网络研究

现有海外华商网络研究主要以地区为切入点，通过田野调查来定义华商网络及其特点，华商网络的作用机制、优势，并对中国企业通过华商网络开拓海外市场提出政策性建议。华商网络产生于华人经济并伴随世界经济全球化趋势的加强而成长，区域经济一体化、我国改革开放的深化，以及华人经济国际化程度的提高促使华商网络不断扩展。⑥ 中国内地、香港、

① 王曙光：《多伦多华人商业的发展演变及其社会影响》，《华侨华人历史研究》2014 年第 4 期。
② 童莹：《"以店为家"与"多处为家"印尼非核心区域华人群体家庭策略与商业经营的考察》，《华侨华人历史研究》2016 年第 1 期。
③ 黄兴华：《东南亚金融危机以来新加坡华人中小企业变化发展分析》，《东南亚研究》2013 年第 3 期。
④ 李其荣：《在夹缝中求生存和拓展——非洲华商发展的特点及原因》，《广东社会科学》2013 年第 2 期。
⑤ 赵小建：《从纽约到罗马——海外温州人经商理念、创业模式和运作特点探析》，《华侨华人历史研究》2016 年第 1 期。
⑥ 徐义雄、陈乔之：《试论海外华商网络对中国企业实施"走出去"战略的作用》，《暨南学报（人文科学与社会科学版）》2004 年第 5 期。

台湾，东南亚等地区之间经济整合不断加深的趋势就是以华商网络为基础的区域经济资源整合的表现，也是一种超意识形态和政治制度的经济合作结果。① 我国企业要进驻海外市场，有效实施"引进来"和"走出去"战略，海外华商网络在其中发挥着举足轻重的作用。一方面，华商网络通过信息共享机制促进中国对外直接投资。② 在华商网络内部，成员之间合理的区分标准有助于相互间的信息交流与合作，进而帮助其克服大量非正式的贸易壁垒和投资壁垒。③ 另一方面，海外华商在港口建设、物流、临港经济、基础产业、区域金融合作等方面的优势明显，④ 而作为高度整合的东亚华人经济体的华商网络凝聚着海外华人大量智力与财力，主导了东亚经贸和文化圈数百年。⑤ 因此，我国企业应充分利用亲缘、地缘、文缘、业缘、商缘，充分发挥海外华商网络的作用和优势，拓展海外市场，促进我国企业更好地"走出去"，"融进去"，提高国际竞争力。⑥

四 领域四：海外华侨华人研究

自 2013 年习近平提出"丝绸之路经济带"和"21 世纪海上丝绸之路"倡议以来，海外华侨华人在中国-东盟关系中发挥的桥梁作用得到了学者们的认同。东南亚各国的华侨华人是"一带一路"倡议的重要组成部分，⑦ 他们不仅是中国和东盟文化交流与传播上的纽带，还是推进

---

① 庄国土、刘文正：《东亚华人社会的形成和发展》，厦门大学出版社，2009。
② 贺书锋、郭羽诞：《对外直接投资、信息不对称与华商网络》，《山西财经大学学报》2010年第 2 期。
③ 蒙英华：《华商网络内部信息交流机制研究》，《南洋问题研究》2009 年第 2 期。
④ 廖萌：《"一带一路"建设背景下我国企业"走出去"的机遇与挑战》，《经济纵横》2015年第 9 期。
⑤ 王爱平：《东亚华商网络与华人社会：全球视野与区域格局下的观照——读庄国土、刘文正〈东亚华人社会的形成和发展：华商网络、移民和一体化趋势〉》，《华侨华人历史研究》2010 年第 3 期。
⑥ 陈松洲：《技术性贸易壁垒对我国农产品出口的消极影响及对策》，《商讯商业经济文荟》2006 年第 1 期；陈卓武：《海外华商网络在广东"走出去"战略中的功能与作用》，《东南亚研究》2007 年第 6 期；黄英湖：《我省发挥侨力优势问题的分析与思考》，《福建论坛（人文社会科学版）》2006 年第 1 期；李鸿阶：《中国企业"走出去"发展特征及其相关政策研究》，《亚太经济》2015 年第 5 期；李雪岩：《中国企业拓展马来西亚市场的营销策略探索——"东南亚市场品牌战略研究"系列之二》，《商业时代》2010 年第 34 期。
⑦ 王子昌：《"一带一路"战略与华侨华人的逻辑连接》，《东南亚研究》2015 年第 3 期。

"一带一路"建设、推动中国-东盟睦邻友好、促进科技和经贸交流的重要力量。① 不仅东南亚,其他国家和地区的华侨华人对所在国或者中国与所在国之间经贸交流的突出作用也得到了肯定。非洲的华侨华人在当地农业开发、基础设施建设和加工零售等各行业的贡献得到了当地民众的普遍认可;② 拉美地区的华侨华人则是中拉经贸合作、文化传播和交流的重要力量;③ 韩国的新华侨华人极大地促进了中韩两国经贸的发展。④ 除此,拥有浓烈爱国情怀和雄厚经济、智力和人脉资源的海外华侨华人也是实现中国梦的重要力量,⑤ 他们在跨国贸易当中降低了贸易成本,提高了经贸效率,提升了中国产品的国际竞争力。⑥ 因此,对内要积极营造良好的国内环境,引导海外华侨华人回中国发展。不仅要改变对华侨华人传统的"血统主义"认知,更需要政府部门在制度设计上争取华人社会性力量的支持。⑦

第四节　海外华商研究的未来趋势

上述分析以中国知网检索出的中文期刊文献为样本数据,难以全面了解和把握海外华商研究的全球动态。为此,我们以美国科学情报研究所(Institute for Scientific Information,ISI)Web of Science 数据库收录的来源文献的样本,以"Title =(chinese business)OR Title =(chinese merchant)OR Title =(chinese trader)、Databases =(SCI-EXPANDED,SSCI,A&HCI,CPCI-S,CPCI-SSH,ESCI,CCR-EXPANDED,IC)、Document Types =

---

① 曾晓祥:《华侨华人与长江经济带、"一带一路"协同发展——第十届"海外人才与中国发展"国际学术研讨会综述》,《华侨华人历史研究》2015 年第 4 期;黄晓坚、李玉茹:《抗战时期的华侨人口伤亡和财产损失——统计与探讨》,《华侨华人历史研究》2015 年第 3 期;金程斌:《新时期华侨华人与中华文化传播管窥》,《华侨华人历史研究》2015 年第 2 期。

② 周海金:《非洲华侨华人生存状况及其与当地族群关系》,《东南亚研究》2014 年第 1 期。

③ 杨发金:《拉美华侨华人的历史变迁与现状初探》,《华侨华人历史研究》2015 年第 4 期。

④ 刘文、陈洁:《韩国新华侨华人发展及其对两国直接投资的影响研究》,《山东社会科学》2014 年第 4 期。

⑤ 张梅:《华侨华人与中国梦的实现》,《新视野》2015 年第 3 期。

⑥ 郭立珍:《华侨华人在中国进出口贸易中的经济效应初探》,《江苏商论》2008 年第 4 期。

⑦ 张云:《华人华侨在中国国家软权力建构中的角色研究》,《史学集刊》2015 年第 2 期。

（ARTICLE OR REVIEW）、Languages =（ENGLISH）、Timespan = 1986 –
2020” 为条件检索相关英文文献，共计 340 篇，没有检索到 1998 年以前的
相关文献，具体分布情况如图 2-5 所示。由图 2-5 可知，2003 年及以前，
文献发文量增速较快，平均每年发表文献 15.2 篇；相比 2003 年，2004~2010
年文献发文量有所下降，平均每年发表文献 8.71 篇；相较之前，2011 年以
后，文献发文量呈波动上升，特别是 2016 年发表的文献共有 31 篇。

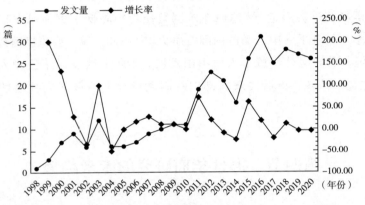

图 2-5　以海外华商为主题的英文文献发文量（1998~2020）

　　为了更为集中地描述英文文献对于海外华商研究的现状，通过阅读文
献摘要，剔除与本主题关联度低的文献，并根据不同学者研究主题和表述
观点的相似性，整合相关文献研究，并将其与上述研究热点进行对比分
析，以更好地反映海外华商研究的未来趋势。与上述研究热点相比，国际
研究对于华商的聚焦点更为细腻，是上述海外华人经济和海外华侨华人两
大热点领域的细化研究，具体可分为三类：一是华商企业的经营管理研
究。这部分研究最多，而且关注的领域也比较多样。有些学者研究了外部
环境变化对海外华商企业经营管理变化的影响，如 Tsui-Auch 和 Lee 对比分
析了亚洲金融危机前后新加坡华人企业经营管理结构的变化与连续性，[①]
Leung 通过对 22 位中餐馆老板的深度访谈，定性分析德国华商餐饮企业的

---

① L. S. Tsui-Auch, Y. J. Lee, "The State Matters: Management Models of Singaporean Chinese and
Korean Business Groups," *Acoustics Speech & Signal Processing Newsletter IEEE*, 24（2003）:
507–534.

政策环境及影响,① Cheung 和 Gomez 分析了英国华人食品企业荣业行集团的时代演变及其在英国如何应对社会经济变化,② Dieleman 研究了外部环境变化对东南亚华人企业成长及战略调整的影响;③ 有些学者研究了海外华商企业在异地他乡的适应过程, 如 Katila 分析了传统社会资本在中国华商餐饮企业在芬兰创业过程中的角色和作用,④ Leung 考察了欧洲华商旅游企业如何在创业过程中实现跨国经营, 增强文化适应性,⑤ Wijaya 研究了印尼华人企业集团如何在全球化、政治时局变化、宗教文化, 以及人口和教育等综合因素的影响下推进其由传统家族式管理向现代化管理转变, 降低经营管理对其家庭和家族资源的依赖;⑥ 而更多学者研究了海外华商企业的家族式经营管理, 如 Sheer 实证调查了华商企业的家长式领导风格,⑦ Leung、Kim 和 Gao 研究了家族参与管理与华商企业经营管理和绩效的关系,⑧ Tsai 等研究了华人家族企业基于权力和领导行为的关系类型,⑨ Katila

---

① W. H. Maggi Leung, "Beyond Chinese, Beyond Food: Unpacking the Regulated Chinese Restaurant Business in Germany," *Entrepreneurship & Regional Development*, 15 (2003): 103–118.

② G. C. K. Cheung, E. T. Gomez, "Hong Kong's Diaspora, Networks, and Family Business in the United Kingdom: A History of the Chinese 'Food Chain' and the Case of W. Wing Yip Group," *China Review*, 12 (2012).

③ M. Dieleman, "Shock-Imprinting: External Shocks and Ethnic Chinese Business Groups in Indonesia," *Asia Pacific Journal of Management*, 27 (2010).

④ S. Katila, "Negotiating Moral Orders in Chinese Business Families in Finland: Constructing Family, Gender and Ethnicity in a Research Situation," *Gender, Work & Organization*, 17 (2010).

⑤ M. Leung, "Power of Borders and Spatiality of Transnationlism: A Study of Chinese-Operated Tourism Businesses in Europe," *Tijdschrift Voor Economische En Sociale Geografie*, 100 (2010): 646–661.

⑥ Y. Wijaya, "The Prospect of Familism in the Global Era: A Study on the Recent Development of the Ethnic-Chinese Business, with Particular Attention to the Indonesian Context," *Journal of Business Ethics*, 79 (2008).

⑦ V. C. Sheer, "In Search of Chinese Paternalistic Leadership," *Management Communication Quarterly*, 27 (2013): 34–60.

⑧ W. H. Maggi Leung, "From Four-Course Peking Duck to Take-Away Singapore Rice," *International Journal of Entrepreneurial Behavior & Research*, 8 (2002): 134–147; Y. Kim, F. Y. Gao, "Does Family Involvement Increase Business Performance? Family-Longevity Goals' Moderating Role in Chinese Family Firms," *Journal of Business Research*, 66 (2013): 265–274.

⑨ H. T. Tsai, T. J. Wu, S. P. Yeh, "A Study of Chinese Guanxi Type in Family Business from the Perspective of Power-Based and Leadership Behaviours," *South African Journal of Economic and Management Sciences*, 16 (2013).

探索了芬兰华人餐饮企业中存在的非种族化道德秩序;① Kiong 采用案例研究方法分析了新加坡和马来西亚华人家族企业的复杂经营过程,特别是冲突的本质与管理。② 二是华商经济发展对其行为和住在国的影响研究。例如,Marfaing 和 Thiel 分析了加纳和塞内加尔华人贸易发展对其城市和当地商人的影响;③ Rains 对 19 世纪至 20 世纪早期澳大利亚昆士兰省北部库克镇华人群体与欧洲人群体之间的社会经济关系进行研究,肯定了华人经济在该镇社会经济结构中的作用。④ 三是华侨华人商业网络的组成结构和内在价值研究。例如,Phan 和 Luk 通过深度访谈研究了加拿大多伦多唐人街西部华人商业网络的内部结构;⑤ Gadzala 对肯尼亚当地家庭手工业和华人企业的案例数据进行研究后发现,相比其肯尼亚同行,华商网络给华人企业带来了显著的竞争优势。⑥

以在中国知网检索出的相关文献的海外华商高频关键词为研究对象,构建相似性矩阵,采用聚类分析、社会网络分析和战略坐标图相结合的方法,对我国海外华商研究文献的主题分布与研究热点进行分析,并结合上述英文文献的补充分析可以发现,我国海外华商研究呈现如下特点与趋势:一是随着海外华商经济的快速发展及外部环境的变化,海外华商研究的细化领域越来越多。从主题分布来看,与海外华商这一群体相关的关键词,如海外华商、海外华侨华人、东南亚华人最受研究关注;与海外华商相关的经管类关键词,如世界经济、经济发展、华人经济、外向型经济、华人企业等,也得到研究者较高的关注;其余的关键词都由上述两类主题衍化生成,是对上述两类主题研究的细化和深化,如侨

① S. Katila, "Negotiating Moral Orders in Chinese Business Families in Finland: Constructing Family, Gender and Ethnicity in a Research Situation," *Gender*, *Work & Organization*, 17 (2010).

② T. C. Kiong, "Feuds and Legacies: Conflict and Inheritance in Chinese Family Businesses," *International Sociology*, 20 (2005): 45-70.

③ L. Marfaing, A. Thiel, "The Impact of Chinese Business on Market Entry in Ghana and Senegal," *Africa*, 83 (2013).

④ K. Rains, "Doing Business: Chinese and European Socioeconomic Relations in Early Cooktown," *International Journal of Historical Archaeology*, 17 (2013).

⑤ M. B. Phan, C. M. Luk, "'I Don't Say I Have a Business in Chinatown': Chinese Sub-Ethnic Relations in Toronto's Chinatown West," *Ethnic & Racial Studies*, 31 (2007): 294-326.

⑥ A. Gadzala, "Survival of the Fittest? Kenya's Jua Kali and Chinese Businesses," *Journal of Eastern African Studies*, 3 (2009).

务工作、华商网络、海上丝绸之路，正逐渐成为未来研究的热点主题。英文文献的补充分析也表明，海外华商企业的商业网络、家族管理及其与本地经济的融合在国际上也受到越来越多的关注。二是海外华商研究的热点领域比较多元，凸显了海外华商这一群体的复杂特征。基于上述分析可知，我国海外华商的研究热点主要聚焦在四大领域：海外华商对华投资研究、海外华人经济研究、海外华商网络研究和海外华侨华人研究。这四个领域凸显了海外华商多重身份形成的复杂特征：中华文化认同和跨文化环境下的融合性、经济网络的跨国扩张性、社会资本桥接性，以及价值取向的三重性。[①] 三是海外华商研究的热点领域正在不断延伸拓展，各种新兴的热点话题将随着全球政治经济发展的动态变化而进入研究视野。综上所述，海外华商对华投资研究和海外华人经济研究较为成熟、稳定，处于研究网络的中心；而海外华商网络研究和海外华侨华人研究还未形成稳定、成熟的研究结构，处于研究网络的边缘，需要进一步地深入研究。而且，随着我国"一带一路"倡议的深入实施，海外华商在"一带一路"建设中的地位和作用将逐渐显现出来，相关研究也将成为海外华商研究的新兴热点。

---

① 林心淼：《区域经济一体化进程中海外华商作用研究》，《亚太经济》2007年第5期。

第三章　我国海上丝绸之路研究的热点与趋势

　　海上丝绸之路作为我国与周边国家贸易往来和文化传播的海上通道，在沟通东西方经济文化交流上发挥着重要作用。为进一步深化中国与东盟的全面经济合作，习近平主席于 2013 年 10 月访问东盟时提出了共建"21 世纪海上丝绸之路"倡议，对于拓展我国经济发展战略空间、推动中国和东盟自贸区升级、形成全方位对外开放格局、促进沿线各国共同发展具有重大而深远的意义。① 近年来，国内许多学者致力于海上丝绸之路研究并取得了一定成果，而回顾现有文献可知，目前尚未有学者对海上丝绸之路研究文献进行可视化研究。为厘清过去阶段性研究成果和揭示当前研究结构以进一步推进该领域的学术探析，本章选取中国知网（CNKI）数据库中海上丝绸之路的相关文献，采用共词分析方法，对文献中关键词所表征的研究主题进行深入分析，绘制海上丝绸之路热点研究的共词网络知识图谱，从而考察"海上丝绸之路"当前研究的热点、结构和发展进程，这对于及时捕获被忽略的且很有可能成为主流热点的研究主题具有很强的借鉴性，也为我国如何利用海外华商资源推进海上丝绸之路的全面建设提供了理论支持。

---

① 全毅、赵江林、黄启才：《构建我国"战略性产业"亚太生产网络的路径与策略》，《中共福建省委党校学报》2014 年第 8 期。

第一节 研究方法与数据来源

共词分析方法属于内容分析方法的一种，主要通过对能够表达某一学科领域研究主题或研究方向反复出现的专业术语（一般为关键词或主题词）在一篇文献中共同出现的现象的分析，判断学科领域中主题之间的内在联系，从而揭示该学科的研究结构、研究前沿和发展趋势。[1] 利用共词分析方法探析海上丝绸之路的发展现状及研究热点，主要包括四个步骤：①确定国内海上丝绸之路研究领域的高频关键词；②构造高频关键词的共现矩阵；③选取多元统计分析，包括聚类分析（Cluster Analysis）、因子分析（Factor Analysis）和多维尺度分析（Multidimensional Scaling）等，对构造的矩阵进行分析，并运用社会网络分析（Social Network Analysis）绘制共词网络知识图谱，以直观地显示海上丝绸之路当前的研究热点和结构；④综合以上几种方法的分析结果和文献阅读，归纳热点领域的主要内容。[2]

以中国知网（CNKI）数据库为数据来源，以"21世纪海上丝绸之路""二十一世纪海上丝绸之路""新海上丝绸之路""海上丝绸之路""海丝之路"为关键词进行检索，期刊来源限定为核心期刊和CSSCI两种，共检索到2007~2020年海上丝绸之路研究文献1600篇。在初步了解文献研究内容的基础上剔除大会综述、多次发表、无作者署名或关键词、领导讲话、个人传记、新闻报道等不符合本次研究工作所需资料标准的文献145篇，最终得到1455篇文献，共4122个关键词。

① 马费成、张勤：《国内外知识管理研究热点——基于词频的统计分析》，《情报学报》2006年第2期。
② 董伟：《国内近十年数字图书馆领域研究热点分析——基于共词分析》，《图书情报知识》2009年第5期。

第二节 海上丝绸之路研究的热点分析

一 基于高频关键词的矩阵构造

基于文献的高频关键词统计分析，可以简单直观地了解文献所涉及领域的主要研究热点和趋势。本文利用 Bicomb 软件对上述 1455 篇文献的关键词进行相关统计，这些关键词总的出现频次为 4193 次，然后对这些关键词进行标准化，例如，将同义的关键词"21 世纪海上丝绸之路""二十一世纪海上丝绸之路""海上丝绸之路""海丝之路"标准化为"二十一世纪海上丝绸之路"，将"东南亚地区"和"东南亚"统一为"东南亚"等，并将词义过于宽泛的关键词予以剔除，比如"研究""建议"等，经过筛选最终得到有效关键词 3677 个。为突出主题，提取词频在 10 次及以上的关键词作为高频词进行分析，共得出 33 个高频关键词（见表 3-1）。

表 3-1 前 33 个高频关键词排序（检索时间截至 2020 年 12 月底）

关键词	频次	关键词	频次	关键词	频次
二十一世纪海上丝绸之路	316	中国与东盟	34	中国梦	20
一带一路	255	东南亚	33	机遇和挑战	19
东盟	67	区域合作	29	海洋强国	18
发展战略	55	丝绸之路经济带	28	经济合作	18
中国	50	海洋经济	24	核心区	17
经济发展	48	命运共同体	23	互利共赢	16
区域经济	45	战略布局	23	南海	14
东南沿海	44	古丝绸之路	23	海洋文化	13
互联互通	42	战略支点	22	伊斯兰文化	13
新丝绸之路	40	基础设施	22	南方丝绸之路	12
沿海港口城市	35	文化交流	20	长江经济带	12

从表 3-1 可以看出，排在前 10 位的高频关键词分别是：二十一世纪海上丝绸之路（316 次）、一带一路（255 次）、东盟（67 次）、发展战略（55 次）、中国（50 次）、经济发展（48 次）、区域经济（45 次）、东南沿海（44 次）、互联互通（42 次）、新丝绸之路（40 次）。上述关键词基本代表了海上丝绸之路研究领域 2007~2020 年的热点研究话题，但仅针对文献出现频次较高的关键词进行单一数量统计无法了解这些高频关键词的亲疏关系。为此，还需要通过关键词共现技术来深入挖掘这些高频关键词之间更深层次的联系。

为了得到更具内在联系性的数据结构，利用 Bicomb 软件对表 3-1 中的 33 个高频关键词进行统计，生成一个 33×33 的共现矩阵，部分高频关键词共现矩阵见表 3-2。对角线上的数值表示每个高频关键词在文献中出现的总次数，而其他区域的数值表示高频词两两出现的频次，比如"一带一路"和"东盟"为 12，代表二者共同出现在 12 篇文献中。

表 3-2　高频关键词共现矩阵（部分）

	二十一世纪海上丝绸之路	一带一路	东盟	发展战略	中国	经济发展	区域经济	东南沿海	互联互通
二十一世纪海上丝绸之路	316	31	26	25	16	21	21	16	5
一带一路	31	255	8	21	13	9	3	10	7
东盟	26	12	67	5	12	9	2	4	5
发展战略	25	21	5	55	2	2	1	5	5
中国	16	13	12	2	50	9	3	2	4
经济发展	21	9	9	2	9	48	4	4	4
区域经济	21	3	2	1	3	4	45	2	3
东南沿海	14	10	4	5	2	4	2	44	6
互联互通	5	7	5	5	4	4	3	6	42

同时，为了得到符合后期因子分析、聚类分析，以及多维尺度分析要求的数据结构，将表 3-2 中的高频关键词共现矩阵导入 SPSS 中，将原始共现矩阵转换成一个 30×30 的相似矩阵（见表 3-3）。相似矩阵中数值的大小表明对应的两个关键词之间的距离远近，数值越接近 1，关键词之间的距离越近、相似度越大；反之，数值越接近 0，关键词之间的距离越远、相似度越小。

表 3-3 高频关键词相似矩阵（部分）

	二十一世纪海上丝绸之路	一带一路	东盟	发展战略	中国	经济发展	区域经济	东南沿海	互联互通
二十一世纪海上丝绸之路	1	0.41	0.306	0.297	0.256	0.341	0.224	0.165	0.286
一带一路	0.411	1	0.186	0.185	0.180	0.141	0.198	0.180	0.161
东盟	0.306	0.186	1	0.153	0.286	0.243	0.184	0.072	0.224
发展战略	0.297	0.185	0.153	1	0.097	0.245	0.153	0.053	0.083
中国	0.256	0.180	0.286	0.097	1	0.052	0.053	0.034	0.155
经济发展	0.341	0.141	0.243	0.245	0.052	1	0.192	0.037	0.061
区域经济	0.224	0.198	0.184	0.153	0.053	0.192	1	0.085	0.101
东南沿海	0.165	0.180	0.072	0.053	0.024	0.037	0.085	1	0.077
互联互通	0.286	0.161	0.224	0.083	0.155	0.061	0.101	0.077	1

此外，由于在相似矩阵中 0 值过多，容易造成统计分析结果出现较大的误差，为了方便进一步处理，用 1 减去全部相似矩阵中的每一个数值，从而将相似矩阵转化成相异矩阵（见表 3-4）。与相似矩阵相反的是，相异矩阵的数值越大表示高频词之间距离越远、相关程度越小，数值越小表示高频词之间距离越近、相关程度越大。

表 3-4 高频关键词相异矩阵（部分）

	二十一世纪海上丝绸之路	一带一路	东盟	发展战略	中国	经济发展	区域经济	东南沿海	互联互通
二十一世纪海上丝绸之路	0	0.589	0.694	0.703	0.744	0.659	0.776	0.835	0.714
一带一路	0.589	0	0.814	0.815	0.820	0.859	0.802	0.82	0.839
东盟	0.694	0.814	0	0.856	0.717	0.757	0.816	0.928	0.776
发展战略	0.703	0.815	0.856	0	0.903	0.755	0.847	0.947	0.917
中国	0.744	0.820	0.717	0.903	0	0.948	0.946	0.976	0.845
经济发展	0.659	0.859	0.757	0.755	0.948	0	0.808	0.963	0.939
区域经济	0.776	0.802	0.816	0.847	0.946	0.808	0	0.915	0.899
东南沿海	0.835	0.820	0.928	0.947	0.976	0.963	0.915	0	0.923
互联互通	0.714	0.839	0.776	0.917	0.845	0.939	0.899	0.923	0

二　基于高频关键词的热点提取

（一）聚类树状图分析

聚类分析是一种根据不同类别之间的亲疏关系（以距离来衡量）进行归类的探索性数据分析方法。在关键词聚类过程中，首先以最有影响的关键词（种子关键词）生成聚类；其次由聚类别的种子关键词及相邻的关键词再组成一个新的聚类。在聚类树状图中，两个高频关键词之间的距离越近，表明共现次数越多，联系越密切；反之，则相似度越低，关系越疏远。① 本章借助 SPSS 统计软件的聚类树状图分析功能，将所有高频关键词之间的亲疏关系表示出来，并基于某些中心词将与其距离较近的高频关键词整合为一个具体的类，由此区分海上丝绸之路研究领域中各个相对独立的热点区域。图 3-1 为海上丝绸之路研究文献的高频关键词聚类树状图，显示了所有高频关键词间的关联程度及分类情况。

可以根据需要在不同距离的水平上分割整个聚类树状图，本章将代表海上丝绸之路研究热点的高频关键词划分为 4 个类别。第一类包括二十一世纪海上丝绸之路、一带一路、丝绸之路经济带、发展战略、经济发展、区域经济、战略布局、新丝绸之路、东盟、中国、东南亚、互联互通、基础设施、沿海港口城市、长江经济带、中国与东盟、古丝绸之路、命运共同体、互利共赢、区域合作、经济合作 21 个关键词；第二类包括东南沿海、伊斯兰文化、文化交流、核心区 4 个关键词；第三类包括海洋经济、海洋强国、战略支点、中国梦、机遇和挑战、南方丝绸之路 6 个关键词；第四类包括南海、海洋文化 2 个关键词。其中，第一大类又可以细分为几个相对独立的小类：第一小类包括二十一世纪海上丝绸之路、一带一路、丝绸之路经济带、发展战略、经济发展 5 个关键词；第二小类包括区域经济、战略布局、新丝绸之路 3 个关键词；第三小类包括东盟、中国、东南亚、互联互通、基础设施 5 个关键词；第四小类包括沿海港口城市、长江经济带、中国与东盟、古丝绸之路 4 个关键词；第五小类包括命运

---

① 张勤、马费成：《国外知识管理研究范式——以共词分析为方法》，《管理科学学报》2007年第 6 期。

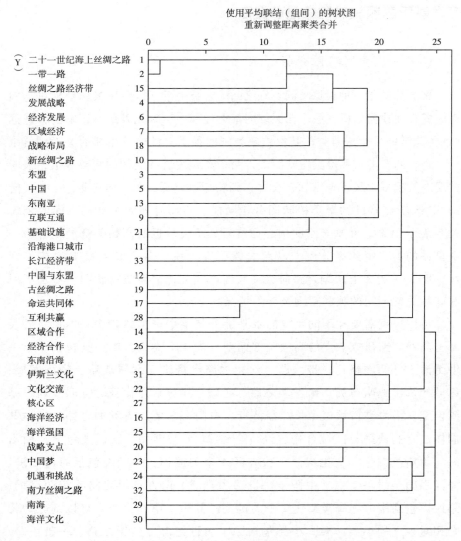

图 3-1　海上丝绸之路研究高频关键词聚类树状图

共同体、互利共赢、区域合作、经济合作 4 个关键词。虽然通过聚类分析可以较为容易地将某一领域的研究热点区分为不同类别，但是无法洞悉各个研究分支在该领域中所处的地位，为此，有必要继续进行因子分析和多维尺度分析，以了解各个类别在海上丝绸之路研究领域中的相对位置和重要程度。

（二）因子分析

因子分析是将变量群中的重叠信息提取为综合因子，以为数不多的因子反映原始资料的大部分信息，进而实现归类的统计技术。[①] 本章将高频关键词相似矩阵导入 SPSS 中，采用主成分分析法进行因子分析，得到 12 个特征值大于 1 的公共因子（见表 3-5），累计方差贡献率为 63.953%，说明提取的 12 个因子能够反映海上丝绸之路研究的分类和热点，代表不同兴趣和方向的 12 个研究主题。

表 3-5　公共因子的方差贡献

成分	初始特征根			被提取的载荷平方和		
	总和	方差贡献率	累积方差贡献率	总和	方差贡献率	累积方差贡献率
1	3.137	9.507%	9.507%	2.039	6.179%	6.179%
2	2.461	7.457%	16.965%	1.977	5.992%	12.17%
3	2.147	6.507%	23.471%	1.949	5.907%	18.078%
4	1.953	5.918%	29.389%	1.91	5.788%	23.865%
5	1.863	5.646%	35.035%	1.82	5.514%	29.379%
6	1.806	5.473%	40.508%	1.819	5.512%	34.891%
7	1.608	4.872%	45.38%	1.763	5.341%	40.232%
8	1.429	4.332%	49.712%	1.707	5.173%	45.405%
9	1.294	3.92%	53.631%	1.654	5.011%	50.416%
10	1.209	3.664%	57.296%	1.567	4.748%	55.164%
11	1.108	3.357%	60.653%	1.502	4.551%	59.715%
12	1.089	3.301%	63.953%	1.399	4.239%	63.953%

另外，因子载荷系数代表关键词与研究主题的相关程度，绝对值越大的因子（即关键词）在命名该研究主题与解释其核心内容时所起的作用越大。一般认为，因子载荷系数的绝对值大于 0.5 时，关键词才对研究主题的贡献具有影响力。[②] 表 3-6 显示了因子载荷系数大于 0.5 的关键词在 12 个

---

① 李志辉、周竹荣：《基于领域知网的中文智能答疑系统》，《四川理工学院学报（自然科学版）》2005 年第 4 期。

② 张勤、徐绪松：《共词分析法与可视化技术的结合：揭示国外知识管理研究结构》，《管理工程学报》2008 年第 4 期。

因子中的分布情况。多数关键词被提取到一个研究主题中,有 8 个关键词(新丝绸之路、沿海港口城市、东南亚、区域合作、战略布局、战略支点、核心区、海洋文化)由于载荷系数小于 0.5 无法进行分类。这些关键词尽管出现频次较高,但其所代表的研究主题范围过于宽泛,关联度相对较低,因此未能与其他公共因子很好地结合。根据因子载荷系数比对结果,对关键词进行因子划分:(1)二十一世纪海上丝绸之路、一带一路、丝绸之路经济带;(2)经济发展、中国梦;(3)命运共同体、互利共赢;(4)东盟、中国;(5)发展战略、长江经济带;(6)海洋经济、海洋强国;(7)区域经济、经济合作;(8)互联互通、基础设施;(9)东南沿海、中国与东盟、古丝绸之路、伊斯兰文化;(10)文化交流、南方丝绸之路;(11)机遇和挑战;(12)南海。由于通过因子分析划分出的类别相对较多,且各类别之间的相关关系也不明朗,为了可以直接观察所有高频关键词具体的分布及汇聚情况,本章利用多维尺度分析绘制图谱进行进一步的探讨。

表 3-6　12 个因子的载荷系数

高频关键词	提取成分											
	1	2	3	4	5	6	7	8	9	10	11	12
二十一世纪海上丝绸之路	0.703											
一带一路	0.797											
东盟				0.690								
发展战略					0.565							
中国				0.826								
经济发展		0.669										
区域经济							0.702					
丝绸之路经济带	0.650											
东南沿海									-0.514			
互联互通								0.630				
中国与东盟									0.602			
海洋经济						-0.647						
命运共同体			0.811									
古丝绸之路									0.611			

续表

高频关键词	提取成分											
	1	2	3	4	5	6	7	8	9	10	11	12
基础设施								0.744				
文化交流										0.700		
中国梦		0.714										
机遇和挑战											−0.806	
海洋强国						−0.702						
经济合作							0.699					
互利共赢			0.780									
南海												−0.727
伊斯兰文化									−0.536			
南方丝绸之路										−0.545		
长江经济带					0.841							

（三）多维尺度分析

多维尺度分析通过多维空间感知图，利用平面距离来反映研究对象之间的相似性或差异性，能够更为直观形象地确定各个研究主题的边界和数目。选取二维图谱，当统计模型信度和效度均在可接受范围内时，具有高度相关性的关键词便会自然地聚集在一起，形成一个研究热点，处于中心位置的关键词作为学科领域的重要研究对象，与其他关键词之间的联系更为紧密，反之，处于外围位置的关键词与其他关键词的关联度相对较低。[①]本章将表 3-4 中的相异矩阵导入 SPSS 中，之后再运用多维尺度分析功能，选取平方欧氏距离的测度方法和 Z 得分的标准化方法进行分析，得到相关可视化分析结果，如图 3-2 所示。

综合前面聚类树状图分析、因子分析的结果，并结合相关的定性研究成果，可以将海上丝绸之路研究热点划分为四个主题领域：以互联互通为基础的区域经济合作与发展研究（领域一）、机遇和挑战下海洋经济与海洋强国建设研究（领域二）、海上丝绸之路的文化意义及对南海区域的影

---

① 谭荣波、梅晓仁编著《SPSS 统计分析实用教程》，科学出版社，2007。

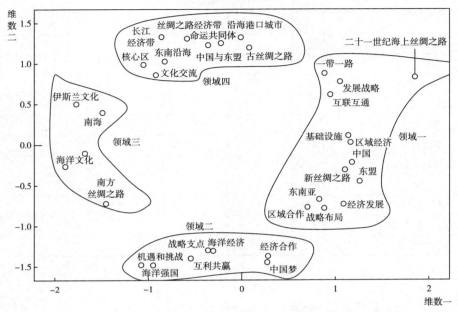

图 3-2　多维尺度分析结果

响研究（领域三）、沿海城市和港口的发展研究（领域四）。领域一主要涉及二十一世纪海上丝绸之路、一带一路、新丝绸之路、发展战略、互联互通、基础设施、区域经济、经济发展、区域合作、战略布局、中国、东盟、东南亚 13 个关键词，这些关键词在整个海上丝绸之路领域高频关键词中的词频排名均比较靠前，说明对于中国与东盟的共同发展、基础设施互联互通及东南亚区域经济合作的研究已经比较深入，形成了一定的规模和稳定的研究结构。领域二主要涉及海洋强国、海洋经济、战略支点、机遇和挑战、互利共赢、中国梦、经济合作 7 个关键词，这些关键词在图中的距离比较近，表明当前学者对"21 世纪海上丝绸之路"下的机遇和挑战、海洋经济发展、海洋强国建设的关注力度与研究力度比较大。领域三主要涉及伊斯兰文化、海洋文化、南海、南方丝绸之路 4 个关键词，主要围绕海上丝绸之路的文化意义与其对南海问题的影响这两方面展开研究，该领域中关键词分布较为分散，联结关系相对较弱，研究结构尚不成熟，仍待进一步深化研究。领域四主要涉及丝绸之路经济带、长江经济带、核心区、东南沿海、沿海港口城市、文化交流、中国与东盟、命运共同体、古丝绸之路 9 个关键词，研究热点集中于探讨如何加快发展中国东南沿海的重点城市与港口助力打造中国-东盟命运共同体。

三　基于高频关键词的图谱分析

（一）关键词共词网络分析

为了直观地展示和全局把握"海上丝绸之路"研究文献中各高频关键词之间的联结强度，运用 Ucinet 软件及其组件 Netdraw 进行高频关键词相似矩阵数据分析并绘制共词网络知识图谱，如图 3-3 所示。其中节点代表关键词，节点的面积代表该关键词和其他关键词的共现次数；节点之间的连线粗细代表各关键词之间的相关度大小，节点的形状代表不同的研究主题。[①]　其中，方形代表以互联互通为基础的区域经济合作与发展研究，三角形代表沿海城市和港口发展研究，菱形代表机遇和挑战下海洋经济与海洋强国建设研究，圆形代表海上丝绸之路的文化意义及对南海区域的影响研究。从图 3-3 可以看出，海上丝绸之路研究共词网络连线较多，不存在孤立节点，网络中各个节点之间联结的紧密程度较大，高频关键词在一篇文献中共同出现的情况比较普遍，关键词之间共存性和交融性较大。

（二）关键词中心性分析

中心性是社会网络分析的重点，用于描述各个节点在社会网络中的地位及重要性，分为度中心性（degree centrality）、接近中心性（closeness centrality）和中介中心性（betweenness centrality）。度中心性是指节点在与其直接相连的邻居节点当中的中心程度，如果某点具有高度数，则该点居于中心，行动者拥有最大的权力；接近中心性是以距离为概念来计算一个节点的中心程度，如果某点到网络中所有其他点的距离总和最短，则该点具有最佳的信息流动观测视野；中介中心性是指整个网络的集中或集权程度，测量的是行动者对资源控制的程度。[②]　通过对海上丝绸之路研究共词

①　魏瑞斌：《社会网络分析在关键词网络分析中的实证研究》，《情报杂志》2009 年第 9 期。

②　朱庆华、李亮：《社会网络分析法及其在情报学中的应用》，《情报理论与实践》2008 年第 2 期。

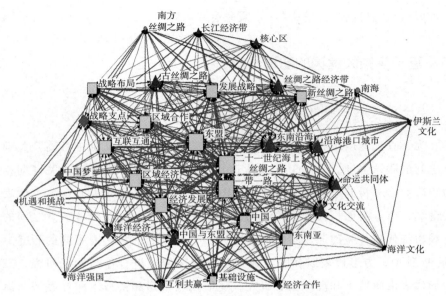

图 3-3 海上丝绸之路研究共词网络知识图谱

网络节点中心性的测量（见表 3-7），可以发现在这三种中心性测度中排在前面的关键词重复性很高，与排名靠前的高频关键词基本一致，表明这些关键词在该网络处于中心位置，是当前海上丝绸之路研究领域较为核心且热门的研究主题。

表 3-7 海上丝绸之路研究共词网络节点的中心性测度（前 10 名）

关键词	度中心性	关键词	接近中心性	关键词	中介中心性
二十一世纪海上丝绸之路	14.605	二十一世纪海上丝绸之路	7.581	二十一世纪海上丝绸之路	100.00
一带一路	13.675	一带一路	5.823	一带一路	100.00
东盟	11.335	东盟	4.677	东盟	98.01
东南沿海	10.977	区域经济	4.001	东南沿海	95.39
经济发展	8.001	发展战略	3.147	经济发展	90.01
沿海港口城市	7.009	新丝绸之路	2.997	互联互通	89.56
互联互通	6.899	沿海港口城市	2.996	区域经济	87.32
新丝绸之路	5.442	互联互通	2.909	发展战略	86.31
命运共同体	5.332	区域合作	2.805	中国	85.01
丝绸之路经济带	5.299	战略布局	2.601	区域合作	83.05

根据对图 3-3 和表 3-7 的分析思路，可得出以下结果：（1）二十一世纪海上丝绸之路、一带一路、东盟等关键词处于网络的中心位置，且中心性测度排名均在前列，表明这几个关键词与其他关键词的共现次数较多，占据了该图谱学术领域的核心地位，代表了当前海上丝绸之路领域研究的主流趋势。（2）经济发展、互联互通、东南沿海、区域合作、区域经济、沿海港口城市等关键词位于图谱次中心位置，表明学者们开始围绕区域经济合作、东南沿海城市发展、基础设施互联互通等问题展开探讨，这些问题与海上丝绸之路的建设是密不可分的。（3）长江经济带、伊斯兰文化、海洋文化、海洋强国、经济合作、互利共赢、机遇和挑战等关键词分布在整个网络的边缘地带，且节点面积较小，目前与其他领域的关联度不大，但很可能成为未来的研究热点，推动海上丝绸之路研究领域方向的分化与发展。

第三节　海上丝绸之路研究热点领域的内容阐释

一　领域一：以互联互通为基础的区域经济合作与发展研究

以互联互通为基础的区域经济合作与发展研究是海上丝绸之路研究领域一个最为重要的研究主题，代表了该领域的主流研究趋势。"21 世纪海上丝绸之路"是一条由沿线节点港口互联互通带动沿海港口城市及沿线国家腹地的经贸合作的经济带，沿线重要节点互联互通是海上丝绸之路建设的优先领域。在政策沟通、设施联通、贸易畅通、资金融通、民心相通五大领域实现互联互通有助于中国与周边国家及地区建立起全面合作的战略伙伴关系。[1] 其中，基础设施互联互通是建设海上丝绸之路最为重要的前提和基础条件，可以大大加速区域内各种要素流动和优化资源配置，拓展经济发展战略空间，充分发挥各国之间因发展阶段、自然禀赋的差异而产生的互补性优势。由于地处海上丝绸之路的十字路口，东盟将是"21 世纪海上丝绸之路"的主角之一。以中国-东盟自由贸易区的设立与升级为标

---

① 赵小建：《从纽约到罗马——海外温州人经商理念、创业模式和运作特点探析》，《华侨华人历史研究》2016 年第 1 期。

志，中国与东盟的贸易伙伴关系已正式确立且逐步进入成熟期。作为中国与东盟之间经贸往来和文化交流的国际通道，海上丝绸之路伴随着沿线国家和地区的互联互通，对中国-东盟自由贸易区升级将发挥更大的作用。① 我国正处于产业结构转型升级的关键时期，亟须寻求突破口以实现新一轮的产业升级和经济增长，与此同时，东盟内部各国在政治、经济和社会文化上的发展水平差异巨大，建设海上丝绸之路以带动经济、政治、文化、安全等领域的合作符合双方共同利益。② 依托海上丝绸之路，以区域经济合作为重点，中国-东盟自由贸易区在合作形式与内容上的进一步升级，有助于实现中国与东盟的共同发展，加速区域经济一体化。

二　领域二：机遇和挑战下海洋经济与海洋强国建设研究

机遇和挑战下海洋经济与海洋强国建设研究主要围绕"21 世纪海上丝绸之路"下的机遇和挑战、海洋经济发展、海洋强国建设三个问题进行探讨。"21 世纪海上丝绸之路"倡议的提出具有深刻的时代背景，在实施过程中必将面临诸多挑战。"21 世纪海上丝绸之路"沿线区域地缘政治关系错综复杂且各国在工业发展水平、民族宗教、历史文化等方面存在巨大差异等。③ 与此同时，"21 世纪海上丝绸之路"建设也带来了发展机遇，既可以为中国转移剩余产能以加快产业结构转型升级提供出路，也可以促进区域内资源配置和市场融合，从而推动沿线国家和地区之间的合作与发展。④ 长期以来，中国经济发展的驱动力以陆路为主，而海洋经济在区域经济一体化中的重要作用日渐凸显，⑤ 经济重心由陆路向海洋转变，挖掘海洋经济发展潜力，加快建设海洋强国，是我国走向世界强国的必由之路。以海上丝绸之路为载体，与沿线国家达成海上合作共识，确立海洋合

---

① 谭秀杰、周茂荣：《21 世纪"海上丝绸之路"贸易潜力及其影响因素——基于随机前沿引力模型的实证研究》，《国际贸易问题》2015 年第 2 期。

② 李向阳：《论海上丝绸之路的多元化合作机制》，《世界经济与政治》2014 年第 11 期。

③ 袁新涛：《丝绸之路经济带建设和 21 世纪海上丝绸之路建设的国家战略分析》，《东南亚纵横》2014 年第 8 期。

④ 刘新生：《携手打造新"海上丝绸之路"》，《东南亚纵横》2014 年第 2 期。

⑤ 郑崇伟、孙威、陈璇、张仲、孔洁：《经略"21 世纪海上丝绸之路"：综合应用平台建设》，《海洋开发与管理》2017 年第 2 期。

作伙伴关系，以海上联通、海洋资源、海洋经济、海上安全、海洋生态文明等为重点合作领域，深化海洋经济与产业合作，可以促进中国与沿线国家的海上合作、共同维护海上安全和长远发展。①

三　领域三：海上丝绸之路的文化意义及对南海区域的影响研究

海上丝绸之路的历史和文化意义一直是该领域的一个重要研究主题，而学术界对于海上丝绸之路对南海区域及周边国家的影响这一问题的关注度则随着南海问题的发展态势发生相应变化。海上丝绸之路是我国与周边各国和地区进行文化传递、交流与融合的重要通道，不仅映射了我国发展历程，② 也将亚、欧、非三大洲的古文明联结在了一起，对各国的社会发展产生了深远的影响。③ 中国古代的四大发明、陶瓷及茶文化与西方的火炮和近代科学经由海上丝绸之路在东西方之间传播，从生活方式和审美观念到思维理念对许多国家产生了影响。④ 泉州伊斯兰文化遗存便是东西方长期以来贸易往来和文化交流留下的历史遗迹之一。海上丝绸之路虽然始于经济贸易，但沿线各国之间的文化交流伴随着经贸往来的不断深化而日趋频繁，且这种文化交流给各国带来的影响更为深远。充分发挥海上丝绸之路的地缘优势，推动沿线国家和地区的文化交流与合作，可以使之成为各国友好往来的纽带。⑤ 海上丝绸之路对于密切南海区域各国各民族之间的联系具有十分明显的作用，带动了周边国家在经济、政治、文化上的交流与发展，是增进南海区域内部联系性和统一性的重要基础和历史渊源。⑥ 南海地缘经济和地缘政治格局处于深刻的变化中，许多不确定性因素汇聚于南海海域和周边国家及地区。建设"21世纪海上丝绸之路"有助于周边国家和地区寻求共同利益，建立共同愿景，增强文化认同感，为南海问题

---

① 陈武：《发展好海洋合作伙伴关系——深入学习贯彻习近平同志关于共建21世纪"海上丝绸之路"的战略构想》，《东南亚纵横》2014年第1期；刘赐贵：《发展海洋合作伙伴关系推进21世纪海上丝绸之路建设的若干思考》，《当代中国史研究》2014年第5期。

② 陈志宏：《泉州海上丝绸之路滨海史迹的研究与保护》，《南方建筑》2006年第9期。

③ 陈惠平：《"海上丝绸之路"的文化特质及其当代意义》，《中共福建省委党校学报》2005年第2期。

④ 陈炎：《海上丝绸之路对世界文明的贡献》，《今日中国（中文版）》2001年第12期。

⑤ 郑海麟：《建构"海上丝绸之路"的历史经验与战略思考》，《太平洋学报》2014年第1期。

⑥ 张一平：《古代海上丝绸之路对南海区域的影响》，《新东方》2010年第3期。

的和平解决提供了一个良好契机。①

四 领域四：沿海城市和港口发展研究

如何加快沿海城市和港口发展助力打造中国-东盟命运共同体是"21世纪海上丝绸之路"的研究热点之一。"21世纪海上丝绸之路"建设必然会对中国沿海城市和港口发展产生直接影响。与此同时，天津、青岛、大连、上海、广州、深圳、汕头、泉州、厦门、海口等沿海城市和港口建设也成为建设"21世纪海上丝绸之路"的前提基础和重要节点。在合作区域与内容上，沿海城市和港口建设以拓展中国与东盟之间的合作为重点，加大资源整合和投入力度，促进基础设施互联互通，加强与东盟国家在港口码头、物流园区和集散基地等方面合作的广度和深度，实现产业优势互补，推进区域经济一体化和中国与东盟的共同发展。② 福建作为古丝绸之路的重要发祥地，在沟通中国与周边国家的经济文化交流过程中发挥了桥梁作用，是建设"21世纪海上丝绸之路"的核心区。③ 部分学者对福建如何加快融入海上丝绸之路的建设中这一问题进行了深入探讨。福建应充分发挥区位地理优势，深化经济合作，促进人文融合，将自身打造成与东盟进行经贸往来和文化交流的重要枢纽，主动融入海上丝绸之路的建设中。④ 在与东盟国家的经济合作上，加大泉州、厦门、福州等港口城市的基础设施建设力度，促进产业对接与合作，加强经贸往来，建成自由贸易园区；在人文交流方面，加强与沿线国家和地区的文化交流，着力于在科技、教育、旅游等多个领域实现交流合作。⑤

---

① 邹立刚：《中国-东盟共建南海海上丝绸之路的战略思考》，《海南大学学报（人文社会科学版）》2014 年第 4 期。
② 刘宗义：《21 世纪海上丝绸之路建设与我国沿海城市和港口的发展》，《城市观察》2014年第 6 期。
③ 余密林：《对建设 21 世纪海上丝绸之路的若干思考》，《发展研究》2015 年第 2 期。
④ 尤权：《打造 21 世纪海上丝绸之路重要枢纽》，《求是》2014 年第 17 期。
⑤ 吴崇伯：《福建构建 21 世纪海上丝绸之路战略的优势、挑战与对策》，《亚太经济》2014年第 6 期。

第四节 海上丝绸之路研究的未来趋势

要全面把握有关"21世纪海上丝绸之路"倡议的研究动态，需要在分析中文期刊文献的基础上进一步关注英文文献对"21世纪海上丝绸之路"的研究。因此，我们以美国科学情报研究所（Institute for Scientific Information，ISI）Web of Science数据库收录的来源文献为样本，以"Topic＝（Maritime Silk Route）OR Topic＝（Maritime Silk Road）OR Topic＝（Silk Road of the Sea）OR Topic＝（Marine Silk Route）、Databases＝（SCI-EXPANDED，SSCI，A&HCI，CCR-EXPANDED，IC）、Document Types＝（ARTICLE OR REVIEW）、Languages＝（ENGLISH）、Timespan＝1986-2020"为条件检索相关英文文献，共发文133篇，如图3-4所示。由图3-4可知，2013年"21世纪海上丝绸之路"倡议提出之前，文献发文量增速缓慢，平均每年发表文献1.1篇，年平均增长率为16.65%；自2013年之后，文献发文量呈现快速上升趋势，平均每年发表文献13篇，年平均增长率为65.34%。

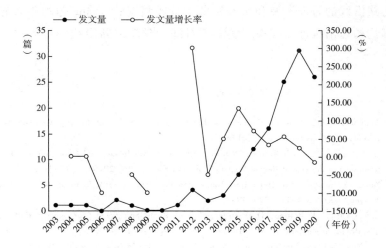

图3-4 以"21世纪海上丝绸之路"为标题的英文文献发文量及年度变化趋势（2003~2020）

注：2003年之前，以"21世纪海上丝绸之路"为标题的英文文献发文量为0。

为进一步反映英文文献对海上丝绸之路研究的现状和未来趋势，通过阅读文献摘要，剔除与本主题关联度低的文献，并根据不同文献研究主题和描述观点的相似性，整合相关文献研究，并与上述研究热点进行对比分析。与中文文献相比，英文文献对海上丝绸之路的研究较为集中，具体可分为三类：一是对海上丝绸之路沿线国家政治和经济的影响研究，例如，Palit 从印度的经济和战略视角看待"21 世纪海上丝绸之路"倡议（MSRI），缺乏建设优质海上基础设施的能力、对 MSRI 中以中国为中心的印象、中国未能积极为各国设立角色等因素阻碍印度对 MSRI 的认知；[①] Karim 认为，"21 世纪海上丝绸之路"虽然能为参与其中的国家带来经济利益，但也会使孟加拉湾等地陷入因地缘政治和大国竞争带来的困境之中。[②] 二是对古代海上丝绸之路的研究，例如 Xiong Zhaoming 对华南合浦墓地装饰材料的研究证明了合浦是海上丝绸之路的母港，确立了海上丝绸之路贸易网的范围和地理位置；[③] Castillo 等通过对马来西亚半岛植物化石的分析证明了古代跨越南亚和东南亚的海上贸易网络，以及各种谷物、豆类等农作物在东南亚当地的传播与应用。[④] 三是对海上丝绸之路地理环境的研究，例如，Lin Yuanxin 等利用遥感数据对海上丝绸之路上的飓风进行了分析，为航海、海洋工程和减灾防灾等提供了重要参考；[⑤] Hao Qingqing 等分析了海上丝绸之路沿线的石油资源和矿产资源的分布情况；[⑥] Yang 等利用兼容性云模型理论构建出犹豫云模型，实现了对海上丝绸之路沿线国家人文环境风

[①] Amitendu Palit, "India's Economic and Strategic Perceptions of China's Maritime Silk Road Initiative," *Geopolitics*, 22 (2017): 1–18.

[②] M. A. Karim, "China's Proposed Maritime Silk Road: Challenges and Opportunities with Special Reference to the Bay of Bengal Region," *Pacific Focus*, 30 (2015): 297–319.

[③] Xiong Zhaoming, "The Hepu Han Tombs and the Maritime Silk Road of the Han Dynasty," *Antiquity*, 88 (2014): 1229–1243.

[④] C. C. Castillo, B. Bellina, D. Q. Fuller, "Rice, Beans and Trade Crops on the Early Maritime Silk Route in Southeast Asia," *Antiquity*, 90 (2016): 1255–1269.

[⑤] Liu Yuanxin, Yin Xiaobin, Xu Youping, "The Analysis of Gales over the 'Maritime Silk Road' with Remote Sensing Data," *Acta Oceanologica Sinica*, 36 (2017): 15–22.

[⑥] Hao Qingqing, Zuo Yinhui, Li Lintao, Chen Weijun, Yi Junjie, Wu Lei, "The Distribution of Petroleum Resources and Characteristics of Main Petroliferous Basins Along the Silk Road Economic Belt and the 21st-Century Maritime Silk Road," *Acta Geologica Sinica* (*English Edition*), 91 (2017).

险的定量评估。①

　　以在中国知网上检索的海上丝绸之路高频关键词为研究对象，通过聚类分析和战略坐标图等方法，对中国海上丝绸之路文献的研究热点进行分析，结合上述对英文文献的阅读分析可知，现有的海上丝绸之路研究呈现以下特征：一是随着"21世纪海上丝绸之路"倡议得到的关注逐步增多，海上丝绸之路研究方向越来越多。首先，与国家和地区相关的热点词受到学者们的关注，如东南亚、东盟、印度、南海和泉州港等；其次，与政治互助或经贸合作相关的关键词也得到了学者们的较高关注，如互联互通、海洋战略、贸易便利化、国际经济合作等；最后，命运共同体、互利共赢、贸易潜力等与海上丝绸之路倡议相关的词语也成为热点。英文文献的补充分析也表明，与国家间的政治或者经贸相关研究已经得到国际学者的关注。二是海上丝绸之路的研究热点比较分散，这些热点主要聚焦为六个领域：中国与东盟国家之间的经贸研究、通道建设研究、"一带一路"研究、南海问题研究、"21世纪海上丝绸之路"建设研究，以及东盟、印度与中国之间的国家关系研究。三是海上丝绸之路研究热点将随着各国对海上丝绸之路战略地位的逐步重视而向成熟发展。在上述六个研究领域中，"一带一路"研究和"21世纪海上丝绸之路"建设研究目前较为成熟，处于海上丝绸之路研究的核心领域；而中国与东盟国家之间的经贸研究、通道建设研究、南海问题研究，以及东盟、印度与中国之间的国家关系研究还未发展成熟，位于海上丝绸之路研究领域的边缘地带。

---

① Yang L., Zhang R., Hou T. et al., "Hesitant Cloud Model and Its Application in the Risk Assessment of 'the Twenty-First Century Maritime Silk Road,'" *Mathematical Problems in Engineering*, (2016).

第四章　我国与海上丝绸之路沿线国家的经济合作分析

我国与"海丝"沿线国家存在着长期的经济往来，将我国对"海丝"沿线 33 个国家（将《中国统计年鉴》中没有数据或数据不全的国家和地区剔除）的海关货物进出口总额、外商直接投资额、对外直接投资（非金融类）、对外经济合作金额和专利申请受理数及授权数五项指标（2003~2019 年），分别作为单变量时间序列对象，相应得到 33 条时间序列。原始数值时间序列可以反映我国对"海丝"沿线不同国家海关货物进出口总额等五项指标的分布情况，而通过 Z 标准化处理后的趋势时间序列可以反映数据的变化趋势。将数值时间序列和趋势时间序列分别作为输入数据，采用 DTW 距离度量，进行 AP 聚类和结果分析，更好地反映"海丝"沿线国家在经济合作中的地位及动态变化趋势。

第一节　贸易分析

国家间的贸易往来是彼此经济合作的重要体现。基于《中国统计年鉴》的统计数据，本节从我国同各国海关货物进出口总额等指标分析我国与"海丝"沿线国家的贸易往来特点和趋势。货物进出口总额是指实际进出我国国境的货物总金额，主要包括对外贸易实际进出口货物，来料加工装配进出口货物，进料加工进出口货物，边境地方贸易及边境地区小额贸易进出口货物（边民互市贸易除外），中外合资企业、中外合作经营企业、外商独资经营企业进出口货物和公用物品，到、离岸价格在规定限额以上的进出口货样和广告品（无商业价值、无使用价值和免费提供出口的除外）等。该指标可以观察一个国家在对外贸易方面的总规模。我国规定出口货物按离岸价格统计，进口货物按到岸价格统计。

将我国对"海丝"沿线 33 个国家的海关货物进出口总额指标（2003～2019年），分别作为单变量时间序列对象，相应得到 33 条时间序列。原始数值时间序列可以反映我国对"海丝"沿线不同国家海关货物进出口总额的分布情况，而通过 Z 标准化处理后的趋势时间序列可以反映数据的变化趋势。将数值时间序列和趋势时间序列分别作为输入数据，采用 DTW 距离度量，进行 AP 聚类和结果分析，更好地反映"海丝"沿线各国在经济合作中的地位及动态变化趋势。

一　数值聚类分析

我国对"海丝"沿线 33 个国家海关货物进出口总额的数值时间序列经过 AP 聚类，被划分为六类，每一簇数据的中心代表分别为泰国、越南、孟加拉国、阿联酋、莫桑比克、南非，如图 4-1（a）所示；各类数值时间序列，如图 4-1（b）所示。具体来说，以泰国为簇中心的类别包含 5 个国家，我国对其海关货物进出口总额在 2003 年达到 100 亿美元左右，而后稳步增长，在 2019 年达到 1000 亿美元左右；我国对越南的海关货物进出口总额在 2003 年接近 50 亿美元，在 2010 年以后大幅度增大，在 2019 年超过 1600 亿美元；以孟加拉国为簇中心的类别包含 8 个国家，2003～2010 年，数额增长缓慢，在 2010 年后增长迅速，在 2015 年前后有短暂的低谷期，而后又恢复增长，在 2019 年接近 200 亿美元；以阿联酋为簇中心的类别包含 4 个国家，我国对其海关货物进出口总额在 2003 年接近 100 亿美元，而后数值虽有波动但总体稳步增长，在 2019 年达到 500 亿美元左右；以莫桑比克为簇中心的类别包含 14 个国家，我国对其海关货物进出口总额自 2003 年缓慢稳步上涨，虽有波动但总体稳步增长，在 2019 年接近 50 亿美元；我国对南非的海关货物进出口总额在 2003 年已超过 38 亿美元，在 2016 年迅速增加，并超过 2600 亿美元，而后又回落稳定在 400 亿美元左右。

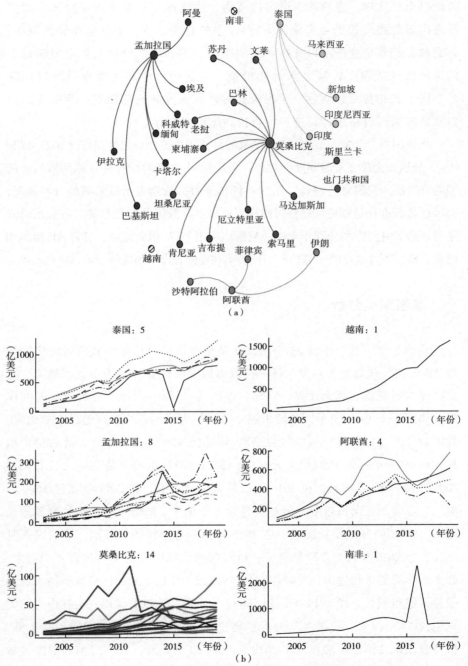

图 4-1 我国对"海丝"沿线 33 个国家海关货物进出口总额的

AP 聚类结果及各类数值时间序列

二　趋势聚类分析

我国对"海丝"沿线 33 个国家海关货物进出口总额的趋势时间序列经过 AP 聚类，被划分为十类，其中五簇数据的中心代表分别为泰国、越南、巴基斯坦、巴林、莫桑比克，而文莱、伊朗、南非、苏丹、也门各自单独为一簇，如图 4-2（a）所示；各类趋势时间序列，如图 4-2（b）所示。具体来说，我国对文莱的海关货物进出口总额在 2003~2009 年保持平稳，自 2010 年开始不断增长，在 2014 年开始下降，而后从 2016 年起又恢复增长；以泰国为簇中心的类别包含 6 个国家，我国对其海关货物进出口总额在 2003~2019 年稳步增长，在 2009 年小幅下降；以越南为簇中心的类别包含 5 个国家，我国对其海关货物进出口总额在 2003~2010 年增长缓慢，之后开始迅速增长；以巴基斯坦为簇中心的类别包含 5 个国家，在 2003~2019 年，我国对其海关货物进出口总额保持稳步增长，并在 2015 年出现小高峰；我国对伊朗的海关货物进出口总额在 2003~2008 年快速上升，而后波动频繁，2014 年以后呈现下降趋势；以巴林为簇中心的类别包含 7 个国家，我国对其海关货

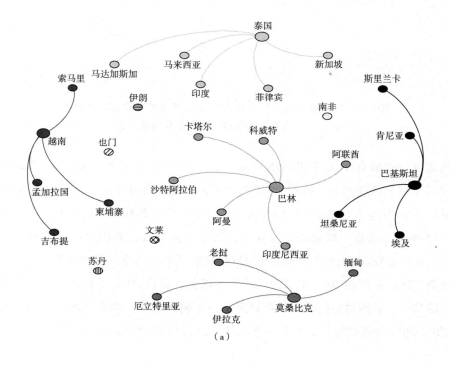

（a）

55

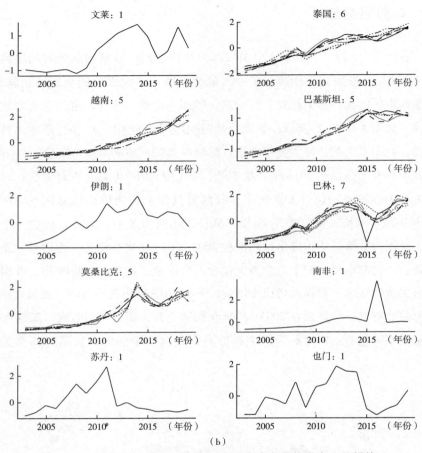

图 4-2 我国对"海丝"沿线 33 个国家海关货物进出口总额的
趋势聚类结果及各类趋势时间序列

物进出口总额自 2003 年起开始稳步增长,从 2009 年开始下降,直至 2017 年后才恢复增长趋势;以莫桑比克为簇中心的类别包含 5 个国家,我国对其海关货物进出口总额自 2003 年缓慢上涨,在 2010 年后迅速上升,从 2015 年开始数据下降遇到短暂低谷,而后恢复增长;我国对南非的海关货物进出口总额在 2016 年快速上涨,但很快恢复平缓趋势;我国对苏丹的海关货物进出口总额在 2011 年以前保持稳步增长,但在 2012 年暴跌,而后呈现下降趋势;我国对也门的海关货物进出口总额在 2003~2008 年波动不断,在 2009~2012 年保持增长,而后一直下降,到 2017 年才重新开始上升。

第二节 投资分析

国家间的相互投资是彼此之间经济合作的重要体现。本节基于《中国统计年鉴》和《中国对外直接投资统计公报》的统计数据，从"海丝"沿线国家对我国的外商直接投资额、我国对外直接投资额等指标分析我国与"海丝"沿线国家的投资特点和趋势。外商投资包括外商直接投资和外商其他投资。本节涉及的外商直接投资是指"海丝"沿线国家投资者在我国境内通过设立外商投资企业、合伙企业与中方投资者共同进行合作开发以及设立外国公司分支机构等方式进行投资。外国投资者可以用现金、实物、无形资产、股权等投资，还可以用从外商投资企业获得的利润进行再投资。外商其他投资是指除对外借款和外商直接投资以外的各种利用外资的形式。

本节涉及的对外直接投资是指我国境内投资者在"海丝"沿线国家以现金、实物、无形资产等方式投资，并以控制外国企业的经营管理权为核心的经济活动，具体包括股权投资、收益再投资和债务工具三部分。对外直接投资的内涵主要体现在一个经济体通过投资于另一个经济体而实现其持久利益的目标。具体可通过对外直接投资净额和截至年底对外直接投资净额进行反映。对外直接投资净额是指我国当期对外直接投资总额减去当期境外企业对境内投资者反向投资的数值，是一个存量指标；而截至年底对外直接投资净额是指年末对外直接投资总额减去境外企业累计对境内投资者反向投资的数值，是一个流量指标。

基于"海丝"沿线国家对中国的外商直接投资额、我国对外直接投资净额以及截至年底对外直接投资净额三个指标（2003~2019年），将"海丝"沿线33个国家的数据分别作为单变量时间序列对象，相应得到33条时间序列。原始数值时间序列可以反映不同国家（地区）外商直接投资额以及我国对外直接投资的分布情况，而通过Z标准化处理后的趋势时间序列可以反映数据的变化趋势。将数值时间序列和趋势时间序列分别作为输入数据，采用DTW距离度量，进行AP聚类和结果分析。

一 数值聚类分析

（一）外商直接投资额

"海丝"沿线 33 个国家对我国的外商直接投资额的数值时间序列经过 AP 聚类，被划分为九类，其中两簇数据的中心代表分别为老挝、阿联酋，其余 7 个国家各自单独为一簇，如图 4-3（a）所示；各类数值时间序列，如图 4-3（b）所示。具体来说，以老挝为簇中心的类别包含 23 个国家，它们对我国的外商直接投资额量级相对较小，为百万美元；以阿联酋为簇中心的类别包含 3 个国家，它们对我国的外商直接投资额最高超过 1 亿美元，但总体呈现下降的趋势；文莱对我国外商直接投资额自 2003~2007 年保持持续增长，2007 年达到最高值 37688 万美元，而后一直降低，2019 年降至 700 万美元左右；马来西亚对我国的外商直接投资额在 2003~2013 年较为稳定，均超过 2 亿美元，2015 年以后开始降低；菲律宾对我国的外商直接投资额在 2004 年达到 23224 万美元以后，一路下跌，到 2019 年仅为 1000 多万美元；新加坡对我国的外商直接投资额远超其他国家，2003 年已经达到 20 亿美元左右，并总体保持上涨趋势，2019 年接近 76 亿美元；泰国对我国的外商直接投资额大多在 2 亿美元以下波动，2013 年曾超过 4 亿

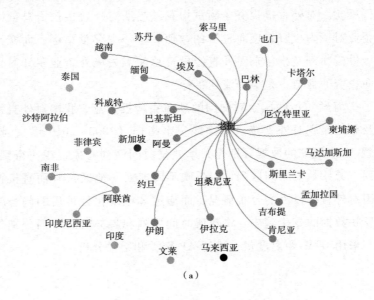

（a）

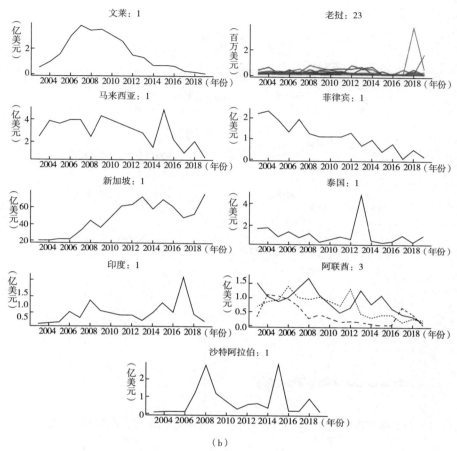

图 4-3 "海丝"沿线 33 个国家对我国的外商直接投资额的数值聚类结果及各类数值时间序列

美元；印度对我国的外商直接投资额大多在 1 亿美元以下波动；沙特阿拉伯对我国的外商直接投资额分别在 2008 年和 2015 年达到峰值，均超过 2.7 亿美元。

（二）对外直接投资净额

我国对"海丝"沿线 33 个国家直接投资净额的数值时间序列经过 AP 聚类，被划分为六类，其中三簇数据的中心代表分别为文莱、老挝、莫桑比克，印度尼西亚、新加坡、南非各自单独为一簇，如图 4-4（a）所示；各类数值时间序列，如图 4-4（b）所示。具体来说，以文莱为簇中心的

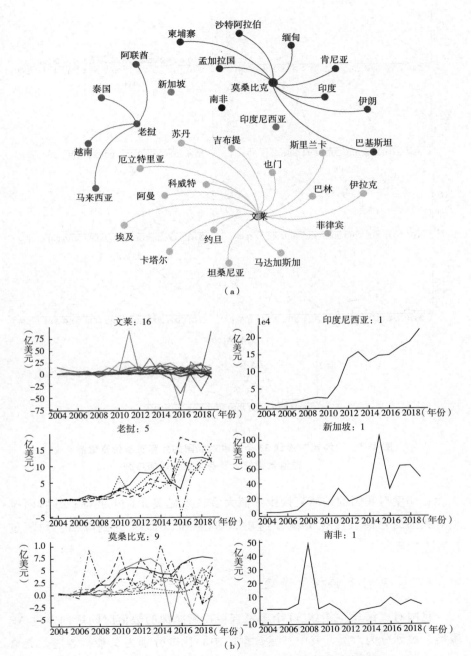

图 4-4 我国对"海丝"沿线 33 个国家直接投资净额的
数值聚类结果及各类数值时间序列

类别包含 16 个国家，我国对其直接投资净额数值分布在相对较小的范围，波动频繁但幅度较小；以老挝为簇中心的类别包含 5 个国家，我国对其直接投资净额数值在 2004~2008 年变化较小，在 2008 年后虽有较大幅度波动但总体保持上升趋势，并在 2019 年数额超过 10 亿美元；以莫桑比克为簇中心的类别包含 9 个国家，我国对其直接投资净额在 2006~2018 年波动频繁且幅度较大；我国对印度尼西亚的直接投资净额整体保持着增长趋势，在 2004~2010 年增长缓慢，在 2010 年后增长迅速；我国对新加坡的直接投资净额处于较高水平，总体保持上涨趋势，且在 2015 年迎来巨幅增长，净额超过 104 亿美元；我国对南非的直接投资净额在 2008 年达到高峰接近 50 亿美元，但在 2011~2013 年一直为负值，在 2014 年后开始呈现缓慢增长趋势。

（三）截至年底对外直接投资净额

我国对"海丝"沿线 33 个国家截至年底对外直接投资净额的数值时间序列经过 AP 聚类，被划分为六类，其中四簇数据的中心代表分别为文莱、越南、印度、莫桑比克，新加坡、印度尼西亚各自单独为一簇，如图 4-5（a）所示；各类数值时间序列，如图 4-5（b）所示。以文莱为簇中心的类别包含 10 个国家，我国对其截至年底对外直接投资净额处于较低水平，在 2012 年以前增速缓慢，而后加速上升，在 2019 年达到 4 亿多美元；我国对印度尼西亚截至年底对外直接投资净额在 2010 年以前数据

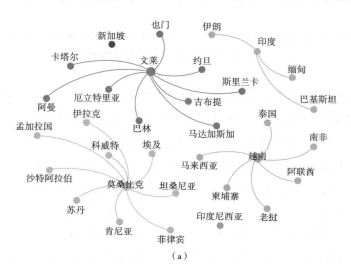

（a）

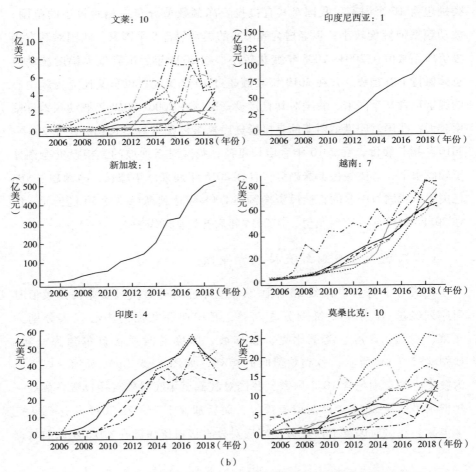

（b）

图 4-5　我国对"海丝"沿线 33 个国家截至年底对外直接投资净额的
数值聚类结果及各类数值时间序列

波动小，在 2010 年后高速增长，在 2019 年超过 151 亿美元；我国对新加坡截至年底对外直接投资净额处于较高水平，在 2005～2019 年保持上涨趋势，且在 2019 年净额超过 500 亿美元；以越南为簇中心的类别包含 7 个国家，我国对其截至年底对外直接投资净额在 2005～2019 年保持上升，但在 2010 年前增长趋势缓慢，在 2010 年以后加速增长，且在 2019 年超过 70 亿美元；以印度为簇中心的类别包含 4 个国家，我国对其截至年底对外直接投资净额在 2011 年前增长缓慢，而后加速上升，到 2019 年数额达到 40 亿美元左右；以莫桑比克为簇中心的类别包含 10 个国家，我国对其截至年底对外直接投资净额在 2005~2019 年增速缓慢，波动较多，2019 年数值分布在 10 亿美元左右。

二 趋势聚类分析

（一）外商直接投资额

"海丝"沿线 33 个国家对我国的外商直接投资额的趋势时间序列经过 AP 聚类，被划分为七类，其中六簇数据的中心代表分别为缅甸、卡塔尔、约旦、巴林、也门、厄立特里亚，新加坡自己单独为一簇，如图 4-6（a）所示；各类趋势时间序列，如图 4-6（b）所示。以缅甸为簇中心的类别包含 2 个国家，它们对我国的外商直接投资额波动频繁，在 2018 年有较大增长；不同于其他国家，新加坡单独为一簇，它对我国的外商直接投资额在 2003~2019 年基本保持增长趋势；以卡塔尔为簇中心的类别包含 10 个国家，它们对我国的外商直接投资额在 2003~2011 年波动频繁，在 2011 年后数据相对稳定；以约旦为簇中心的类别包含 6 个国家，它们对我国的外商直接投资额在 2008 年以后总体呈现下降趋势；以巴林为簇中心的类别包含 3 个国家，它们对我国的外商直接投资额波动频繁；以也门为簇中心的类别包含 7 个国家，它们对我国的外商直接投资额前期波动较小，在 2013~2019 年呈现

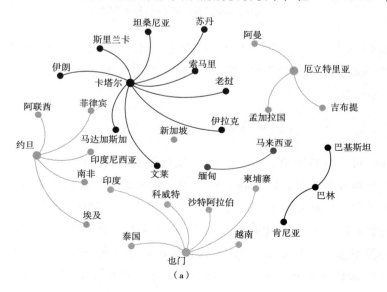

（a）

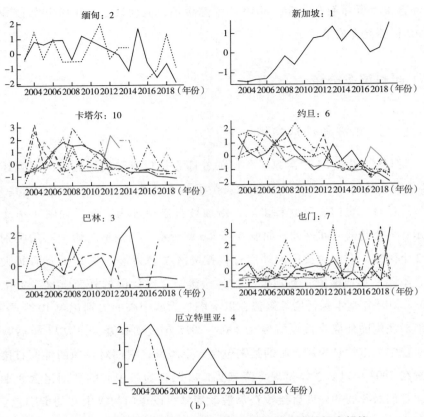

图4-6　"海丝"沿线33个国家对我国的外商直接投资额的趋势聚类结果及各类趋势时间序列

多个高峰；以厄立特里亚为簇中心的类别包含4个国家，它们对我国的外商直接投资额自2005年后不断下降，在2011年有短暂突增，而后开始下降，继而保持稳定。

（二）对外直接投资净额

我国对"海丝"沿线33个国家直接投资净额的趋势时间序列经过AP聚类，被划分为七类，每一簇数据的中心代表分别为印度尼西亚、缅甸、沙特阿拉伯、科威特、约旦、也门、厄立特里亚，如图4-7（a）所示；各类趋势时间序列，如图4-7（b）所示。具体来说，以印度尼西亚为簇中心的类别包含6个国家，我国对其直接投资净额在2004~2019年保持增长，并在2010年前增长缓慢，后期增长迅速；以缅甸为簇中心的类别包含

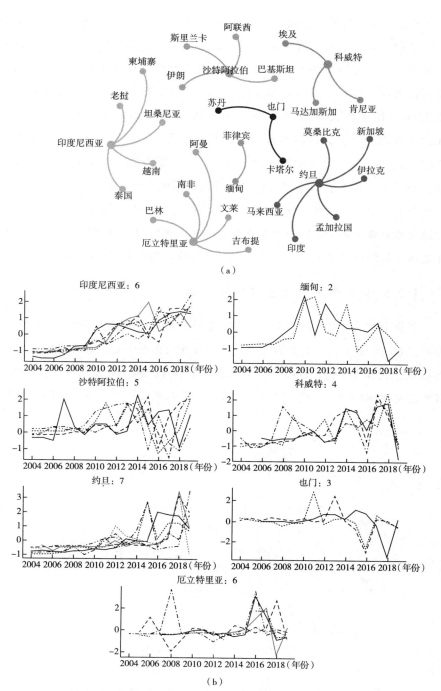

（a）

（b）

图 4-7　我国对"海丝"沿线 33 个国家直接投资净额的趋势聚类结果及各类趋势时间序列

2 个国家，我国对其直接投资净额增长到 2010 年后，开始逐步下降；以沙特阿拉伯为簇中心的类别包含 5 个国家，我国对其直接投资净额在 2012 年前波动不大，而后波动不断，出现多个高峰和低谷；以科威特为簇中心的类别包含 4 个国家，我国对其直接投资净额在 2008~2019 年波动不断，且在 2016 年出现较大幅度的下降，在 2018 年前后达到一个高峰，而后在 2019 年继续下降；以约旦为簇中心的类别包含 7 个国家，我国对其直接投资净额在 2004~2012 年波动较小，在 2015 年攀升到一个高峰后又大幅下降，而后继续增长；以也门为簇中心的类别包含 3 个国家，我国对其直接投资净额先平稳波动，继而出现一个高峰，再出现一个下降幅度较大的低谷；以厄立特里亚为簇中心的类别包含 6 个国家，我国对其直接投资净额在 2015 年之前总体波动较为平缓，而后出现一个高峰，再恢复平缓波动趋势。

（三）截至年底对外直接投资净额

我国对"海丝"沿线 33 个国家截至年底对外直接投资净额的趋势时间序列经过 AP 聚类，被划分为七类，其中五簇数据的中心代表为老挝、缅甸、卡塔尔、约旦、阿曼，也门、伊拉克各自单独为一簇，如图 4-8（a）所示；各类趋势时间序列，如图 4-8（b）所示。具体来说，以老挝为簇中心的类

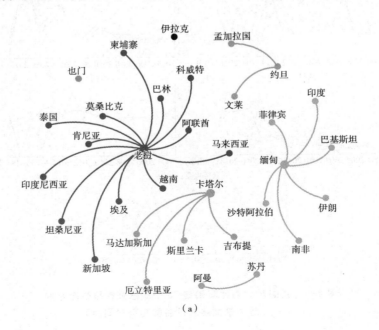

（a）

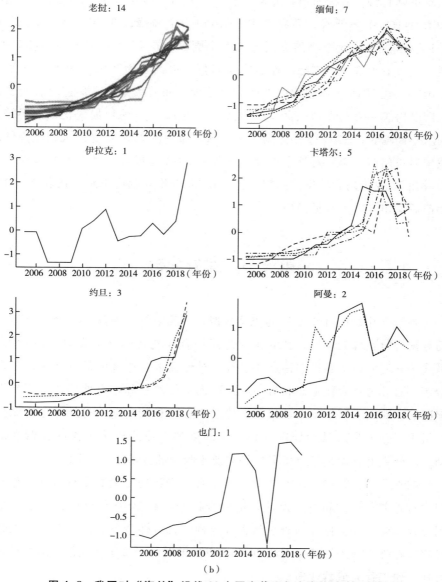

（b）

**图 4-8 我国对"海丝"沿线 33 个国家截至年底直接投资净额的
趋势聚类结果及各类趋势时间序列**

别包含 14 个国家，我国对其截至年底直接投资净额在 2012 年前为增长趋势但增幅较小，2012 年以后稳步大幅上升；以缅甸为簇中心的类别包含 7 个国家，我国对其截至年底直接投资净额在 2017 年前保持增长趋势，而后呈现下降趋势；我国对伊拉克截至年底对外直接投资净额波动较大，先在 2008 年前后出现低谷，后在 2012 年出现一个高峰，在 2017 年后逐步增长；以卡塔尔为簇中心的类别包含 5 个国家，在 2014 年之前数据波动平缓，紧接着出现一个高峰，而后有所降低；以约旦为簇中心的类别包含 3 个国家，在 2015 年以前数据平稳变化较少，而后大幅上升保持增长趋势；以阿曼为簇中心的类别包含 2 个国家，在 2010 年以前数据变化较为平缓，而后不断增长，在 2015 年达到一个高峰，随后在 2016 年迎来大幅度降低；我国对也门截至年底对外直接投资净额在 2012 年以前上涨缓慢且波动小，而后在 2014 年前后数据达到较高值，在 2016 年大幅度下跌，接着在 2018 年前后又出现一个数据高峰。

第三节　业务分析

基于《中国统计年鉴》的统计数据，将其中与"海丝"沿线国家相关的数据进行整合处理后，从我国对外经济合作的指标分析我国与"海丝"沿线国家对外经济合作的特点和趋势。对外经济合作金额是对外承包工程金额、对外劳务合作金额和对外设计咨询金额的总和。对外承包工程是指中国的企业或者其他单位承包境外建设工程项目的活动。对外劳务合作是指组织劳务人员赴其他国家或地区为国外的企业或机构工作的经营性活动。对外设计咨询是指以服务成果向业主收费的技术服务项目。

在本节中，2003~2010 年对外经济合作金额使用的数据是对外承包工程、对外劳务合作和对外设计咨询的合计额。在 2010 年以后，由于《中国统计年鉴》中去除了对外设计咨询金额，且对外劳务合作只以派出人数和年末在外人数来体现，因此 2010 年以后的对外经济合作金额用的数据是对外承包工程完成营业额。

基于我国与"海丝"沿线国家对外经济合作金额指标（2003~2019年），将每个国家作为一个单变量时间序列对象，可以得到 33 条时间序列。由于个别国家的部分年份营业额存在缺失值，各时间序列呈现出非等长特征，本部分将各时间序列进行 Z 标准化处理，可以更好地反映我国与"海丝"沿线国家对外经济合作金额的变化趋势。在此基础上，以我国与"海丝"沿线国家的对外经济合作金额指标（2003~2019年）及其标准化值作为输入数据，分别采用 DTW 距离度量方式，进行 AP 聚类和结果分析。

一　数值聚类分析

我国与"*海丝*"沿线 33 个国家对外经济合作金额的数值时间序列通过 AP 聚类，主要将其划分为六类，其中印度单独为一类，其余五簇数据的中心代表分别为柬埔寨、印度尼西亚、越南、坦桑尼亚、厄立特里亚，如图 4-9（a）所示；各类数值时间序列，如图 4-9（b）所示。我国与印度的对外经济合作金额自 2003 年到 2011 年基本呈增长趋势，在 2011 年达到峰值，而后三年下降较快，在 2014 年达到一个较小值后，较为平稳地波动。以柬埔寨为簇中心的类别包含 8 个国家，我国与这些国家的对外经济合作金额在 2003~2019 年总体上升且波动较小。以印度尼西亚为簇中心的类别包含 4 个国家，我国与这些国家的对外经济合作金额相对较大，呈现平稳上升趋势。以越南为簇中心的类别包含 5 个国家，中国与这些国家的对外经济合作金额在 2010~2015 年波动性较大。以坦桑尼亚为簇中心的类别包含 7 个国家，我国与这些国家的对外经济合作金额在 2008~2019 年波

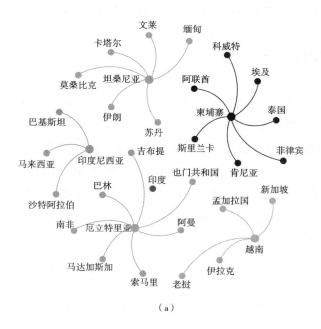

（a）

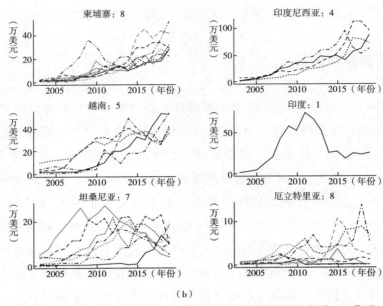

（b）

**图 4-9 我国与"海丝"沿线 33 个国家对外经济合作金额的 AP 聚类
结果及各类数值时间序列**

动大且呈现下降趋势；以厄立特里亚为簇中心的类别包含 8 个国家，我国
与这些国家的对外经济合作金额相对较小，最高在 10 万美元左右。

二 趋势聚类分析

我国与"海丝"沿线 33 个国家对外经济合作金额的趋势时间序列通过
AP 聚类，主要将其划分为七类，其中马达加斯加单独为一类，其余六簇数
据的中心代表分别为柬埔寨、新加坡、巴基斯坦、卡塔尔、巴林、吉布提，
如图 4-10（a）所示；各类趋势时间序列，如图 4-10（b）所示。马达加斯
加的数据变化趋势较大，2007 年达到最大值，而后降低并不断波动。以柬埔
寨为簇中心的类别包含 7 个国家，2010～2015 年这些国家的数据变化趋势比
较平稳，在 2015 年之后开始上升；以新加坡为簇中心的类别包含 7 个国家，
它们的数据变化趋势是先上升，后下降；以卡塔尔为簇中心的类别包含 3 个
国家，它们的数据变化趋势是先上升后下降，峰值出现在 2010～2015 年；
以巴林为簇中心的类别包含 2 个国家，它们的数据变化趋势是先上升后下降，

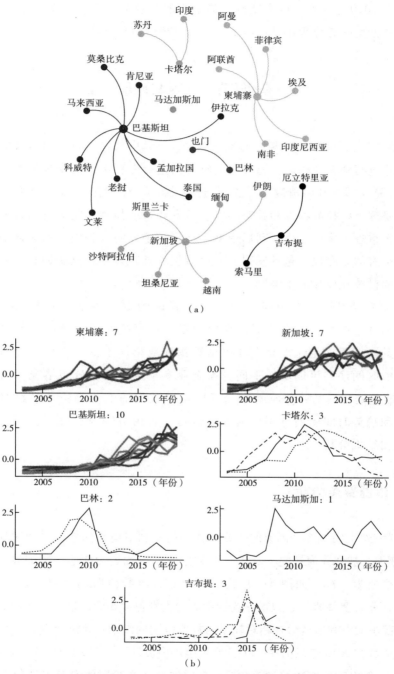

图 4-10 我国与"海丝"沿线 33 个国家对外经济合作金额的趋势聚类
结果及各类趋势时间序列

峰值在 2010 年左右；以吉布提为簇中心的类别包含 3 个国家，在 2014 年之前数据变化趋势很小，而后上升，达到峰值后再下降。

第四节　专利分析

基于《中国统计年鉴》的统计数据，将其中与"海丝"沿线国家相关的数据进行整合处理后，通过我国对各国企业专利申请的受理数和授权数（以下简称"专利申请数"）指标分析"海丝"沿线国家企业在我国申请专利受理及授权的特点和趋势。专利是专利权的简称，是对发明人的发明创造经审查合格后，由专利局依据专利法授予发明人和设计人对该项发明创造享有的专有权，包括发明、实用新型和外观设计，反映拥有自主知识产权的科技和设计成果情况。

基于"海丝"沿线国家的企业在我国的专利申请数指标（2004 ~ 2015 年），将 5 个国家分别作为单变量时间序列对象，得到 5 条时间序列，其余国家的企业没有专利申请数指标或指标不全，不列入分析。原始数值时间序列可以反映不同国家企业专利申请数的分布情况，而通过 Z 标准化处理后的趋势时间序列可以反映数据的变化趋势。将数值时间序列和趋势时间序列分别作为输入数据，采用 DTW 距离度量，进行 AP 聚类和结果分析。

一　数值聚类分析

"海丝"沿线 5 个国家的企业在我国的专利申请数的数值时间序列经过 AP 聚类，被划分为三类，其中一簇数据的中心代表为南非，新加坡、印度各自单独为一簇，如图 4-11（a）所示；各类数值时间序列，如图 4-11（b）所示。具体来说，以南非为簇中心的类别包含 3 个国家，这些国家的企业在我国的专利申请数在相对较小的数值范围内波动；印度企业在我国的专利申请数在 2010 年以前在 250 ~ 300 项范围内波动，而在 2010 年后不断增长，到 2015 年专利申请数超过 500 项；新加坡企业在我国的专利申请数在 2004 年为 229 项，此后总体数量不断增长，到 2015 年接近 1400 项。

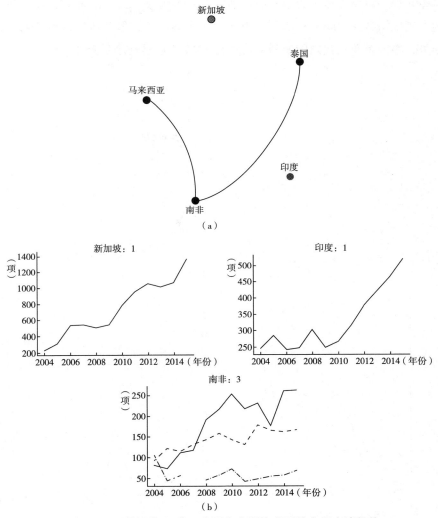

**图 4-11　"海丝"沿线 5 个国家企业在我国的专利申请数的
数值聚类结果及各类数值时间序列**

二　趋势聚类分析

　　"海丝"沿线 5 个国家企业在我国的专利申请数的趋势时间序列经过 AP
聚类，被划分为两类，其中一簇数据的中心代表为新加坡，泰国自己单独成为一簇，如图 4-12（a）所示；各类趋势时间序列，如图 4-12（b）所示。具体来说，以新加坡为簇中心的类别包含 4 个国家，这些国家的企业在我国的专利申请数在 2004~2015 年虽有大大小小的波动，但总体呈现增长的变化趋势；泰国企业在我国的专利申请数在 2011 年后呈现增长趋势。

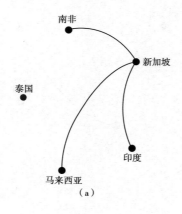

（a）

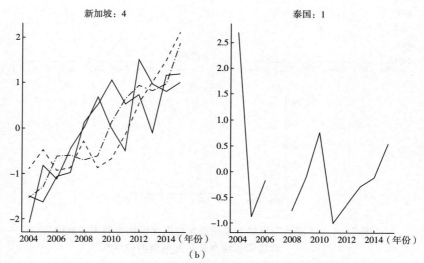

（b）

图 4-12　"海丝"沿线 5 个国家企业在我国的专利申请数的
趋势聚类结果及各类趋势时间序列

第五章　海外华商影响 21 世纪海上丝绸之路建设的关系模型

第一节　理论基础

一　绝对优势理论与比较优势理论

绝对优势理论来源于亚当·斯密的《国富论》，其核心是国际分工与自由贸易。这一理论认为，国家间的自由贸易会引起国际分工，而天然的资源禀赋或者后天的有利生产条件决定了每个国家在国际分工中的位置和作用。这一理论还指出，如果每个国家根据自身资源禀赋的绝对优势进行专业化生产和交换，各国的资源、劳动力和资本都将得到更为高效的使用，从而给每个国家创造更多的物质财富。绝对优势理论指出了不同资源禀赋国家之间分工与交换的合理性，但无法为资源禀赋都处于劣势的国家提供理论指导。

大卫·李嘉图进一步发展了绝对优势理论，他在代表作《政治经济学及赋税原理》中提出了比较优势理论。他认为，生产技术的相对差别及由此产生的相对成本差别，才是国家与国家之间进行贸易的基础。通俗地说，比较优势理论认为，每个国家的资源和精力都是有限的，即使一个国家在两种产品的生产上都比另外一个国家具备绝对优势，也并不一定值得它同时生产两种产品，它完全可以生产相比于另外一个国家更具有优势的产品，而让另外一个国家生产第二种产品，然后再进行交换，这样可以获得更多的物质财富。为了实现利益最大化，每个国家都应遵循"两利相权取其重，两弊相权取其轻"的原则，集中力量生产那些能够产生更多利益的商品，然后通过国际贸易出口这些产品，并进口那些在生产率方面相对较低的商品，从而在其他条件不变的情况下，提高生产效率和物质财富水平。

综上可知，在绝对优势理论下，为了寻求利益最大化，每个国家都应按照绝对有利的生产条件在国际分工体系当中寻求自身的位置，而比较优势理论又进一步指出，由于各国在生产各种产品时劳动生产率存在差异，因而即使它们没有绝对有利的生产条件，也可以在国际分工体系中找到合适的位置。从绝对优势理论和比较优势理论可知，"21 世纪海上丝绸之路"的建设涉及多个国家和地区，这些国家和地区拥有不同的资源禀赋、产业基础与结构、生产条件、政治经济环境等，只要秉承共同发展原则，总能找到自身的优势，并通过合适的方式开展国际贸易与合作。因此，在"21世纪海上丝绸之路"的建设中，参与的国家和地区具备绝对优势固然是好，若无绝对优势，仍然可以从中寻求比较优势，并通过国际贸易与合作推进本国和本地区经济发展。海外华商是中国开展国际经济贸易与合作的重要桥梁，能够帮助中国更好地利用绝对优势和比较优势，降低中国对外投资或贸易的"试错"成本和探索风险，提升国家的国际竞争优势。

二 国家竞争优势理论

国家竞争优势理论是美国经济实践发展的产物。20 世纪 80 年代，当美国的一些传统支柱产业和新兴产业被日本和西欧国家赶超时，美国政府设立了产业竞争力委员会，组织专家学者共同探讨国际竞争力的提升问题。在这样的背景下，国家竞争优势理论应需而出，由哈佛大学商学院的波特教授提出并在其著作《国家竞争优势》中充分阐释。在《国家竞争优势》中，波特将产业视为经济活动的竞争主体，并将国内竞争优势理论运用到国际竞争领域，提出钻石模型，探讨一个国家工业优势的来源，或者说，阐释哪些因素能够使一国的产业获得持久的国际竞争力。

波特认为，一个国家是否具备竞争优势，主要看这个国家是否能够在那些劳动生产率提高最快、新发明及新技术发展最快的行业中处于领先位置。而要在这些行业当中具备竞争优势，主要取决于国家在这些行业当中的环境品质，可通过由四个直接因素和两个辅助因素及它们之间的相互作用构成的钻石理论模型进行分析。这四个直接因素是指生产要素状况，需求状况，支持性产业与相关产业状况，企业战略、结构与竞争状况。生产要素状况指的是生产某种产品所需要的各种投入，既包括自然赋予的基本要素，如自然资源、气候等，也包括人为创造的高级要素，如熟练劳动力、专门技术知识等。发展国家竞争优势，基本要素固然重要，因其能够提供一些初始优势，但是最为重要的是基于高级要素形成自己的竞争策略，并努力创造一种有利于高级要素生成和发展的环境。需求状况是指国内市场对某种产品或服务的需求程度，既包括在数量上的需求，也包括在质量上的需求。基于需求构建的国家竞争优势，主要取决于本国需求情况与国际需求情况之间的差异形成的相对优势。国家间的需求偏好差异，往往能够使一国形成具有特定优势的产业。支持性产业及相关产业状况是指国家具有竞争优势的产业的上下游产业及相关配套产业的发展情况，要想获得持久的竞争优势，就必须在国内发展具备国际竞争力的上下游产业及相关配套产业。公司战略、结构与竞争状况主要是指一个国家的企业建立组织和管理的环境及国内竞争的性质。企业是一个国家竞争优势的实现载体，国家竞争优势来源于企业基于国家环境选择和匹配适合的战略目标、组织方式和管理体系。另外，国内企业的竞争程度对于国家竞争优势也有重要影响，激烈的国内竞争能够刺激国内企业走向国外，创造更多的竞争优势。两个辅助因素是指机遇和政府。机遇是超出企业控制范围的随机事件，如重大技术变革的出现，新能源的发现等。对于机遇的识别与把握，可以更好地帮助国家保持持续竞争优势或者打破现有结构塑造新优势。政府是国家竞争优势形成和发展当中的引导者、协调者和控制者，它通过制度和政策的制定与实施促进国家竞争优势四个直接因素朝着良性方向发展。

　　综上可知，国家竞争优势的形成是一个动态过程，具有可逆转性，需要通过竞争要素的持续改进才能得以维持。"21 世纪海上丝绸之路"建设是横跨国家地理边界，涉及政治、经济、社会、文化交流合作的共同发展倡议，也是每个沿线国家和地区获取和巩固竞争优势的重要机遇。"21 世纪海上丝绸之路"沿线国家和地区的生产要素状况和需求状况都有较大差异，各个国家的优势产业及其支持性产业也各不相同，这为"21 世纪海上丝绸之路"沿线国家和地区之间的合作发展提供了基础条件。然而，随着"21 世纪海上丝绸之路"建设的不断深入，每个沿线国家和地区产业发展的生产要素状况和需求状况都会加快变化，产业发展空间将会打开，产业优势也将被重新定义，企业发展的战略、目标和竞争也会随之变化，原先行之有效的政策措施也会有所调整，这将促使每个沿线国家和地区从更为宽广的视角去看待国家竞争优势的来源，并通过各种方式从中寻找合作发展的各种机会，以在更为宽广的地域范围内实现生产要素资源配置和产业发展，进而实现国家竞争优势的构建与巩固。

三 资源基础观与国际化理论

企业是我国推进"21 世纪海上丝绸之路"建设的市场主体，也是各种具体项目的参与者和执行者，因而企业竞争优势的构建与维持是产业和国家层面的竞争优势形成和发展的基础。对于企业持续竞争优势源泉的理解，已经成为战略管理研究的一个重要问题。企业为什么存在不同及怎样获取和保持持续竞争优势，成为这类研究关注和讨论的焦点。以资源和能力为基础的理论观点，突破了传统产业组织理论关于企业竞争优势形成的"S-C-P"模式，将关注点从外部市场结构转向企业内部资源，已经成为战略管理领域用来解释竞争优势来源的最具影响力和引用率最高的理论框架之一。[①]

资源基础观认为，包含价值性、稀缺性、难以模仿性、难以替代性的资源是企业竞争优势的源泉。[②] 价值性有助于企业在环境中抓住机会、抵消或回避威胁，稀缺性促使企业能够掌握特定资源的控制权，难以模仿性和难以替代性促使企业能够长期保持资源的异质性和价值。我国企业实施

---

① J. Kraaijenbrink, J. C. Spender, A. J. Groen, "The Resource-Based View: A Review and Assessment of Its Critiques," *Journal of Management*, 36 (2010): 349-372.

② J. Barney, "Firm Resources and Sustained Competitive Advantage," *Journal of Management*, 17 (1991): 99-120.

"走出去"战略，参与"21 世纪海上丝绸之路"建设是构建和强化其竞争优势的重要体现，这种战略行为本身需要企业拥有强大资源和能力作为支撑。企业参与"21 世纪海上丝绸之路"建设，本质上也是我国企业主动进入国际竞争的重要体现，而企业国际化需要投入大量的资源，这些资源是企业独有的，可能是公司长期积累的产品、技术、人才、资本、特有商标或品牌等，也可能源于公司在某个领域如产品研发的独特能力；企业的国际化行为决定于它自身的资源和能力。[1]

知识基础观（Knowledge-Based View，KBV）和网络资源观，从一个更为本质、广阔的视角考察企业竞争优势的来源，同时也为研究者基于资源视角解释企业"走出去"战略提供了新的思路。知识基础观认为，知识是企业最具有战略重要性的资源，企业是将存在于个体之中的特定知识整合成产品和服务的生产机构。[2] 通过异质性知识的创造、转移、存储和应用，企业能够产生具有经济价值的新知识和带来持续的竞争优势。[3] 企业国际化的过程理论认为，企业国际化不仅需要常规知识，而且需要面向特定国家或地区的经验知识，具体包括根植东道国情境当中的市场知识、制度化知识（包括语言、文化、习俗等）以及隐性程度很高的国际化运作知识。[4] 企业对某个东道主国家或地区的市场知识，特别是经验知识越多，它与该国或该地区的心理距离就越近，它就越倾向于选择这个国家或地区实施"走出去"战略。[5] 新创企业理论也认为，知识资源在企业国际化扩张中发挥着极其重要的作用，创业者的知识和经验是推动新创企业快速实

① J. Johanson, J. E. Vahlne, "The Internationalization Process of the Firm—A Model of Knowledge Development and Increasing Foreign Market Commitments," *Journal of International Business Studies*, 8 (1977): 23-32; A. M. Rugman, A. Verbeke, "Extending the Theory of the Multinational Enterprise: Internalization and Strategic Management Perspectives," *Journal of International Business Studies*, 34 (2003): 125-137.

② R. M. Grant, "Toward a Knowledge-Based Theory of the Firm," *Strategic Management Journal*, 17 (1996): 109-122.

③ E. Brauner, A. Becker, "Beyond Knowledge Sharing: The Management of Transactive Knowledge Systems," *Knowledge and Process Management*,, 13 (2006): 62-71.

④ D. B. Holm, K. Eriksson, J. Johanson, "Business Networks and Cooperation in International Business Relationships," *Journal of International Business Studies*, 27 (1996): 1033-1053.

⑤ J. Johanson, J. E. Vahlne, "The Internationalization Process of the Firm—A Model of Knowledge Development and Increasing Foreign Market Commitments," *Journal of International Business Studies*, 8 (1977): 23-32.

现国际化和获得竞争优势的重要因素。① 网络资源观认为，企业的关键资源不一定局限于企业内部，可能超越组织边界，嵌入在企业与外部相关主体之间的关系和网络之中，如基于双方或多方关系形成的专有资产、知识共享惯例、互补性资源/能力，以及有效治理等。② 这种网络资源是一种完全不同于技术资源和商业资源的社会资源，能够通过改变企业的潜在机会影响企业的战略行为和决策。③ 企业国际化的关系网络理论认为，企业国际化的过程本质上是企业不断卷入国际商业网络的过程，④ 网络资源成为企业国际化过程中最重要的资源。⑤

从上述国家竞争优势理论的钻石模型可以看出，企业的战略、目标和竞争是一国主导产业是否具备国际竞争力的关键，也是国家竞争优势的微观载体，即企业竞争优势是国家竞争优势的基础。企业也是推进"21 世纪海上丝绸之路"建设的重要载体，它通过市场机制促使生产要素和需求资源在广大区域范围内实现交换和优化配置。很多国家的企业都渴望在"21 世纪海上丝绸之路"建设的特定领域获取竞争优势。而基于传统资源基础观及其拓展性理论的探讨可知：企业的竞争优势可能源于企业内部拥有或控制的资源，也可能源于嵌入企业间关系之中的网络资源，更有可能在两者的共同作用下形成。其中，具有价值性、稀缺性、难以模仿性、难以替

---

① P. P. Mcdougall, S. Shane, B. M. Oviatt, "Explaining the Formation of International New Ventures: The Limits of Theories from International Business Research," *Journal of Business Venturing*, (1994); B. M. Oviatt, P. P. McDougall, "Defining International Entrepreneurship and Modeling the Speed of Internationalization," *Entrepreneurship Theory and Practice*, 22 (2005): 537-554.

② J. H. Dyer, K. Nobeoka, "Creating and Managing a High-Performance Knowledge-Sharing Network: The Toyota Case," *Strategic Management Journal*, 21 (2000): 345-365; J. H. Dyer, H. Singh, "The Relational View: Cooperative Strategy and Sources of Interorganizational Competitive Advantage," *Academy of Management Review*, 23 (1998): 660-679; R. Gulati, "Alliances and Networks," *Strategic Management Journal*, 19 (1998); A. Zaheer, G. G. Bell, "Benefiting from Network Position: Firm Capabilities, Structural Holes, and Performance," *Strategic Management Journal*, 26 (2005): 809-825.

③ R. Gulati, "Network Location and Learning: The Influence of Network Resources and Firm Capabilities on Alliance Formation," *Strategic Management Journal*, 20 (1999): 397-420.

④ J. Johanson, L. G. Mattsson, "Internationalisation in Industrial Systems-a Network Approach" 28 (1988).

⑤ T. J. Chen, "Network Resources for Internationalization: The Case of Taiwan's Electronics Firms," *Journal of Management Studies*, 40 (2003): 1107-1130.

代性四大特征的异质性知识，成为这类资源的重中之重。而海外华商作为推进"21 世纪海上丝绸之路"建设的重要主体，它是多种资源的集合体，掌握或控制着许多企业需要但自身又没有的战略性资源，如市场渠道、专有技术、东道国的法律制度知识、关系网络等，也具有价值性、稀缺性、难以模仿性、难以替代性四大特征。因此，在更为开放、动态的国际环境下，企业在参与"21 世纪海上丝绸之路"建设的过程中，不仅要不断提高内部资源的丰裕程度和异质性，更要积极关注和获取嵌入海外华商中的各种外部资源，特别是那些企业内部稀缺的特定资源和知识。

第二节　模型构建

绝对优势理论和比较优势理论为"21 世纪海上丝绸之路"建设的可行性提供了理论依据。"21 世纪海上丝绸之路"沿线国家在市场、产业、政策、生产要素之间的显著差异及它们对推动本国经济发展的预期，使每个国家都能在其中找到自身的比较优势，为"21 世纪海上丝绸之路"由一种倡议走向操作性实践提供强大的基础动力。国家竞争优势理论为参与国家如何在"21 世纪海上丝绸之路"建设中获取和强化竞争优势提供理论指导。首先，国家竞争优势的构建与巩固是一个持续的动态过程，基于比较优势形成的竞争优势具有相对性，随着外部环境的变化及国家战略的调整，它可能变得更强，也有可能就此消失。随着"21 世纪海上丝绸之路"建设的推进，"21 世纪海上丝绸之路"沿线国家需要重新评估和构造波特钻石模型的要素体系，才能在新一轮的外部变革中获取、维持或强化自身的竞争优势。其次，从国家竞争优势理论可知，产业是形成国家竞争优势的支撑载体，企业是塑造国家竞争优势的市场主体，政府是保护国家竞争优势的政策主体。企业和政府两种不同的功能主体，通过截然不同的方式推进国家竞争优势在微观、中观和宏观层面的动态调整。企业通过市场机制推进特定产业的生产要素资源和市场需求资源在不同国家之间的优化配置，政府通过政策机制促使特定产业的生产要素资源和市场需求资源在不同国家之间的流动合理化和规范化。类似地，"21 世纪海上丝绸之路"建设本质上是"21 世纪海上丝绸之路"沿线国家在广大区域范围内寻找比较优势，实现产业错位发展，最终形成或强化国家竞争优势的动态过程，政府的引导和调节功能及企业的资源配置功能是不容忽视的。而资源基础观从微观层面为参与国家如何引导本国企业在"21 世纪海上丝绸之路"建设获取竞争优势提供理论指导。各国企业是推进"21 世纪海上丝绸之路"建设的主力军，面对同样的机会和挑战，各国企业要想获取、维持或强化竞争优势，就需要更为全面地审视自身的外部环境，努力获取和掌握那些具有价值性、稀缺性、难以模仿性、难以替代性四大特征的各类资源。

中国是"21 世纪海上丝绸之路"建设的发起者，需要投入更多的精力和努力来推进这一进程；与此同时，中国也是"21 世纪海上丝绸之路"建设的参与者，与"海丝"沿线的其他国家和地区一样，也需要思考如何在这一合作框架下形成或强化自身的竞争优势。基于上述理论分析可知，在"21 世纪海上丝绸之路"建设中，为了获取、延续或强化国家竞争优势，中国一方面需要从宏观层面在更大区域范围内整合流动的生产要素和需求资源，寻找自身的比较优势和各种战略机遇，另一方面需要从微观层面推进更多的市场主体参与其中，将各种战略合作机遇转化为具体的社会经济实践。海外华商是帮助中国推进"21 世纪海上丝绸之路"建设的重要力量，也是中国企业各种跨境经济贸易活动的重要伙伴，他们拥有或控制着许多具有价值性、稀缺性、难以模仿性、难以替代性的资源，这些独特资源会通过"路径依赖"的方式对组织能力产生作用，对于企业、产业乃至国家层面竞争优势的形成与巩固发挥着至关重要的作用。据统计，约有6000 万海外华侨华人广泛分布在世界五大洲的 160 多个国家和地区。[①] 而作为"21 世纪海上丝绸之路"建设优先战略方向的东南亚地区，聚集的华侨华人超过了 3000 万人，对于我国与"海丝"沿线国家之间的各种社会经济合作具有重要影响。

随着互联网技术的快速发展及经济全球化程度的不断加深，任何一个国家或经济主体很难在一个封闭空间内获得持续发展。华商经济的持续发展与我国推进"21 世纪海上丝绸之路"建设紧密关联。一方面，随着经济全球化发展和华商实力不断壮大，华商经济正积极寻求转型，即推动华商

---

① 窦勇、卞靖：《"一带一路"建设中如何充分发挥华侨华商的作用》，《中国经贸导刊》2015 年第 33 期。

企业涉足的产业从劳动密集型领域向资本和技术密集型领域转移，推动华商企业的组织管理模式从家族式管理走向现代化和规范化管理，而"21 世纪海上丝绸之路"建设为其提供了良好的机遇。另一方面，海外华商具有独特优势，有能力也有实力在"一带一路"建设中发挥积极作用，特别是在推动产业梯度转移和转型升级、参与基础设施互联互通、推动人民币更加广泛使用、深化海洋经济开发与合作、推动亚洲地区能源贸易与合作、促进合作环境的优化与和谐、构建区域科技与智力支撑网络等七个方面。为此，本节认为，推进产业转型升级、人民币区域化、互联互通基础设施建设、海洋经济合作以及公共外交关系优化是中国"21 世纪海上丝绸之路"建设的重要内容，也是海外华商融入"21 世纪海上丝绸之路"建设的关键领域。而且，海外华商会基于自身的内生需求及其所拥有或控制的资源状况，通过市场驱动机制、政策协调机制和民间交流机制，融入并推进"21 世纪海丝绸之路"建设。海外华商影响"21 世纪海上丝绸之路"建设的关系模型如图 5-1 所示。

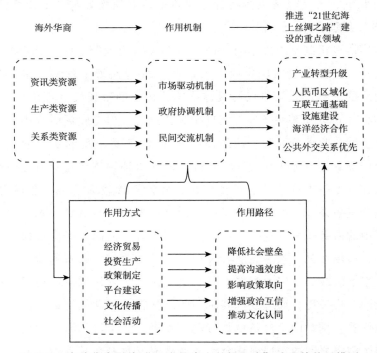

图 5-1　海外华商影响"21 世纪海上丝绸之路"建设的关系模型

一 三大机制

市场驱动机制是海外华商推进"21 世纪海上丝绸之路"建设的自发机制，是指"21 世纪海上丝绸之路"沿线国家各种经济主体在市场利益驱动下形成的各种商业合作与联系。英国古典经济学家亚当·斯密在其著作《国富论》中用"看不见的手"来比喻市场驱动机制对经济活动的作用方式。亚当·斯密提出经济人假设，即在市场经济中，每个微观经济主体都是利己的，他们从事任何经济活动的最终目的都是使自己的利益最大化，它是"看不见的手"发挥资源配置作用的基础。在经济人假设下，每个微观经济主体都会按照自己的专长进行社会分工，并通过价格机制在市场中与他人进行交换，实现自身利益的最大化，从而实现社会福利最大化。因此，市场驱动机制的核心在于市场经济主体能够从自身经济利益出发，进行社会分工合作，共同完成价值创造活动。在市场驱动机制下，各类经济主体在自身利益驱动下积极参与"21 世纪海上丝绸之路"建设。

政府协调机制是海外华商推进"21 世纪海上丝绸之路"建设的引导机制，是指"海丝"沿线国家政府为推进"21 世纪海上丝绸之路"建设而共同达成的一系列政策协议与具体措施。传统的市场失灵理论认为，"看不见的手"可以在某些条件下实现帕累托最优，但是它同时也不能解决外部性、垄断、收入分配和公共品提供等问题。"看不见的手"通过价格机制对经济资源进行优化配置固然是好，但是这种完美状态只有在完全竞争市场或充分竞争市场下才有可能出现，假设条件较为苛刻。在现实当中，具备完全竞争条件的市场少之又少，而且，即使存在这种市场，也不可能在市场中的所有领域都进行高效率的资源配置，因而市场出现失灵就难以避免。当市场在某些领域无法有效配置资源的时候，政府的地位和作用就显现出来了。政府在资源配置中具有重要作用，其作用不应局限于提供公平安全的合作环境，而应发挥其协调职能弥补市场和制度缺陷，创造更多的区域优势，推动国家经济的持续稳定发展。"21 世纪海上丝绸之路"建设是多个国家之间的顶层战略合作，沿线国家政府在其中扮演着设计师的角色，它们之间通过协调形成一系列的政策协议，决定了彼此之间的合作领域、合作内容、合作方向，对于各国微观经济主体的跨国商业实践有着强烈的导向作用。

民间交流机制是海外华商推进"21 世纪海上丝绸之路"建设的补充机制，是指"海丝"沿线国家的微观行为主体出于兴趣爱好、历史文化等非商业因素而形成的各种非正式交流与联系。国家之间的合作交流不应局限于政治和经济领域，不同的自然人文景观、历史文化、社会风俗等也是国家之间各类行为往来交流的重要驱动力。民间交流机制不同于市场驱动机制和政府协调机制。它不具有商业性质，但可以影响相关主体的商业合作。良好的民间交流机制，能够增加相关微观行为主体之间的了解和信任，推动市场驱动机制的高效运行。同时，它也不是有意而为之的顶层战略设计，但同样也可以影响国家之间的政策合作。各类行为主体自发形成的非正式关系，能够像润滑剂一样缓解政策协议谈判的紧张氛围，推动政策协调机制的顺利运行。海外华商具有商人和华人的双重身份。作为商人，他们保持敏锐的市场嗅觉，追求商业价值的创造与变现；作为华人，他们拥有强烈的家国情怀，追求"五缘"关系网络的维持与延伸。这两种身份的重叠促使他们一方面在商业利益的驱动下积极投身于各种跨境投资贸易实践，另一方面在自身精神归宿的驱动下自发开展各种民间交流活动。

二　作用分析

海外华商在中国推进"21 世纪海上丝绸之路"建设中的独特优势，主要通过其拥有或控制的资讯类资源、生产类资源和关系类资源体现出来。而这些资源是静态的，需要通过市场驱动机制、政府协调机制和民间交流机制刺激资源主体才能被激活并投入使用。海外华商是这些资源的占有或控制主体，会在三种机制的推动下发挥先锋力量、穿针引线、桥梁—推介、向导—服务、黏合剂—融合等积极作用，加快推进"21 世纪海上丝绸之路"建设。

（一）利用资讯类资源，降低信息不对称

海外华商的资讯类资源，是海外华商对中国和住在国掌握的各种信息的总和，其中包含了政治、经济、法律制度以及社会文化习俗等方面的发展动态和认知评价。在市场驱动机制中，海外华商利用资讯类资源一方面可以为两国微观经济主体消除商业合作的各种信息不对称，加速两国微观经济主体对"21 世纪海上丝绸之路"建设中各种跨境商业机会的认知和理解，提高商业决策的准确性和效率；另一方面，海外华商资讯类资源在两国之间的有效传播，还可以缩短中国与住在国人民之间的心理距离，增强商业网络纽带和商业信息效用，降低两国经济贸易投资的社会壁垒。在政府协调机制中，海外华商利用资讯类资源一方面可向中国和住在国政府传递积极友好、和平共赢的合作理念，增进中国和住在国之间的政治互信；另一方面还可以通过资讯类资源提前检测中国拟订的各项政策协议在住在国的认知、理解以及有效程度。在民间交流机制中，海外华商利用资讯类资源可以推动中国与住在国之间的民间文化交流，促进中华文化和他国文化的传播、融合与认同。

（二）利用生产类资源，提供要素支持

经过多年的辛勤打拼，海外华商积累了雄厚的经济实力，拥有资本、厂房、技术、渠道、管理技能等生产要素资源，是推进"21 世纪海上丝绸之路"建设的重要基础。在资讯类资源被有效利用的前提下，这些生产类资源将会被大量投入各类跨境的社会经济实践当中，推动"21 世纪海上丝绸之路"建设。在市场驱动机制中，海外华商利用生产类资源一方面可以通过跨境经济贸易活动，拓展经济资源和产品的流通渠道，促进地区间消费者结构趋同；另一方面还可以通过跨国资本运作，在中国和住在国投资生产，增强两国之间的产业联系。在政府协调机制中，海外华商利用其生产类资源，特别是资本和企业资源，一方面可以支持中国和住在国之间的顶层战略合作，将国家间的战略合作协议落实在微观层面的企业商业实践；另一方面还可以影响两国合作协议的政策取向和产业领域，提高两国顶层战略合作的效率和有效性。在民间交流机制中，海外华商利用生产类资源，一方面可以通过生产要素在两国之间的自由流动，拓展两国民间交流的范围、内容和方式，提高两国民间交流的深度和社会影响力；另一方面还可以为各类民间交流活动提供强有力的场地和资金保障，确保两国民间的深入交流能够有效进行。

（三）利用关系类资源，拓展合作范围

海外华商中的关系类资源，主要体现为以海外华商为核心形成的关系网络及海外华商在其关系网络中所形成的社会地位和威望优势。这些关系网络既包括本地和国际的华商网络，还包括与其他民族各界的关系网络。华商网络是这些关系网络的核心，以家族、族群、地区、行业和社团为基础，以"五缘"为纽带，共同影响中国与住在国的社会经济发展。总的来说，海外华商关系类资源的有效利用，能够充分发挥海外华侨华人的力量，为中国和住在国牵线搭桥，积极构建多层次、从政府到民间、从行业到企业的沟通交流机制，推动利益融合，促进政治互信，达成互利共赢的合作共识。

在市场驱动机制中，海外华商利用其关系类资源，可将海外华商群体及中国和住在国的微观经济主体紧密联系在一起，使两国的商业信息通过网络实现快速传播，及时对接国际商业网络，拓展和深化中国与住在国之间的产业投资和经济贸易合作。在政府协调机制中，海外华商利用其关系类资源，一方面可直接参与或影响中国和住在国的社会经济合作的政策取向；另一方面可通过其关系网络强化中国和住在国之间合作过程中的沟通交流，消除中国和住在国之间的政策认知误差，提高政策协议的有效性和可操作性。在民间交流机制中，海外华商利用其关系类资源，一方面能够帮助各类民间交流活动快速找到参与人，降低跨境民间交流活动的组织成本；另一方面还可以提升民间交流组织及活动的社会影响力，从历史、文化、旅游、宗教等方面加强中国与住在国的对话交流机制，增进中国与住在国人民之间的文化认同。

第六章 海外华商对 21 世纪海上丝绸之路建设的影响：产业转型升级视角

当前，新一轮科技革命和产业变革蓬勃发展，国际产业分工格局正在重塑，在经济发展进入新常态、下行压力不断加大的新形势下，产业转型升级成为中国经济转型的重点任务之一。2013 年国家主席习近平出访中亚国家及东盟时，先后提出建设"丝绸之路经济带"及"21 世纪海上丝绸之路"倡议。"一带一路"倡议的提出，赋予古丝绸之路新的时代内涵，也为全球华商参与中国经济转型提供了历史性的机遇。如何充分发挥海外华商独特的资源优势，深化中国与"海丝"沿线国家的产业合作，推动中国以及"海丝"沿线国家产业转型升级，助力"21 世纪海上丝绸之路"建设，是中国产业转型升级研究中不可忽视的重要课题。

第一节 产业转型升级研究现状

中国经济是世界经济的重要组成部分，在世界经济的发展中发挥着独特作用。新中国成立特别是改革开放以来，中国用几十年时间走完西方发达国家几百年走过的工业化历程，创造了经济快速发展的奇迹。2001 年，中国加入世界贸易组织，标志着中国已经正式融入全球化的经济体系，自此中国进入了新一轮以重化工业为主的经济快速增长时期。2010 年，中国经济规模赶超日本，成为仅次于美国的世界第二大经济体。但在中国经济发展取得巨大成就的同时，不平衡、不协调、不可持续等经济社会问题也相伴而来，尤其是进入 21 世纪以来，上述问题越发明显。2008 年爆发的国际金融危机对开放的中国经济产生了巨大冲击，使理论和实践工作部门普遍认识到："国际金融危机对我国经济的冲击，表面上是对经济增长速度的冲击，实质上是对经济发展方式的冲击。"① 产业转型升级作为中国经济转型升级的重要内容，受到理论界和实践界的关注和重视。许多专家和学者从不同角度对产业转型升级进行了深入研究，主要分为以下四个方面。

一是产业转型升级概念内涵。产业转型升级包括产业转型与产业升级两层含义。② 其中，产业转型可分为两点进行阐述，一是经济发展模式的转型，从"三高三低"转变为"三低三高"，即将高投入、高耗能、高污染、低产出、低品质、低效益的经济发展模式转为低投入、低耗能、低污染、高产出、高品质、高效益的经济发展模式，或者从粗放的经济发展模式转为科学化和集约化的发展模式；二是经济发展要素的转换，即产业转型动力从土地、劳动力等物质要素投入逐步转向技术创新、高素质人力资本等创新要素投入。如朱卫平和陈林从要素的角度，提出产业转型指从土地和劳动等物质要素向技术等创新要素转变，从而实现产业发展动力由物质要素向创新要素的转换过程。③ 同理，产业升级也可分为两点，一是产业间的升级，即产业结构从原来以第一产业为主逐渐转向第二产业，并最终向第三产业递进的过程，或者是由劳动密集型产业向资本密集型、知识密集型产业推进的过程；二是产业内的升级，指某一产业提升内部劳动生产率、加快技术进步和提高产品附加值的动态过程。

有鉴于此，产业转型与产业升级两个概念虽有区别，但绝不能将其简单地割裂来看，两者之间是相互联系、互为表里的，产业转型通常包含产业升

---

① 《十七大以来重要文献选编》（中），中央文献出版社，2011，第 525～526 页。
② 戴丹：《产业转型升级的影响因素研究——以广州市为例》，硕士学位论文，广东省社会科学院，2014；谭晶荣、颜敏霞、邓强、王健：《产业转型升级水平测度及劳动生产效率影响因素估测——以长三角地区 16 个城市为例》，《商业经济与管理》2012 年第 5 期。
③ 朱卫平、陈林：《产业升级的内涵与模式研究——以广东产业升级为例》，《经济学家》2011 年第 2 期。

级，而产业升级的过程中往往也会带动产业转型，具体体现为产业结构的不断调整优化及不断提升的产业技术水平。本章基于相关学者的研究并考虑到中国宏观经济状态、研究可行性及数据的可获得性，对产业转型升级的内涵作出如下描述：产业转型升级是指某个国家或者地区的产业向更具有优势状态发展的过程，即从低技术水平、低附加值状态转向高新技术水平、高附加值状态。主要通过改进技术、升级产品等手段来提升产业素质，实现价值增值，以达到产业从粗放型向集约型再向质量效益型转型升级的演变。

二是产业转型升级的动力因素研究。产业转型升级是一个复杂的系统过程，受到诸多因素的影响。可将影响产业转型升级的动力因素归纳为以下二类，一类主要关注某一单一因素如何影响产业转型升级，例如 Solow 通过实证分析发现技术创新是推动产业转型升级的重要驱动力，通过技术创新有助于提高劳动生产率，从而影响投入要素的价格，导致要素在产业间流动，进而有助于推动产业转型升级。[1] 范方志和张立军则从金融体系角度出发，以 1978~2000 年的中国经济数据为研究样本，实证分析中国东部、中部、西部地区的金融结构转变、产业结构升级以及经济增长之间的关系，发现中国各地区产业结构升级对金融深化程度具有积极作用，建立健全的金融体系是促进产业结构转型升级的基础。[2] 另一类聚焦于多种因素综合影响产业转型升级，例如戴丹从经济、社会、环境三种视角分析影响产业转型升级的因素，对广州市产业转型升级的影响因素展开了实证分析。[3] 祁明德以传统产业转型升级为研究对象，指出技术进步、市场化水平、产业集聚、对外开放程度、环境管理能力等是企业转型升级最重要的几个动力因素。[4] 薛福根和蔡濛萌认为，在我国经济对外开放持续扩大和技术水平不断提高的背景下，贸易开放度和全要素生产率的提高日渐成为推动产业转型升级的双重动力。[5]

---

① R. M. Solow, "A Contribution to the Theory of Economic Growth," *Quarterly Journal of Economics*, (1956): 65-94.

② 范方志、张立军：《中国地区金融结构转变与产业结构升级研究》，《金融研究》2003 年第 11 期。

③ 戴丹：《产业转型升级的影响因素研究——以广州市为例》，硕士学位论文，广东省社会科学院，2014。

④ 祁明德：《珠三角产业转型升级绩效研究》，《社会科学家》2015 年第 12 期。

⑤ 薛福根、蔡濛萌：《产业转型升级动力的区域差异研究——来自省级面板数据的经验分析》，《渭南师范学院学报》2016 年第 12 期。

三是产业转型升级的战略与路径研究。大多数学者认为产业转型升级应往高端化和集群化方向发展，例如，Humphrey 和 Schmitz、Drucker 和 Feser、王海杰和吴颖的研究表明产业集群中相关产品、工艺和价值链的重构创新是产业转型升级的关键。① 费洪平在此基础上进一步深入分析并指出全球产业转型升级要以高端化、信息化、合理化、集群化为目标，这是在新时期加快中国产业转型升级的重要路径。② 但本章认为具体战略与路径应结合产业性质和企业实际情况进行具体分析。如林玉妹和林善浪提出基于不同层面考虑转型升级问题的侧重点应该有所不同，企业层面转型升级的关键是改善竞争要素与能力，而区域层面转型升级的关键是优化发展环境与平台。③

　　此外，部分学者从产业转型的角度出发，对不同产业转型升级的现状和路径进行了探讨。杨宁就流通产业的规划设计问题、运营模式问题及流通产业技术标准问题等方面揭示了制约"一带一路"视野下流通产业转型升级的关键问题，并给出了相应的可行对策。④ 王安琪从构建产学研相结合的科技创新体系、创新文化产业管理体制和运行机制、推进科技金融、提升文化产业自主创新能力、培育协同创新助力文化产业供给侧改革等五个方面描述了科技创新助推文化产业转型升级的战略路径。⑤ 屈学书和矫丽会通过研究乡村旅游产业升级，认为在乡村振兴背景下乡村旅游产业应通过市场导向与创新驱动助推乡村旅游产品升级，通过集群发展与政府支持助推乡村旅游要素升级，通过产业深度融合助推乡村旅游产业链升级。⑥ 综上所述，产业转型升级本身是一项浩大的"工程"，应综合考虑产业本身特点及产业

① J. Humphrey, H. Schmitz, "How Does Insertion in Global Value Chains Affect Upgrading in Industrial Clusters?" *Regional Studies*, 36 (2002): 1017–1027. J. Drucker, E. Feser, "Regional Industrial Structure and Agglomeration Economies: An Analysis of Productivity in Three Manufacturing Industries," *Regional Science and Urban Economics*, 42 (2012); 王海杰、吴颖：《基于区域价值链的欠发达地区产业升级路径研究》，《经济体制改革》2014 年第 4 期。
② 费洪平：《当前我国产业转型升级的方向及路径》，《宏观经济研究》2017 年第 2 期。
③ 林玉妹、林善浪：《我国产业转型升级的关键因素与路径分析》，《北华大学学报（社会科学版）》2013 年第 1 期。
④ 杨宁：《"一带一路"视野下我国流通产业转型升级路径探析》，《商业经济研究》2015 年第 33 期。
⑤ 王安琪：《科技创新助推文化产业转型升级的动力机制与战略路径》，《青海社会科学》2019 年第 3 期。
⑥ 屈学书、矫丽会：《乡村振兴背景下乡村旅游产业升级路径研究》，《经济问题》2020 年第 12 期。

转型的动力因素选择一条合适的转型升级路径。

四是对产业转型升级水平的测定。目前，国内外学者对于测量产业转型升级的研究侧重点各有不同，主要可归纳为以下两个方面，第一，聚焦于产业转型升级的速度与方向，如谭晶荣等通过构建产业结构超前系数以衡量产业转型升级的方向，从而对长三角地区 16 个城市的产业转型升级方向进行了深入分析。① 杨晓娟以海南省为例，从产业增加值构成、产业就业构成、产业贡献率及产业比较劳动生产率四个方面分析了海南省产业体系演进及现状，并运用超前系数和 Lilien 指数对海南省产业转型升级的方向和速度进行测算。② 高燕以 MORE 值作为测量产业转型升级变化速度的指标，MORE 测定法运用空间向量的原理，以向量空间中的夹角为基础，将产业分为 N 个部门，构成一组 n 维向量，将两组向量在两个时期间的夹角称为 MORE 值。第二，重点关注产业转型升级水平。③ Kuznets 认为产业转型升级直接体现为劳动力在各产业之间的转移，即劳动生产率的提升会促使劳动力从第一产业转移到第二产业，再逐渐从第二产业转移到第三产业，从而使产业结构不断得到调整。④ 在此基础上，刘伟等将比例关系和劳动生产率的乘积作为测度产业转型升级水平的指标。⑤ 李毅中深入探讨了技术创新对于推动产业转型和经济发展的重要意义。⑥ 徐德云则通过构建产业结构升级系数来测量产业转型升级水平，将三次产业赋予不同的权重，对其采用加权求和的方法来测量产业转型升级水平。⑦ 在借鉴已有研究的基础上，本章认为产业转型升级的测度指标一方面应体现产业结构的优化调整，另一方面应体现产业发展效率与质量的提升。

---

① 谭晶荣、颜敏霞、邓强、王健：《产业转型升级水平测度及劳动生产效率影响因素估测——以长三角地区 16 个城市为例》，《商业经济与管理》2012 年第 5 期。
② 杨晓娟：《新经济时代区域产业结构转型升级水平测度方法及实证研究》，《改革与开放》2017 年第 7 期。
③ 高燕：《产业升级的测定及制约因素分析》，《统计研究》2006 年第 4 期。
④ S. Kuznets, "Modern Economic Growth: Findings and Reflections," *American Economic Review*, 63（1973）.
⑤ 刘伟、张辉、黄泽华：《中国产业结构高度与工业化进程和地区差异的考察》，《经济学动态》2008 年第 11 期。
⑥ 李毅中：《加快产业结构调整 促进工业转型升级》，《求是》2010 年第 6 期。
⑦ 徐德云：《产业结构升级形态决定、测度的一个理论解释及验证》，《财政研究》2008 年第 1 期。

第二节　"海丝"沿线国家产业转型升级的现状
与"海丝"建设对中国产业转型
升级的新要求

历史上的海上丝绸之路一共分为东海、南海、美洲三条航线，东海航线是从中国的东部港口出发到达朝鲜、日本；南海航线是影响力最大的一条航线，从中国的东南和南部的港口出发，经东南亚、南亚的各个沿海国家到达西亚、北非和印度洋西岸的沿海国家；美洲航线从福建泉州出发，经菲律宾的马尼拉到达美洲。[①]

"21 世纪海上丝绸之路"建设主要围绕南海航线展开，以东盟为重要支点，串联起东南亚、南亚、西亚、北非、欧洲等各大经济板块。除中国外，"21 世纪海上丝绸之路"涵盖 31 个国家和地区，其目标是将中国和沿线国家及地区特别是东南亚临海港口城市串联起来，[②] 通过海上互联互通、港口城市合作机制，以及海洋经济合作等途径，构建一个覆盖面很宽的共同市场，以点带面，从线到片，逐步形成区域大合作。这也将是中国深化改革、实现产业转型升级的强大驱动力之一。产业转型升级是指产业向更具有优势状态发展的过程，具体表现为产业技术水平和附加价值从低到高的演变，从而有效改善产业结构与提升产业效率。[③] 对处于不同发展阶段的国家和地区来说，需要选择不同的产业作为经济增长的支撑点，从而带动产业结构转型升级。[④] 综上，"21 世纪海上丝绸之路"沿线国家的产业转型升级现状主要是指"21 世纪海上丝绸之路"沿线各个国家和地区的产业发展现状，主要体现在产业产出量变化、产业结构调整及产业价值链的转移等。

---

① 陈炎：《略论海上"丝绸之路"》，《历史研究》1982 年第 3 期。

② 21 世纪海上丝绸之路建设所涉及的主要国家包括东盟十国（即泰国、印度尼西亚、老挝、越南、柬埔寨、缅甸、新加坡、马来西亚、菲律宾和文莱），南亚的印度、巴基斯坦、斯里兰卡、马尔代夫，以及西亚和北非的阿拉伯国家联盟成员国。

③ 程宝栋、秦光远、宋维明：《"一带一路"战略背景下中国林产品贸易发展与转型》，《国际贸易》2015 年第 3 期。

④ 唐乐：《东亚区域产业结构整体演进的动因探析》，《时代金融》2016 年第 35 期。

一 "海丝"沿线国家产业转型升级的现状

在"海丝"沿线国家中，东南亚国家的经济和产业发展均处于领先地位。根据东盟国家的经济发展状况，可以把东盟经济分为三个层次：位于第一层次的是新加坡，目前已经进入发达国家行列，属于资金、技术密集型国家，是东盟国家中经济发展水平最高的国家；位于第二层次的是以马来西亚、泰国、印度尼西亚、菲律宾为代表的国家，特点是人均收入水平低、劳动力成本低，在劳动密集型工业的国际转移方面具有优势。位于第三层次的是以缅甸、越南、老挝、柬埔寨为主的国家，这些国家自然资源丰富，但缺乏先进的技术，对外界的先进技术有很大的需求，属于输入型的国家。从产业价值链的转移来看，前两个层次的国家处于产业分工体系的相对高端，第三层次的国家则处于产业分工体系的相对低端。南亚国家的经济和产业发展属于中等偏下水平，印度、斯里兰卡、孟加拉国、巴基斯坦的第三产业增加值均占本国 GDP 的 50% 以上，超过第一产业增加值和第二产业增加值所占 GDP 比重的加总，服务业已经成为南亚国家的支柱性产业并日益发展壮大。中亚地区除哈萨克斯坦外，其余四国的农业在国民经济中占比偏高，过分依赖于原材料工业，其工业和服务业的发展水平普遍偏低。该地区产业转型的重点在于提高产品的技术和资本含量，发展加工工业，以达到由农业国向工业国的转变。相比之下，西亚和北非地区各国的经济结构非常单一，教育、交通、通信基础设施落后，农业在国民经济中占有重要地位，工业基础薄弱，产业结构处于极不平衡的状态。加上政府服务质量较低，产业转型升级在这些国家并未得到应有的重视。

综上，从产业转型升级发展现状来看，东南亚地区的产业调整进程优于南亚、西亚、北非等地，产业结构与中国最为接近。东南亚主要国家（菲律宾、新加坡、马来西亚、泰国、印度尼西亚）自二战以后便开始了其产业结构调整计划，先后实施了进口替代、出口导向、第二次进口替代和第二次出口导向的工业化进程，但各国的产业发展因资源基础和要素禀赋的不同导致其发展状态存在差异。其中新加坡的产业转型升级情况在东南亚区域表现最优，并于 21 世纪初率先步入了发达国家行

列，根据世界银行公布的数据，2019 年新加坡国内生产总值约 3284.19
亿美元，其中服务业增加值占比约 71%（主要包括零售业、商业服务业
和金融保险业），制造业增加值占比约 20%（主要包括石化工业、电子工
业和生物医药业），农业增加值占比不到 1%，2015～2019 年新加坡的平均失
业率在 2.1% 左右。[①] 劳动力由资本、技术密集型行业向以金融服务业、贸
易旅游业为代表的知识信息密集型行业转移，服务业已经成为带动新加坡
经济增长的主导产业。马来西亚是东南亚地区经济实力较强的国家，地理
位置优越，自然资源丰富。目前，马来西亚正向高端产业和资金密集型产
业发展，比如教育、旅游、保健、金融及商业服务业等，同时，马来西亚
也是世界上最大的棕榈油生产国，在橡胶产业的研究、种植、育种和新品
系推广应用方面拥有一流的技术。此外，马来西亚发达的陆海空交通极大
地促进了当地旅游业和服务业的发展，旅游业正逐渐成为马来西亚国民经
济发展的重要支柱。

二　"21 世纪海上丝绸之路"建设对中国产业转型升级的影响

（一）产业项目合作拓展方面

产业合作能够使各产业间的生产要素配置、供给和需求的数量结构、
关联方式协调合理，从而达到生产要素与本国资源完美结合，并且可以在
国民经济各产业部门协调发展、满足社会有效需求的前提下取得较高的部
门经济效应，达到国民经济健康良性发展的目的。[②] "21 世纪海上丝绸之
路"沿线国家因各国国情和要素禀赋的限制，难以实现各产业齐头并
进、共同发展，但部分国家的产业部门又具有一定的地区特色和独特优
势。因此，各国采取产业合作的方式，针对各国的实际情况因地制宜，
快速弥补部分国家产业发展的短板，进一步夯实优势产业的发展基础，
逐步实现产业结构的合理化和高级化，进而实现产业结构优化与协同发
展。"21 世纪海上丝绸之路"建设为中国与沿线国家进行更广泛的产业
合作提供了契机，有助于整个产业链分布的合理化，将不同国家和地区

---

① 数据来自《新加坡统计年鉴 2019》。
② 丁阳：《"一带一路"战略中的产业合作问题研究》，博士学位论文，对外经济贸易大学，2016。

的资源进行优化组合，打造出上下游产业链分支体系的科学布局。以中国制造业企业的海外投资为例，为了获得更大的市场份额和更多的竞争优势，部分中国制造业企业开始将生产环节转移到其他劳动力成本相对较低的国家，这些企业的国内业务也向"微笑曲线"两端转移，更加注重运营和研发能力的升级，这不仅有利于中国企业获取有效和稳定的资源及市场，还可以帮助一些沿线国家建设现代化的全球制造业产业链，加速国家的工业化和现代化进程。

（二）产业发展环境优化方面

国际金融危机发生后，全球经济仍处于艰难复苏阶段，各国贸易保护主义势力乘机抬头，影响了全球产业链的进一步延伸和要素分工的跨国流动性。而"海丝"建设是中国提出的与沿线国家互利共赢的发展方案，将有助于中国与沿线国家寻求更大范围和更加可靠的互信和共识，并以此为基础帮助双方在优化贸易结构、挖掘贸易新增长点、促进贸易平衡、降低非关税壁垒、在共同提高技术性贸易措施透明度方面采取建设性措施。叶卫平指出，"一带一路"可以帮助沿线国家加强信息互换、监管互认、执法互助的海关合作，加强检验检疫、认证认可、标准计量、统计信息等方面的双多边合作，推动世界贸易组织《贸易便利化协定》生效和实施。[①]长期以来，政策和标准的不匹配一直是制约国际合作的无形力量，通过"海丝"建设加强中国与沿线国家在政策和标准上的互联互通，使双方建成全方位、系统性的合作机制，将为中国与沿线国家的产业发展和产业互补创造良好的发展环境。

三 "21世纪海上丝绸之路"建设对中国产业转型升级的新要求

在经济全球化和国际分工逐渐深入推进的大趋势下，国际国内环境都在发生深刻变化。"21世纪海上丝绸之路"建设顺应了世界多极化、经济全球化、文化多样性、社会信息化的潮流，秉持开放的区域合作精神，旨在促进亚非欧国家之间的经济要素有序自由流动、资源高效配置和市场深

---

① 叶卫平：《"一带一路"与我国供给结构的转型升级》，《东南学术》2016 年第 4 期。

度融合，推动沿线各国实现经济政策协调，开展更大范围、更高水平、更深层次的区域合作。"海丝"建设恰逢中国提出经济转型升级，二者相得益彰，"海丝"建设为中国产业转型升级提供了跳板，既是产业转型升级的动力也是产业转型升级的压力，必然会对中国产业转型升级路径提出新的更高的要求。为了更好地体现和理解这些新要求，本章把它们分为政府层面和企业层面进行解读。

（一）对政府在产业结构和服务体系优化方面提出更高要求

"21 世纪海上丝绸之路"建设浪潮中，国际合作的空间将会得到前所未有的拓展，政府必须积极主动地拥抱国际合作机会。作为国家经济发展的管理者，政府对经济发展负有重要责任，改革开放以来，中国经济多年来保持高速增长，创造了经济快速发展的奇迹。过去，为了快速地获得经济效益，大量高污染、高耗能的产业被引进和建立起来，虽然保障了 GDP 的快速增长，但是也为此付出了巨大的资源和环境代价，同时，经济的持续发展性不足问题也逐渐暴露出来。因此，在未来的产业转型升级浪潮中，政府必须加强统筹规划，摒弃以资源和环境换 GDP 的发展模式，从宏观上基于长远目标进行新一轮产业结构布局。

首先，从产业结构上来看，沿线很多发展中国家产业层次虽然低于或者略低于我国，处于原料国对工业国的依附地位，但通过"海丝"建设机遇，中国可以在加大对高耗能、高污染企业的淘汰力度的同时将过剩产能转移至有市场需求的沿线国家以减少"去产能"的负面压力，从而达到优化产业结构的目的。通过与沿线国家的合作，中国可以加大对新兴产业和高技术产业的引进和扶持，比如新一代信息技术、生物、新能源、新材料等产业的合作，因为新兴产业和高技术产业在物质资源消耗、成长潜力和综合效益方面比传统产业具有明显的优势，对经济社会全局和长远发展具有重大引领带动作用。此外，中国可以积极鼓励各国围绕新兴产业和高技术产业建立各类产业园区，促进产业集群发展，进一步通过技术在厂商和企业之间的扩散和外溢，促进相关企业技术的进步和升级。与此同时，中国政府也需对掌握核心关键技术、拥有自主品牌、能够开展高层次分工的中国企业进行重点扶持，以提高拥有自主知识产权的技术、产品和服务在国际市场上的份额，进而在一些领域成为全球重要的研发制造基地。

其次，在服务体系优化方面，随着"海丝"建设的推进，中国国内越来越多的企业加入"走出去"的行列，它们的热情和行动力都值得鼓励和肯定，对于想要"走出去"的企业，政府应尽其所能为企业提供"走出去"所需要的相关服务。比如，在"走出去"之前对企业负责人和管理人员进行必要的培训，强化合法经营意识，规范"走出去"行为，让企业对海外环境及风险有充分的认识，少走弯路，避免造成国际化经营中"一损俱损"的不良影响。同时，对企业所要进驻的沿线国家，建立政府服务平台，通过中国驻外使领馆、投资贸易促进会以及各种商会，提供企业所需要的市场信息，避免企业因信息不足而出现裹足不前或蜂拥、盲目的现象。对"引进来"的外国企业，中国政府在政策审批、法律援助等方面应进行优化，为其创造良好的发展条件。

（二）对中国企业的国际竞争能力提出更高要求

李文指出，中国企业要借助"一带一路"建设中政策环境提供的有利条件，加快从向全球市场输出廉价劳动力和消费品，获取能源矿产、资源的传统模式转向输出高科技产品、成套设备和服务贸易的发展模式，从而带动中国产业布局的结构新调整。[①] "21 世纪海上丝绸之路"建设进一步提升了中国对外开放水平，对企业来说，是机遇也是压力。一方面，它为中国企业带来了更加广阔的国际舞台，为企业在转型升级过程中的资源获取和市场拓展提供了更大空间；另一方面，它也为中国企业带来了更加激烈的国际竞争。面对"21 世纪海上丝绸之路"建设带来的国际竞争，中国企业首先要提高自身的综合管理能力，在企业进入"21 世纪海上丝绸之路"沿线国家市场时，必须深刻地认识到经营环境的巨大变化，由于国外法律法规和运营规则、标准的不同，中国企业要想实现海外运营的可持续，必须提高企业的综合管理能力，逐步实现公司治理模式的转变，以适应目标市场需求。另外，要进一步提高中国企业自身的研发和创新能力，在国际竞争中，低端的产品会逐渐被国际市场淘汰，如果企业不能通过自身的研发和创新能力不断提高生产技术，开发新产品，必然会在国际竞争中被淘汰。

---

① 李文：《借力"一带一路"实现转型升级》，《WTO 经济导刊》2015 年第 5 期。

第三节　海外华商对中国在"海丝"建设中加快产业转型升级的影响分析

一　产业转型升级的一般路径

目前，实现产业转型升级有两种可选择的途径：一是市场机制驱动，即资本等生产要素会自然流向更具发展优势的产业，进而推进产业的转型升级。中国政府在 2013 年正式提出产业转型升级之前，并没有明确实施和执行相关产业升级政策，但改革开放以来实施的开放型经济发展战略，实现了中国产业的大规模发展和升级，具体表现为，第一产业增加值在 GDP 中所占比重从 1979 年的 31.27% 下降至 2012 年的 10.1%，第三产业增加值在 GDP 中所占比重则呈稳步上升态势，从 1979 年的 21.63% 攀升至 2012 年的 45.37%，这就体现了诸如要素禀赋理论等传统经典国际经济理论所强调的产业升级之"自然演进"的结果。① 二是政府协调机制，常态情况下，产业转型升级和自然生态平衡一样，可以靠内部自我调节机制，即市场规律就能实现，即使在变化的环境下，遇到一些外部的干扰和冲击，也具有一定的反应和适应能力。但这种内在的调节能力有一定限度，当其无法自我矫正和调节时，就会出现经济学中的"市场失灵"，比如，近年来中国房地产、金融行业的整体收益率普遍高于实体经济部门，导致实体经济部门的人才、资本等创新要素严重流失，过分逐利不仅增加了房地产和金融行业的泡沫，也对实体产业造成了重大打击，不利于整个国家产业结构的发展。这时，政府的适度调控则可以有效地促进产业生态系统健康发展。其中产业政策是政府引导、规范、促进产业发展的主要手段。特别是传统产业的转型升级，更需要运用政府的政策加以推进，为此，本章构建了海外华商影响我国"海丝"建设中产业转型升级的路径，如图 6-1 所示。

---

① 金京、戴翔、张二震：《全球要素分工背景下的中国产业转型升级》，《中国工业经济》2013 年第 11 期。

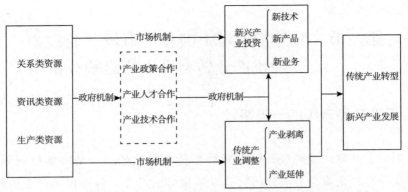

图 6-1 海外华商影响我国"海丝"建设中产业转型升级的路径

二 市场驱动机制下海外华商对"海丝"建设中加快中国产业转型升级的影响分析

长期以来，市场的自然演进机制在推动产业发展方面一直发挥着重要作用，各类生产资料在市场的驱动下，会流向具有更好发展前景和更多利润的产业领域。当前中国产业转型升级的主要目标是形成以新一代信息技术为引领，结构优化、附加值高、竞争力强的现代产业新体系，进而促使战略性新兴产业和新业态成为带动国民经济发展的主导力量。这个目标也使整个产业转型升级必须"两手抓"，一方面需要加大对传统产业的改造、升级、优化，另一方面需要重视对新兴产业的扶持。"21 世纪海上丝绸之路"建设不仅使中国进一步加强了与国际市场的联系，获得了更多参与国际产业竞争的机会，也为国际先进技术和优秀企业进入中国提供了更多机会和更好的条件，是市场驱动机制下企业追求利益的良好机会，海外华商可以凭借在资讯类资源、生产类资源、关系类资源上的优势参与其中，以追求更好的发展。

参与中国战略性新兴产业投资。战略性新兴产业是以重大技术突破和重大发展需求为基础，具有知识技术密集、物质资源消耗少、成长潜力大、综合效益好等特征的产业，对经济社会全局和长远发展具有强大的引领带动作用。[①]《"十三五"国家战略性新兴产业发展规划》中也提出将战

---

① 邱守江：《加快发展战略性新兴产业 积极促进产业转型升级》，《天津经济》2013 年第
5 期。

略性新兴产业摆在经济社会发展更加突出的位置，大力构建现代产业新体系，推动经济社会持续健康发展。因此，战略性新兴产业作为中国开展产业转型升级的重要组成部分，受到政府的大力支持，拥有巨大的发展前景。海外华商可以借助"21 世纪海上丝绸之路"带来的"五通"建设，利用其自身丰厚的生产类资源来华参与新兴产业投资，不仅能够为自身带来丰厚的市场回报，也可以为中国相关新兴产业发展带来新理念、新技术以及更多的融资渠道，从而助力中国的产业转型升级。

参与中国企业"走出去"，辅助传统产业转型。对传统产业改造、升级、优化是中国产业转型升级的另一项重要任务。中国政府在国内开展淘汰落后产能企业的同时也鼓励有条件、有能力的企业积极"走出去"开展国际合作和国际竞争以拓展企业的发展前景。整个"海丝"沿线各国的发展程度差别较大，为中国企业"走出去"提供了各种可能的方式。比如在新加坡、马来西亚和泰国等发展水平较高、市场机制相对成熟完善的国家，提倡那些具有竞争优势的中国企业通过参与国际经济技术的合作与竞争，获得技术积累和创新成长机会，而在越南、印度尼西亚、缅甸、老挝和柬埔寨等发展水平略低的国家，则鼓励那些从事边缘产业的中国企业利用其特定技术、生产、管理和销售上的比较优势，实现人力资本和消费市场的转型升级。此外，对想要"走出去"的中国企业来说，沿线国家的政策环境和市场环境是相对陌生的，但沿线国家的华商对它们是熟悉的。在这种背景下，海外华商可以通过其拥有的资讯类资源、关系类资源、生产类资源以多种方式参与中国企业的"走出去"，比如，资讯类资源可以帮助中国企业识别市场机会，关系类资源可以帮助中国企业打通社会关系，生产类资源可以帮助中国企业快速运营并占领市场等，通过这些方式的合作，海外华商能够获得相应的收益，中国企业也增加了"走出去"的成功可能。

三　政府协调机制下海外华商对"海丝"建设中加快中国产业转型升级的影响分析

政府在产业转型升级中发挥的作用是不容忽视的，因为在市场资源配置时，市场这只"无形的手"并非一直有效，市场机制无法补偿和纠正经济外在效应，也无法有效组织与实现公共产品的供给。此时，就需要政府这只"有形的手"作为公共资源的管理者、调配者发挥作用，利用其征税能力、禁止力、惩罚力等作用以弥补市场经济的缺陷，从而有效推动产业健康、持续地转型升级。"21 世纪海上丝绸之路"建设为中国产业转型升级带来新的契机，进一步带动中国企业"走出去"，以及外国企业的"引进来"的战略。因此，中国政府必须积极发挥自身作用，以更好地服务产业转型升级的需要。

目前，中国政府在产业转型升级中的作用包括以下两类，一是通过政策限制等方式对产业发展次序进行挑选，对其鼓励的产业进行重点扶持；二是增进市场机能，通过构建创新环境、完善服务体系等方式为产业转型升级所需的宏观环境和基础条件提供保障，从而建立并完善以创新引领产业转型升级的生态环境。在中国政府的协调机制下，海外华商不仅可以在市场机制中直接参与新兴产业投资，而且可以在宏观条件下帮助政府完成协调任务。首先，当政府采取政策限制等方式对产业发展进行宏观规划时，海外华商可以利用自身的资讯类资源和关系类资源及时将相关信息传播到住在国，帮助住在国与中国沟通从企业到政府的产业合作。其次，在构建创新型转型升级生态环境方面，海外华商的资讯类资源、关系类资源、生产类资源也能发挥独特作用。比如，海外华商一般具有丰富的国际投资和管理经验，在知识产权保护、创新环境搭建等方面能够为中国政府提供意见和建议。此外，对高层次科技创新创业人才的支持与引进是推动产业升级的重要一环。华侨华人在国际科研创新领域表现突出，若能够引进优秀华侨华人来中国参与科研创新，对中国的新兴产业发展具有重要意义。

第七章 海外华商对 21 世纪海上丝绸之路建设的影响：人民币区域化视角

从近代历史来看，全球化已经经历了三波浪潮：全球化 1.0 即大航海时代，全球化 2.0 即英国和英镑时代，全球化 3.0 即美国和美元时代。在升级的全球化 4.0 中，以开放性和包容性为显著特征的 "21 世纪海上丝绸之路" 建设，将以贸易加深跨国经济联系，以投资输出产能和资本，并在这两个过程嫁接人民币国际化战略，不断提升人民币在 "海丝" 沿线国家和地区的区域化水平。如何利用好海外华商资源和 "21 世纪海上丝绸之路" 建设的契机，充分抓住时代和市场机遇，寻求人民币区域化在 "海丝" 沿线国家推进的有效路径，是人民币区域化过程中需要认真研究的课题。

第一节 人民币区域化研究现状

国内关于人民币国际化的研究早于人民币区域化的研究，国内学者在 20 世纪 80 年代就已经开始了人民币国际化的研究，20 世纪 90 年代的亚洲金融危机加快了关于人民币国际化的研究，也激起了学者关于人民币区域化的研究热潮，主要集中在以下几个方面。

一是人民币区域化的概念内涵。大多数学者认为人民币区域化是其国际化的必由之路，但是他们对于人民币区域化的关注点存在差异。有的聚焦于人民币区域化的实现方式，如李晓等、国家外汇管理局经常项目管理司、邱兆祥和何丽芬，他们强调制度性合作或安排在货币区域化过程中的重要性；[①] 有的学者聚焦于人民币区域化的具体表现，如韩民春和袁秀林、贺翔，主要从功能视角界定人民币区域化的概念，强调自由兑换、交易、流通、储备等货币职能的行使。[②]

二是人民币区域化的可行性分析。中国经济的持续高速发展极大地提升了人民币在世界经济发展中的影响力和竞争力，为此，国内学者开始围绕人民币区域化或国际化的基础条件展开讨论。有的聚焦于中国经济发展的分析，如陶士贵、胡再勇认为，中国经济稳定，且实力不断提升，外汇储备充足，人民币币值稳定，外汇体制改革有序推进，建立人民币自由汇兑圈的时机已经成熟。[③] 有的基于中国与其他国家或地区之间的合作基础来分析人民币区域化的可行性和潜力。例如，马亚明和冯红星以亚投行的 33 个亚洲初始成员国作为人民币区域化的辐射范围，实证探讨人民币区域化的经济基础与可行性。[④] 结果表明，人民币成为亚洲区域性货币的潜力巨大。王芳等验证了区域货币频繁使用与区域内贸易合作之间存在"U"形关系的理论假说，即与使用区域外主要国际货币相比，使用本区域货币进行交易，初期将增加区域贸易交易和结算的成本，对区域贸易合作产生不利影响，但是当区域货币使用达到一定规模之后，就会对区域贸易一体化产生明显促进作用。[⑤] 从这些研究中我们可以发现，人民币已经具备了

---

① 李晓、李俊久、丁一兵：《论人民币的亚洲化》，《世界经济》2004 年第 2 期；国家外汇管理局经常项目管理司编《货币跨境流通及边境贸易外汇管理问题研究》，中国财政经济出版社，2005；邱兆祥、何丽芬：《当前人民币区域化的可行性》，《中国金融》2008 年第 10 期。

② 韩民春、袁秀林：《基于贸易视角的人民币区域化研究》，《经济学（季刊）》2007 年第 2 期；贺翔：《人民币区域化战略问题研究》，《河南金融管理干部学院学报》2007 年第 1 期。

③ 陶士贵：《建立中国周边国家和地区人民币自由汇兑圈的可行性论证》，《广东商学院学报》2003 年第 1 期；胡再勇：《我国的汇率制度弹性、资本流动性与货币政策自主性研究》，《数量经济技术经济研究》2010 年第 6 期。

④ 马亚明、冯红星：《人民币区域化的经济基础与可行性——基于亚投行成员国的 SURADF 实证分析》，《亚太经济》2016 年第 4 期。

⑤ 王芳、张策、何青、钱宗鑫：《人民币区域化能促进贸易一体化吗？》，《国际金融研究》2017 年第 7 期。

区域化或局部国际化的潜力和基础条件。

三是人民币实现区域化或国际化的影响研究。学者们在讨论人民币区域化可行性的同时也讨论了人民币实现区域化的意义。由于货币政策对国家经济稳定有重要影响，推动人民币实现区域化将会是风险和收益并存。[①] 在风险方面，学者们认为，人民币国际化水平的提高，将会使中国经济更加容易遭受国外经济的影响，降低中国宏观政策的有效性、加大汇率波动的风险，以及可能出现的"特里芬两难"等问题。[②] 虽然面临巨大的风险，但也有许多学者看好人民币国际化可能带来的收益。他们认为，人民币国际化将成为中国经济增长和改革的强大动力，有利于稳定人民币汇率，降低汇兑风险，扩大对外贸易规模，巩固贸易伙伴关系，提升中国金融体系稳定性。[③] 从影响的周期来看，人民币国际化的短期成本和风险弊大于利，但从长远的国家发展战略格局来看，利弊可能易位。[④] 此外，随着人民币区域化进程的加快，人民币与东亚汇率市场间存在正向联动效应将会不断提升，有利于增强东亚货币间的联动性，为东亚经济持续健康发展提供有效支撑。[⑤]

四是人民币区域化的路径与策略。国内学者很早就开始了关于人民币区域化、国际化实现路径的研究，分别提出了不同的实现路径。一种是直接国际化。一方面，各国政治、文化差异明显，经济水平参差不齐，导致建立统一货币的成本太高，从而在相当长的时间内并不存在建立一个统一货币的可能；[⑥] 另一方面，区域货币同世界货币情况不同、目标不同、需要解决的矛盾不同，即它们不是一种阶梯级的关系，即不必先成为区域货币再逐步向国际货币发展，人民币成为国际货币要比成为区域货币简单容

① 徐韬：《人民币国际化的收益》，《经济研究参考》2011 年第 6 期。
② 马荣华：《人民币国际化进程对我国经济的影响》，《国际金融研究》2009 年第 4 期；王元龙：《关于人民币国际化的若干问题研究》，《财贸经济》2009 年第 7 期。
③ 李晓、丁一兵：《人民币汇率变动趋势及其对区域货币合作的影响》，《国际金融研究》2009 年第 3 期；张宇燕、张静春：《货币的性质与人民币的未来选择——兼论亚洲货币合作》，《当代亚太》2008 年第 2 期；赵海宽：《关于当前经济金融两个热点问题》，《金融理论与实践》2003 年第 12 期。
④ 徐韬：《人民币国际化的收益》，《经济研究参考》2011 年第 6 期。
⑤ 唐洁尘、李容：《人民币区域化视角下人民币与东亚货币联动性研究》，《世界经济研究》2018 年第 7 期。
⑥ 刘群：《区域货币与世界货币：人民币前景判断与抉择分析》，《学术论坛》2006 年第 9 期。

易。① 第二次世界大战后美国依靠其强大的政治、经济、军事实力建立起布雷顿森林体系，使美元越过区域化直接成为国际货币。另一种是通过区域化逐步实现国际化，即认为中国目前并不具备美国当时的国际环境和综合实力，需要采取分步措施逐步实现人民币国际化。巴曙松、覃延宁，以及贺佳和迈夫强调，边境贸易是推动人民币国际化的主要动力，可在区域合作框架下（如"中国－东盟"）扩大边境贸易中人民币结算的使用范围，进而推动人民币的国际化。② 在这种思路下，"周边国际化—亚洲化—国际化"渐进路径成为许多学者关于人民币国际化的共同认知，③ 强调通过"区域经济一体化"进程，在宏观政策和区域经济货币合作等方面做出具体的制度安排，实施"双轨制"模式，即在国内先实施渐进式、分阶段的资本项目可兑换，提高金融体系效率，推动跨境贸易以人民币计价结算，并在境外扩大以人民币计价的金融产品交易规模，从而逐步实现人民币的国际化。

在此基础上，学者们提出了具体的推进策略：一是加快金融载体建设，推进人民币清算和货币互换，④ 并积极引入外汇补贴，保持对沿线国家和地区的贸易逆差，从而进一步推动人民币的区域化。⑤ 二是基于"一带一路"建设的互联互通、贸易畅通以及人文交流需求，加强与"一带一路"沿线国家和地区的货币金融合作，加强金融平台建设，构建人民币清算网络，增加在贸易和投资过程中的人民币使用；推动人民币离岸证券交易中心的建设。三是完善人民币的输出与回流渠道，建立健全中国的金融

① 赵海宽：《关于当前经济金融两个热点问题》，《金融理论与实践》2003 年第 12 期。

② 巴曙松：《人民币国际化的边贸之路》，《浙江经济》2003 年第 15 期；覃延宁：《中国—东盟自由贸易区与人民币国际化》，《东南亚纵横》2003 年第 5 期；贺佳、迈夫：《人民币国际化道路新论》，《菏泽学院学报》2005 年第 4 期。

③ 郭晴、钟华明、陈伟光：《全球经济治理下的人民币区域化问题研究——基于"一带一路"沿线国家的分析》，《宏观经济研究》2018 年第 4 期；李稻葵、刘霖林：《双轨制推进人民币国际化》，《中国金融》2008 年第 10 期；王元龙：《关于人民币国际化的若干问题研究》，《财贸经济》2009 年第 7 期。

④ 刘瑞、崔华泰、奚春：《"一带一路"战略下人民币区域化的路径选择》，《学习与探索》2015 年第 11 期。

⑤ 刘丹：《人民币在新丝绸之路沿线国家实现区域化路径选择》，《经济研究参考》2015 年第 60 期。

市场体系，加强区域性的经济合作和金融合作制度建设。①

第二节　人民币区域化在"海丝"沿线国家的现状与"海丝"建设对人民币区域化的新要求

从地理范围来看，"21 世纪海上丝绸之路"可以描述为由我国沿海港口出发，途经东南亚、南亚、西亚最后到达北非和欧洲，反映中国对外贸易关系网络的道路。货币区域化是指货币能够在一个地理区域内行使自由兑换、交易、流通、储备等职能的过程。② 人民币在"海丝"沿线国家和地区的区域化是指人民币在东南亚、南亚、西亚、北非、欧洲等国家和地区进行自由兑换、交易、流通和储备的过程。第一，货币区域化在地理区域概念下是指一种货币是该地区使用的共同货币；第二，从货币职能的角度看，货币区域化是指该货币在区域内行使各项货币职能。而从货币替代的视角来看，人民币区域化实质上就是人民币积极参与区域货币竞争，并试图替代其他货币的过程。③

一　人民币区域化在"海丝"沿线国家的现状

人民币在东盟区域化的基础相对其他地区来说是最好的，东盟各国居民对人民币都有一定的接受度，人民币在该地区的使用也呈逐步上升态势。④ 近年来，随着中国经济实力不断增强，出境旅游和边境贸易迅速发展，对外经济贸易量不断增大，加上金融业的对外开放，中国对周边国家的影响力越来越强，人民币在周边国家的使用频率和地位也不断提高。2010 年，中国-东盟自贸区正式全面启动，中国与东盟国家贸易总量逐年增加，同时中国持续对东盟国家保持贸易逆差，有利于人民币的流出。而

---

① 郭晴、钟华明、陈伟光：《全球经济治理下的人民币区域化问题研究——基于"一带一路"沿线国家的分析》，《宏观经济研究》2018 年第 4 期。

② 陈雨露、王芳、杨明：《作为国家竞争战略的货币国际化：美元的经验证据——兼论人民币的国际化问题》，《经济研究》2005 年第 2 期。

③ 邱兆祥、何丽芬：《当前人民币区域化的可行性》，《中国金融》2008 年第 10 期。

④ 翁玮：《泛亚铁路建设与人民币区域化发展路径》，《学术探索》2016 年第 7 期。

与中国相邻，商业与人员往来密切的东南亚诸国成为人民币跨境流通最集中的地区。人民币在边境贸易和旅游消费中充当交易媒介，人民币作为结算货币、支付货币已经在这些国家大量使用，并能够同这些国家的货币自由兑换。周边个别国家和地区的居民已经把人民币作为交易媒介和国际清算手段来大量使用，还把储藏人民币作为一种价值储藏手段。马来西亚、印度尼西亚、泰国、菲律宾、新加坡等国家和地区已经接受人民币存款和办理等业务。在越南、缅甸、老挝、柬埔寨等国家的部分地区，人民币的接受程度比本国货币还高。但是在"海丝"沿线的其他区域，南亚、西亚直至北非、欧洲，人民币的影响力逐渐减弱，人民币在当地的流通力度远远比不上东南亚地区，人民币在当地居民眼中更多的仅仅是一种货币符号。当地居民对人民币的认知度和认可度不高，人民币在当地的影响力十分不足，不能直接流通使用，完全无法与美元或者其他国际职能货币相比较。

二 "21 世纪海上丝绸之路"建设对人民币区域化的影响

"一带一路"倡议将"中国梦"与"世界梦"进行有机的衔接，对中国和世界影响深远。"21 世纪海上丝绸之路"建设将为沿线各国的基础设施建设投入大量资金，促进沿线国家基础设施的互联互通，推动贸易和投资的深化，这将极大地增加人民币在交换、流通等方面的需求。"21 世纪海上丝绸之路"建设对人民币区域化的影响主要体现在以下三个方面。

(一) 基础设施方面

"21 世纪海上丝绸之路"建设将极大地促进中国与沿线国家的经贸往来、投资合作和金融合作。"海丝"沿线国家存在巨大的基础设施建设缺口，"2010~2020 年，亚洲基建存在 8.5 万亿美元的缺口……未来 10 年，中国在'一带一路'的总投资额将达到 1.6 万亿美元，未来 25 年，将达到 3.5 万亿美元。"① "21 世纪海上丝绸之路"沿线国家的新一轮基础设施投资为人民币区域化创造了新的发展机遇，依靠基础设施直接进行人民币投

---

① 《专家："一带一路"战略与人民币国际化相互助力》，中华人民共和国国务院新闻办公室网站，http://www.scio.gov.cn/m/31773/35507/35515/35523/Document/1530410/1530410.htm。

资，将极大促进资本、技术等生产要素的国际流动，提高人民币在中国与世界各国之间的流通速率，促进人民币形成良好的回流机制，客观上引起沿线各国对人民币需求的扩大，从而提升人民币的投资价值与储备价值功能。

（二）贸易往来方面

截至 2020 年，中国与"21 世纪海上丝绸之路"沿线国家经贸往来持续推进，贸易额比上年增长了 5.8%。① "21 世纪海上丝绸之路"建设，将会进一步拉动中国与沿线国家的贸易往来。比如，沿线国家将从中国进口更多的机械、交通运输工具等大型制造业产品。长期以来，中国与沿线国家的贸易通常是以第三国货币（美元、欧元）进行计价结算，中国境内企业和沿线国家企业都要承担汇率风险，当人民币用于跨境贸易结算时，中国和沿线国家使用人民币进行国际结算的企业所承受的外币汇率风险即可部分消除，"海丝"建设所带动的经贸往来会进一步促进对人民币计价结算的需求，在这一过程中，人民币的计价结算功能与投资功能将逐步被加强，促使人民币区域化程度不断加深。

（三）对外直接投资方面

随着"21 世纪海上丝绸之路"建设的持续推进，中国已经明确提出引导国内企业加大对沿线国家的投资力度，建设一批产业园区，打造分工协作、共同受益的产业链、经济带。2021 年 1～4 月，中国企业对"一带一路"沿线的 54 个国家的非金融类直接投资达 387 亿元，同比增长 5.7%（折合 59.6 亿美元，同比增长 14%），占同期总额的 17.4%，较上年上升1.8 个百分点。② 这些投资主要投向新加坡、印度尼西亚、越南、马来西亚、老挝、阿拉伯联合酋长国、哈萨克斯坦、巴基斯坦、柬埔寨和孟加拉国等国家。"海丝"沿线国家作为中国的传统投资区，相继建立了中马"两国双园"、中越跨境经济合作区、文莱-广西经济走廊等境内外园区。从历史上看，货币国际化的过程都伴随对外净投资过程，对外直接投资已

---

① 国家海洋信息中心发布的《2020 中国海洋经济发展指数》，http：//www. mnr. gov. cn/dt/hy/202010/t20201019_2567486. html。

② 《我国对"一带一路"沿线国家投资持续增长》，人民网，https：//baijiahao. baidu. com/s？id=1701599307245240274&wfr=spider&for=pc。

成为人民币对外输出的重要通道。人民币要成为国际货币，主要条件就是该货币容易获得、在国际交易中的可接受程度高、能方便地兑换成所需要的其他货币，人民币对外投资作为输出人民币的手段，提高了人民币在境外的可获得性。

三 "21 世纪海上丝绸之路" 建设对人民币区域化的新要求

目前，全球货币政策分化，以美元为主的国际资本流动风云变幻，若以美元作为双方贸易和投资的资金载体，势必会带来巨大的风险，寻找美元的替代货币，减少贸易和投资风险是双方共同的追求。而且，《推动共建丝绸之路经济带和 21 世纪海上丝绸之路的愿景与行动》明确指出，在资金融通方面，要扩大沿线国家双边本币互换、结算的范围和规模。因此，我们认为，随着 "21 世纪海上丝绸之路" 建设不断纵深拓展，中国与沿线国家和地区的贸易、投资将会快速增加，人民币在双方合作过程中的作用也会不断强化，这促使我们重新思考和定位人民币在沿线国家和地区的新需求和新要求，并将其作为 "21 世纪海上丝绸之路" 建设的重要内容加以推进，具体如下。

（一）清算需求进一步加大

中国和 "海丝" 沿线国家之间存在较强的贸易互补性，中国作为制造业大国，其生产的大量工业制成品，如机械、交通运输工具等，在 "海丝" 沿线国家存在较大的需求；而中国从沿线国家进口能源、金属、粮食等大宗商品。中国-东盟自由贸易区自 2010 年建成以来，已有 93% 的货物实现零关税，中国连续 4 年成为东盟的第一大贸易伙伴，东盟成为中国的第三大贸易伙伴，贸易总量逐年扩大。随着 "21 世纪海上丝绸之路" 建设及升级版的中国-东盟自贸区的推进，中国与 "海丝" 沿线国家的投资和贸易额会进一步地提升。为了规避风险、降低交易成本，简化交易流程，"21 世纪海上丝绸之路" 的建设势必会增加人民币在相关国家贸易结算和计价的使用比例。虽然，中国已与多个沿线国家签订双边本币互换协议，部分国家也建立了境外人民币清算银行，但是人民币在该地区的境外清算网络布局仍然有很大缺口，未来随着 "海丝" 建设的推进，东南亚地区对人民币清算中心的需求会进一步加大，因此，加快中国金融机构在相关地区分支机构的设立，促进境外人民币结算网络拓展是必然趋势。

（二）人民币海外业务类型需求更加丰富

跨境人民币业务的类型包括：跨境贸易人民币结算、境外直接投资人民币结算、外商直接投资人民币结算、跨境贸易人民币融资、跨境人民币证券投融资等多种类型。目前，由于各方面的原因，人民币的海外业务相对单一，而"21 世纪海上丝绸之路"建设会对中国和沿线国家的金融和企业带来巨大的投融资交易需求，这将为中国与"海丝"沿线国家在多个领域进行人民币业务的合作提供巨大空间。比如，投资项目中涉及的进口成套设备，会产生信贷业务机会和融资业务机会；"走出去"的中国企业，在境外和中国国内的企业有巨大的贸易往来或者合作机会，也都需要更为多元的人民币业务服务。

（三）对人民币跨境流动性提出更高要求

无论是亚洲基础设施投资银行，还是丝路基金，它们的共同目的就是通过向"一带一路"沿线国家的公路、铁路、通信管网、港口物流等基础设施建设提供信贷支持，进行资本输出，加速人民币"走出去"。"海丝"建设所引发的贸易和投资会增加人民币使用需求，使境外人民币的存量不断加大，这是相关国家愿意接受人民币的重要推动因素。为此，中国需要为这部分需求提供足够的人民币回流渠道，对人民币跨境流动性提出更高要求。也就是说，进一步扩大人民币在境外市场的循环规模，拓宽人民币跨境流动的渠道，逐步建立起人民币境外循环体系，是推动人民币离岸市场繁荣，加速人民币区域化的必然要求。

综合上述分析，结合人民币在"海丝"沿线国家和地区的区域化现状，可将"21 世纪海上丝绸之路"建设中的人民币区域化分成三步走。首先，在人民币区域化基础较好的东南亚地区，推动国家之间的制度协调，促使人民币不仅成为该区域的共同货币，而且能够行使货币职能，率先完成局部区域化目标；其次，在南亚、西亚、北非和欧洲等地推广人民币的使用，提升人民币的认可度，加快推动人民币成为该区域的共同货币；最后，以东南亚地区人民币区域化为基础，推进人民币货币职能在"海丝"

沿线国家和地区的拓展和延伸，并最终实现人民币在"21 世纪海上丝绸之路"沿线国家和地区的区域化目标。

第三节 海外华商对"海丝"建设中人民币区域化的影响分析

一 人民币区域化的一般路径

1997 年的亚洲金融危机和 2008 年的国际金融危机让世界各国认识到"不能把鸡蛋放在一个篮子里"，开始追求本国货币政策的多元化，这为人民币"走出去"，成为区域化、国际化的货币提供了契机。2009 年开始实施的跨境贸易人民币结算试点，被认为是中国政府利用国际金融危机所提供的机遇，借势推进人民币国际化，并以此推动中国金融崛起的一次战略启动。

在探讨人民币如何实现国际化时，有学者认为以中国目前的经济实力、国际货币体系和人民币的国际地位，人民币无法像美元一样直接实现国际化。从总体上看，人民币国际化是一个较为长期的过程，会受到诸多条件和瓶颈因素的制约。首先，2008 年的国际金融危机过后，虽然美元和欧元的国际货币地位有弱化的趋势，但以美元为中心货币的国际货币体系并没有发生大的变动，人民币作为国际货币的各项功能并不会在危机过后的全球贸易和投资中对美元和欧元等主要国际货币产生较大的替代性。其次，中国利率与汇率的市场化还没有完成，宏观经济政策协调能力短期内仍难以满足人民币资本项目可兑换和完全开放的要求，企业微观主体改革不到位，也难以满足开放条件下全球性竞争的要求。最后，中国金融机构和金融市场的国际化程度不够，难以应对资本市场完全开放后可能带来的巨大冲击。基于以上条件，有学者认为人民币国际化只能采取渐进的方式，在试验中逐步推进，应该从人民币区域化入手，逐步实现国际化。

目前，人民币区域化有两种可以选择的途径：一是市场自然演进，即通过人民币自发的市场选择进程来推进区域化进程；二是政府政策推动，即通过国家政府之间的制度协调，来实现区域间的货币合作，达到人民币区域化的目标。早期的人民币区域化基本处于市场自然演进状态，是经贸双方合作中的自然选择。随着 2009 年中国政府主导的跨境贸易人民币结算试点开始推行，政府的政策推动作用在人民币区域化中逐渐扮演重要角色。以境内外的实体经济联系和规避货币结算风险的实际需求为导向，通过人民币跨境贸易结算和双边货币互换，在推动协议双方相互提供流动性支持和促进双方金融稳定的同时，逐步推动并扩大人民币在国际贸易中的计价和结算功能，从而形成"市场自然演进 + 政府政策推动"双轮驱动的人民币区域化路径。

二　市场自然演进路径中海外华商的作用分析

货币替代理论认为，在开放经济与货币可兑换的条件下，为了降低或控制恶性通货膨胀等带来的负面影响，民众会选择增持信用度高的货币而放弃信用度低的货币。[①] 在本国货币波动频繁而国外货币坚挺稳定的情况下，居民对于本国货币的信心难免会下降甚至丧失，而更倾向于持有他国货币来规避风险。货币需求理论也指出，民众的货币需求可归因于他们的交易动机、预防动机和投机动机。由此可知，在市场自然演进路径下，跨境的货币需求是刺激人民币在"海丝"沿线国家区域化的基本诱因，而追求自身利益最大化则是市场主体进行货币选择的根本驱动力。具体来说，市场主体对于人民币的选择和偏好是在他们的自身利益驱动下形成的，并通过具体动机表现出来。至于是何种动机，需要结合市场主体从事的跨境活动进行具体分析。这些活动大致可分为两类：一类是与企业相关的跨境投资、贸易及合作等经济活动，另一类是与居民个体相关的出境探亲、旅游、学习等社会活动。其中，跨境经济活动对于人民币在"海丝"沿线国家区域化的影响最为重要。另外，随着跨境活动的深入及多样化，各类主体对于人民币跨境流通的需求也由最初的交易动机逐步向投机、预防、价值储备等多样化动机发展，扩大人民币的需求量，进而加快人民币的跨境流通速度和区域化进程。综合上述分析，人民币区域化的市场自然演进路

---

① V. K. Chetty, "Econometrics of Joint Production: A Comment," *Econometrica*, 37 (1969): 731-731.

径可进一步细化为两个阶段，如图 7-1 所示。第一阶段是利益驱动下的人民币交易需求创造，推动以自由兑换、交易为主要功能的人民币区域化过程，即人民币的初级区域化过程；第二阶段是通过大规模的货币多元需求创造，强化人民币自由兑换及交易功能，并推动人民币具备投资与储备价值的过程，即人民币的高级区域化过程。

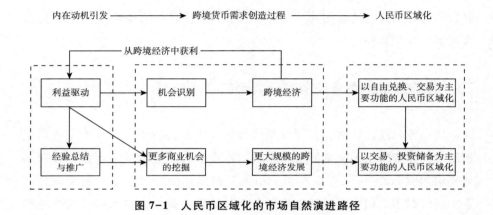

图 7-1　人民币区域化的市场自然演进路径

面对"21 世纪海上丝绸之路"建设提出的人民币区域化新要求，海外华商作为推动和加强中国与"21 世纪海上丝绸之路"沿线国家交流合作的重要桥梁，在市场自然演进路径中的作用不容忽视。具体来说，海外华商利用其自身拥有的资讯类、生产类及关系类资源，将在人民币区域化的市场自然演进路径中的不同阶段发挥差异化作用，如图 7-2 所示。

（一）海外华商在人民币初级区域化过程中的先行示范作用

人民币的跨境使用需求是人民币区域化市场演进路径中的基本诱因，是人民币在"海丝"沿线国家流通并进行区域化的必要条件。在市场自然演进路径中，商业利益引导下的跨境经济活动如跨境贸易、投资、合作是跨境货币需求的主要来源，而如何推动跨境经济活动的发生便成为人民币跨境需求创造的关键。商业机会的识别及其风险的评估是企业进行跨境贸易、投资、合作的重要影响因素。而海外华商是推动跨境经济发展的重要主体，具有天然的先发优势。他们能够利用各种关系类资源（如住在国公民身份、企业家地位、本地关系网络等，中国的华侨华人身份和关系网络

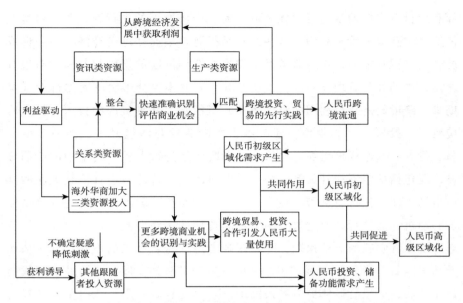

图 7-2　人民币区域化的市场自然演进路径中海外华商的作用分析

等），了解、拓展和甄别各种资讯类资源（如与商业机会有关的两国政治经济形势信息、商业规则等），从而能够先于他人更为准确地评估两国可能存在的商业机会及其蕴藏的潜在风险，进而快速作出商业决策。在此基础上，一旦跨境商业机会被识别并确认有效，海外华商还可以利用自身拥有的生产类资源（如资本、技术、渠道等）将其以最快的速度付诸实践，从而能够在两国跨境经济发展过程中占据先发先行优势。而且，这种优势在外国投资者和经营者对中国对外经济合作政策持不确定性态度的情况下表现得更为明显。随着跨境经济活动的开展，以自由兑换和交易为主要功能的人民币跨境流通需求与实践就这样被海外华商率先创造出来，并开始了人民币的初级区域化进程。目前，海外华商推进人民币区域化的这种先行示范作用已经在东南亚国家充分发挥出来，并推动人民币在东南亚实现自由兑换和交易功能；而在南亚、西亚、北非和欧洲地区这种先行示范作用正在逐渐形成当中，处于积累的过程。

（二）海外华商在人民币高级区域化过程中的倍增推广作用

对利润的渴望和追逐是市场主体开展经济活动的内在驱动力。海外华商利用自身掌握的双边资源优势成为跨境经济发展的先行者，并在跨境经济实践中获取经验和利润。这些经验是指海外华商在跨境经济实践中形成的各类知识和能力，包括跨境经济发展机会和风险的识别与判断、双边合作过程中的经营管理技巧等。这些经验和利润不仅会再次驱动先行者（早期参与跨境经济获得利润的海外华商）继续加大各种资源的投入，扩大跨境贸易、投资、合作规模，还会吸引跟随者参与跨境经济，促使跨境贸易、投资、合作成倍增加。这些跟随者既包括先行者关系网络中的亲朋好友，还包括那些不在其关系网络当中但对跨境经济感兴趣且持续关注的其他市场主体。先行者从跨境经济中获取的利润给跟随者注入了进入跨境经济的动机，而先行者通过关系网络不断传播的实践经验，将会提高跟随者对跨境经济实践的成功预期，降低跟随者进入跨境经济的不确定性，从而推动中国与"海丝"沿线国家之间的跨境经济蓬勃发展。跨境经济实践的快速发展，必然会促使更多的人民币进入流通领域，用于自由兑换及双边贸易之间的计价和结算，加快人民币的初级区域化进程，同时还会催生人民币的投资和储备需求，规避或降低跨境经济中的货币和汇率风险，从而推进人民币的高级区域化进程。目前，海外华商推进人民币区域化的这种倍增推广作用已经在东南亚国家得到充分发挥，强化了人民币在东南亚国家的自由兑换和交易功能，并推动人民币在东南亚部分国家实现投资和储备功能；而在南亚、西亚、北非和欧洲地区这种倍增推广作用正处于萌芽当中，对于人民币的初级区域化进程具有一定的推动作用，而对于人民币的高级区域化进程的作用则十分有限。

三 政府政策推动路径中海外华商的作用分析

人民币在"海丝"沿线国家实现区域化的进程当中，中国政府主要通过政策制定与实施发挥推动作用。一是通过跨境贸易投资政策的制定与实施推进跨境经济的快速发展，进而催生人民币货币功能的跨境需求。如加入世界贸易组织以及设立自贸区等，降低中国与"海丝"沿线国家市场间的贸易限制，推进贸易的自由化和公平程度。跨境贸易投资政策的鼓励与刺激，为市场驱动的跨境贸易投资实践注入强心剂，能够快速推动跨境经济迅猛发展，从而对人民币产生巨大的跨境需求。二是通过货币流通、自由兑换等相关政策措施的制定与实施推进人民币跨境流通功能的实现，从而满足蓬勃发展的跨境经济的货币需求。与货币流通渠道相关的政策措施包括取消外商投资企业经常项目的用汇限制，扩大私人用汇的范围和广度，完善外汇管理法等，这些政策措施的落实有利于实现国家收支间的货币自由兑换和经常项目的对外开放，促使人民币成为贸易结算的媒介，从而为人民币区域化提供畅通的流通渠道。与货币自由兑换相关的政策措施包括适度有序放宽国际收支资本和金融账户下相关交易的限制，如对外贸易产品的数量限制、课税和补贴程度等，这些政策措施的推进实施能够加快人民币在"海丝"沿线国家和地区的自由流通速度，加快人民币的区域化进程。三是通过跨境金融市场建设及货币经营主体等相关政策措施的制定与实施推进人民币跨境业务的不断发展。与金融市场相关的政策措施主要体现在国际市场、资本管制、金融体制建设等方面，具体包括放宽企业团体组织的外汇买卖限制、允许个人和企业持有境外货币资产、加快金融价格机制改革、人民币离岸市场的建设等，能够进一步提高中国金融市场的开放程度，为加快人民币在"海丝"沿线国家的区域化进程提供良好的市场条件。具体而言，一方面，顺应市场发展趋势和人民币区域化需求，通过制定政策推进人民币离岸金融市场的发展与完善，提供高效率的人民币清算渠道，动态吸收海外非正式方式流通的人民币，并将其纳入正规的银行体系当中；另一方面，通过政策的制定与实施推进人民币境外业务经营主体的规范化、多元化，加快中国国内银行的国际化，积极承担跨国公司的金融业务，同时与其他国家的银行开展人民币清算的跨境功能业务。

一项政策的制定需要充分的酝酿和多方讨论，而一项政策的有效实施需要一个循序渐进的过程。出于国际政治合作和国内经济发展的需要，中国制定并实施了人民币区域化的相关政策措施，而这些政策措施的实施是一个由小规模实践到大规模推广的过程，需要一群意识领先的商业主体进行实践，而海外华商就是这一群体中的典型代表。本章认为，在政府政策推动人民币区域化路径中，海外华商同样扮演着非常重要的角色，能够充分利用自身掌握的资讯类资源、生产类资源、关系类资源，发挥"政策试水"和"加速器"作用，推进相关政策措施的实施与完善，进而推动人民币的区域化进程，具体如图 7-3 所示。

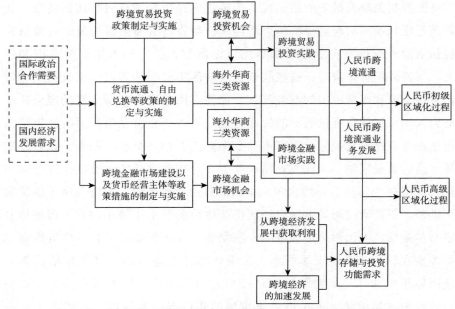

图 7-3 人民币区域化的政府政策推动路径中海外华商的作用分析

　　跨境贸易投资政策是一种刺激性政策，旨在鼓励中国与其他国家或地区之间的经济贸易和资本投资，而货币流通、自由兑换、跨境金融市场等政策是一种服务性政策，旨在推动跨境贸易投资政策的实施。这些政策的出台和实施对于海外华商的商业活动影响很大，因为许多海外华商都会在中国和住在国之间开展各种经济贸易活动。为此，与国外其他商业人士相比，海外华商是最早获知这些政策的人，也最能理解这些政策的方向及其蕴含的商业机遇，因而能够先于他人利用政策开展商业活动，是最早进行"政策试水"的商业群体。具体来说，海外华商利用其对中国和住在国政策调整信息的熟悉和掌握程度（资讯类资源）以及多年积累的关系网络（关系类资源），发挥先行者优势，能够快速解读和理解跨境贸易投资政策所蕴含的商业机会及货币流通、自由兑换等支撑服务政策的可行性，并将其与自身的资本、技术等生产类资源进行匹配，率先推进跨境经济实践的发展和人民币的跨境流通业务发展，从而推动人民币的初级区域化过程。此外，一旦海外华商"政策试水"的经济效应逐渐显现出来，就会产生"加速器"作用，即海外华商从政策实施中获取的利益，不仅会驱动他们进一步做大自身的跨境业务，还会带动更多的海外华商投入其中，并吸引更多海外商人及企业进入跨境经济，从而加快人民币的跨境流通速度，扩大人民币的跨境流通规模，推动人民币初级区域化进程，并催生人民币的跨境存储和投资功能，进而推动人民币的高级区域化进程。目前，海外华商在人民币区域化政策推进路径中的这种"政策试水"和"加速器"作用已经在东南亚国家充分发挥出来，并推动人民币在东南亚实现自由兑换和交易功能；而在南亚、西亚、北非和欧洲地区这种"政策试水"作用正逐渐显现出来，但"加速器"作用还未体现出来。

第八章 海外华商对 21 世纪海上丝绸之路建设的影响：互联互通建设视角

　　基础设施互联互通作为"一带一路"建设的基础性优先领域，在"一带一路"的建设和发展中扮演着先导性作用，设施联通不仅对"一带一路"沿线的相关国家有重要的经济贡献，而且也为政策沟通、贸易畅通、资金融通、民心相通提供着强有力的基础性支撑。现阶段经济全球化快速发展，带动了全球交通运输网络及物流服务体系的调整，推动了新的交通运输与物流枢纽、新的贸易线路与交通运输廊道的加速形成与发展。国际贸易运输重心正在从传统以海运为主，转向具有海、铁、空、公、管多种运输方式的综合运输体系。抓住"21世纪海上丝绸之路"建设和贸易发展趋势的双重契机，充分利用海外华商资源优势，进一步扩大中国与"21世纪海上丝绸之路"沿线国家联通范围，提高联通水平，对中国与"21世纪海上丝绸之路"沿线国家和地区未来经济发展都具有重要意义。

第一节 基础设施互联互通研究现状

基础设施互联互通包括交通、通信和能源三方面的互联互通。[①] 交通设施水平、通信设施水平、能源设施水平综合衡量了一个国家的基础设施情况和结构特点。交通互通是跨境合作的动力基础；通信互通作为 "21 世纪海上丝绸之路" 沿线国互联互通的信息高速公路，是开展信息交流合作的基础；能源互通包括石油、天然气和电力等资源的互补和流动，是保障社会持续发展的基础。学者们很早就开始了基础设施互联互通的研究，并取得了丰富的成果，归纳起来，大致可分为三类：基础设施互联互通对本国经济发展的影响研究、基础设施互联互通对区域合作的影响研究、基础设施互联互通建设对策研究。

一 基础设施互联互通对本国经济发展的影响研究

早在 1776 年，英国著名经济学家亚当·斯密在其著作《国富论》中写道："良好的道路、运河和通航河道有助于降低运输费用，使一国偏远地区与城镇周边地区更接近于同一水平。"[②] 这揭示了互联互通为国家和经济带来的两项最重要的作用：一是高效、高性价比的资源流动，二是减轻国家内部及国与国之间的不平等。20 世纪 40 年代，罗森斯坦-罗丹（Paul Rosenstein-Rodan）提出的 "大推进" 理论认为，交通等基础设施是一种社会先行资本，必须优先于其他方面发展。[③] 基础设施建设具有网络属性、扩散效应和聚集效应，基础设施水平的提高能够有效带动当地经济的发展水平。[④] 首先，基础设施互联互通能够通过降低流通成本带动相关行业共同发展。

---

① 范祚军、何欢：《"一带一路" 国家基础设施互联互通 "切入" 策略》，《世界经济与政治论坛》2016 年第 6 期。

② 转引自周文重《凝聚共识，促进亚太经济不断繁荣》，http：//www.chinatoday.com.cn/ctchinese/news/article/2014-04/09/content_612499.htm。

③ P. Rosenstein-Rodan, "Problems of Industrialisation of Eastern and South-Eastern Europe," *Economic Journal*, 53 (1943): 202-211.

④ R. Nurkse, *Problems of Capital Formation in Underdeveloped Countries*, Basil Blackwell, 1953.

研究表明，双边贸易流量与运输成本呈反向关系，即成本越低，贸易流量越大，交通运输费用下降对金融和贸易部门具有显著的拉动效果。[①] 物流运输成本依然是当前影响中国和"一带一路"沿线国家贸易发展的重要因素，[②] 而交通基础设施建设是决定运输成本高低的关键，中国对"一带一路"基础设施投资在给"一带一路"沿线发展中国家带来互联互通实惠的同时，也会给国内的建筑工程、机械装备、能源、通信、航空、对外贸易等行业带来新的发展机遇。[③] 其次，基础设施互联互通能够有效带动投资需求转化，刺激经济发展。在全球经济增速放缓的背景下，基础设施投资的独特吸引力进一步凸显，对提高国民收入、扩大相关部门就业具有立竿见影的效果。[④] 运用里昂惕夫需求拉动模型测算"一带一路"沿线国家基础设施投资对中国经济拉动情况，结果表明，对水电气供应、交通运输和邮政电信业的各 1 美元总投入，在最大情况下会分别拉动中国 0.3072 美元、0.3979 美元和 0.4142 美元总产品，0.0780 美元、0.1051 美元和 0.103 美元的 GDP，各 1 亿美元总投入对应能拉动 0.0624 万人、0.0902 万人和 0.0826 万人的国内就业。[⑤] 此外，基础设施互联互通还可以加快中国参与全球生产网络，提升我国在全球价值链分工中的地位和作用，[⑥] 进而更好地促进中国经济发展的国际化和全球化。

二 基础设施互联互通对区域合作的影响研究

基础设施互联互通对区域合作至关重要。两国之间的贸易合作发展水平在很大程度上受交通成本的影响，区域经济的均衡性取决于交通基础设

---

① L. Nuno, A. J. Venables, "Infrastructure, Geographical Disadvantage, Transport Costs, and Trade," *World Bank Economic Review*, (2001): 451–479; J. Wang, M. B. Charles, "Application of the Input-Output Model to the Analysis of Socio-Economic Impacts by Different Transport Infrastructure Investment in Australia," R*evista Colombiana de Cirugía*, 21 (2010): 180–189.

② 陶章、乔森：《"一带一路"国际贸易的影响因素研究——基于贸易协定与物流绩效的实证检验》，《社会科学》2020 年第 1 期。

③ 张中元：《基础设施互联互通对出口经济体参与全球价值链的影响》，《经济理论与经济管理》2019 年第 10 期。

④ 林毅夫：《用新结构经济学看未来全球和中国的经济增长》，《新金融评论》2012 年第 2 期。

⑤ 王继源、陈璋、龙少波：《"一带一路"基础设施投资对我国经济拉动作用的实证分析——基于多部门投入产出视角》，《江西财经大学学报》2016 年第 2 期。

⑥ 郝晓、王林彬、孙慧、赵景瑞：《基础设施如何影响全球价值链分工地位——以"一带一路"沿线国家为例》，《国际经贸探索》2021 年第 4 期。

施的规模和效率。基础设施互联互通搭建了国与国之间的便捷"桥梁"，能够促进区域内经济活动的进一步增强。[1] 基础设施互联互通对推进区域贸易合作的影响尤为突出，国际贸易量取决于交通成本的高低，交通运输条件好的国家能获取高份额的国际贸易流量，从而更能促进区域经济的均衡发展。[2] 具体到"一带一路"沿线国家和地区，基础设施互联互通是深化中国与"21 世纪海上丝绸之路"沿线国家和地区之间关系，推进双方合作的基础和前提。[3] 研究表明，它能够明显降低边界的屏蔽效应[4]和区域间贸易成本[5]等，切实对区域间的进出口贸易、GDP 增长、贸易结构、社会福利等产生积极的正向促进作用。[6]

三　基础设施互联互通建设对策研究

基础设施互联互通对于"一带一路"沿线国家和地区持续稳定的发展至关重要，其积极促进作用也被大多数学者认同和验证，因此如何科学地推进基础设施互联互通建设便成为学者们关注和考虑的重点话题。学者们从不同的角度贡献了自己的智慧，提出了对策建议，主要体现在以下几个方面：一是收益分配与风险控制方面。基础设施互联互通建设在强化彼此产业对接时，还需要注意投资项目的收益问题和融资风险。[7] 崔琦等强调，

---

[1]　斯蒂芬·格罗夫：《区域基础设施互联互通对亚洲的意义》，杨意译，《博鳌观察》2013 年第 4 期。

[2]　M. W. Woolrich, T. Behrens, C. F. Beckmann, M. Jenkinson, S. M. Smith, "Multilevel Linear Modelling for Fmri Group Analysis Using Bayesian Inference," *NeuroImage*, 21（2004）: 1732–1747.

[3]　马嫋：《中国和东盟互联互通的意义、成就及前景——纪念中国—东盟建立对话关系 20 周年》，《国际展望》2011 年第 2 期。

[4]　梁双陆、张梅：《基础设施互联互通对我国与周边国家贸易边界效应的影响》，《亚太经济》2016 年第 1 期。

[5]　沈铭辉：《"一带一路"、贸易成本与新型国际发展合作——构建区域经济发展条件的视角》，《外交评论（外交学院学报）》2019 年第 2 期。

[6]　许娇、陈坤铭、杨书菲、林昱君：《"一带一路"交通基础设施建设的国际经贸效应》，《亚太经济》2016 年第 3 期；许培源、姚尧：《"一带一路"交通基础设施联通的经济效应》，《东南学术》2021 年第 2 期；张鹏飞：《基础设施建设对"一带一路"亚洲国家双边贸易影响研究：基于引力模型扩展的分析》，《世界经济研究》2018 年第 6 期。

[7]　郭宏宇、竺彩华：《中国—东盟基础设施互联互通建设面临的问题与对策》，《国际经济合作》2014 年第 8 期；于津平、顾威：《"一带一路"建设的利益、风险与策略》，《南开学报（哲学社会科学版）》2016 年第 1 期。

基础设施建设融资及其份额在国家间的分配是中国与东盟国家交通设施互联互通建设的关键，应当充分考虑各国的潜在收益、经济发展水平、融资能力，利用多边合作谈判机制，公平分摊交通基础设施建设所需要的投资，并对经济发展落后、经济收益较小的国家适当提供优惠条件。① 二是空间布局和投资运营方面。推进基础设施互联互通建设，一方面要充分考虑"海丝"沿线国家的物流绩效指数、相关法律标准等因素，从注意整体出发，强化合理布局，避免空间非均衡问题，以更好地促进生产要素的自由流动；② 另一方面要厘清政府与市场的边界，创新投资运营模式。③ 三是分工与机制方面。在基础设施互联互通项目建设过程中，要加强政府机构之间的政治协商和安全合作，继续完善互联互通的相关规划和一揽子解决方案，积极消除贸易距离和边境分割等制约互联互通、屏蔽贸易效应的影响因素。④

第二节 "海丝"沿线国家基础设施互联互通建设的现状与"海丝"建设对基础设施互联互通的新要求

一 "海丝"沿线国家基础设施互联互通建设现状分析

基础设施是用于保障国家或地区社会生产及居民生活的公共服务系统，是经济社会赖以发展的基本物质条件，落后的基础设施会严重阻碍社会经济的发展和人民生活水平的提高。目前，"海丝"沿线国家和地区发展不平衡现象严重，根据世界经济论坛与全球贸易便利化联盟（Global

---

① 崔琦、杨波、魏玮：《中国与东盟国家交通基础设施互联互通的经贸影响——基于 GTAP 模型的研究》，《技术经济与管理研究》2020 年第 10 期。
② 吕承超、徐倩：《新丝绸之路经济带交通基础设施空间非均衡及互联互通政策研究》，《上海财经大学学报》2015 年第 2 期。
③ 李慧莲：《"一带一路"基础设施互联互通需解决三大问题》，《中国经济时报》2016 年 6 月 23 日，第 2 版。
④ 陈敏、陈淑梅：《"一带一路"倡议下互联互通对中国潜在贸易效应研究》，《现代经济探讨》2019 年第 12 期；尹响、胡旭：《中巴经济走廊基础设施互联互通项目建设成效、挑战与对策》，《南亚研究季刊》2019 年第 3 期。

Alliance for Trade Facilitation）发布的《2016 年全球贸易促进报告》，在交通基础设施（公路、铁路、航空、港口）方面，沿线国家除东南亚部分国家如新加坡、马来西亚，以及意大利、土耳其等外，多数国家的交通基础设施水平低于世界平均水平，其中柬埔寨、菲律宾、老挝、也门等国家属于交通基础设施严重落后地区（见表 8-1）。

表 8-1　"21 世纪海上丝绸之路"沿线国家交通基础设施可用性和质量排名

国家	排名	得分	国家	排名	得分
新加坡	3	6.28	越南	66	3.58
中国	12	5.58	巴基斯坦	70	3.49
马来西亚	17	5.02	肯尼亚	77	3.33
意大利	22	4.79	柬埔寨	113	2.57
土耳其	27	4.54	菲律宾	116	2.55
印度	28	4.53	老挝	125	2.41
沙特	31	4.5	也门	134	2.12
泰国	35	4.17	缅甸	…	…
斯里兰卡	45	3.91	文莱	…	…
埃及	56	3.73	孟加拉国	…	…
印度尼西亚	64	3.59	索马里	…	…
G7 国家均值		5.93			
世界平均水平		>4			

注：采用 7 分制，1 为最差，7 为最优，（…）代表缺省。
资料来源：世界经济论坛与全球贸易便利化联盟发布的《2016 年全球贸易促进报告》。

随着中国逐渐成为世界第一大贸易国、世界第一大能源需求国，中国与有关国家之间的互联互通便越发重要，直接影响中国经济发展和国际贸易的效率。为实现贸易畅通及能源安全，中国先后推动和参与了多个与周边国家在基础设施建设上的合作项目，建立了众多互联互通合作平台，如 APEC 互联互通、东盟互联互通、泛亚铁路网、泛亚能源网、大湄公河次区域互联互通、孟中印缅走廊、中巴经济走廊等，这些互联互通合作平台为中国与"海丝"沿线国家基础设施互联互通建设打下了一定的基础。表 8-2 是"海丝"沿线部分国家在设施联通中合作度的基础数据得分表，反映了"海丝"沿线国家在交通基础设施、通信基础设施、能源基础设施三个方面的建设情况。

表 8-2 "21 世纪海上丝绸之路"国别合作度基础数据得分

国别		泰国	越南	马来西亚	新加坡	老挝	缅甸	印度	叙利亚	菲律宾	柬埔寨	印尼	孟加拉国	斯里兰卡	也门	沙特	埃及
设施联通 交通设施	航空联通度	2.00	2.0	2.0	2.0	1.6	1.6	1.6	0.0	2.0	1.6	2.0	1.2	1.2	0.0	0.8	1.2
	公路联通度	0.00	2.0	0.0	0.0	2.0	2.0	0.0	0.0	0.0	0.0	0.0	0.0	0.0	0.0	0.0	0.0
	铁路联通度	0.00	2.0	0.0	0.0	0.0	0.0	0.0	0.0	0.0	0.0	0.0	0.0	0.0	0.0	0.0	0.0
	海路联通度	1.34	0.9	1.6	1.2	1.9	0.8	1.9	2.0	1.3	1.7	1.9	1.9	2	2	1.9	1.9
通信设施	电话线覆盖率	0.35	0.3	0.6	1.5	0.6	0.04	0.09	0.68	0.13	0.1	0.43	0.03	0.52	0.19	0.51	0.31
	互联网普及率	0.76	1.1	1.5	1.8	0.31	0.05	0.39	0.61	0.87	0.2	0.37	0.21	0.56	0.49	1.4	0.7
	跨境通信设施建设	0.00	2.0	2.0	2.0	2.0	2.0	2.0	0.0	2.0	0.0	2.0	0.0	0.0	0.0	0.0	0.0
能源设施	跨境输电线路建设	0.00	3.0	0.0	0.0	3.0	3.0	0.0	0.0	0.0	0.0	0.0	0.0	0.0	0.0	0.0	0.0
	跨境油气管道建设	0.00		0.0	0.0		3.0	0.0	0.0	0.0	0.0	0.0	0.0	0.0	0.0	0.0	0.0

注：除能源设施两个子项权重为 3 外，其余 7 个子项权重均为 2。

资料来源：国家信息中心、"一带一路"大数据中心《"一带一路"大数据报告 2018》，商务印书馆，2018。

从表 8-2 中可以看出，目前通过公路、铁路、港口、跨境油气管道、跨境光缆、跨境输电线等建设，中国虽然与"海丝"沿线国家的基础设施互联互通架构已经基本形成，但整体联通水平比较低下，而且不够均衡，需要在未来加强与得分较低国家的联通建设，并从整体上提高联通水平。

二 "海丝"沿线国家基础设施互联互通建设存在的问题分析

（一）成员间差异巨大，地缘政治复杂

亚洲开发银行副行长格罗夫曾经说过，"亚洲要实现互联互通与基础设施融资，绝不仅仅是融资的问题，更重要的问题在于政治阻力"[1]。"21世纪海上丝绸之路"经过东亚、南亚、中东、北非、欧洲，沿线国家具有重要的地理位置和战略价值，但有些地区地缘关系复杂，存在政局不稳、军事冲突地带。南亚的印度和巴基斯坦紧张的邻国关系、中东地区的宗教冲突、北非的内战都时刻影响着地缘政治关系，一旦失去平衡，就可能一夜之间推翻所有的建设成果。这种复杂的地缘关系，隐含着人们对安全、主权利益和经济主导权等方面的担忧，会减少投资、贸易及其他交流活动，直接影响设施联通的愿望和需求，甚至对现有的基础设施建设产生破坏作用。在缺乏政治互信的区域，互联互通谈判异常艰难，需要不同国家利益主体在谈判协调过程中做出让步。

（二）基础条件薄弱

亚洲开发银行估计亚洲基础设施建设的供需缺口达 8000 亿美元，其中，"21 世纪海上丝绸之路"沿线的基础设施建设每年就需要上千亿美元的投入。无论是从交通、水电等物质硬件来看，还是从规制建设和人力资源等软件来看，"海丝"沿线大多数国家推进互联互通建设的基础条件普遍薄弱，特别是"21 世纪海上丝绸之路"非洲段，当地的基础设施基本属于世界最落后的水平。这种薄弱的基础设施条件进一步增加了互联互通建设的困难：一是资金缺口大。尽管已经设立丝路基金、亚投行等建设融资平

---

[1] 《亚洲开发银行副行长：亚洲互联互通与基础设施融资面临政治阻力》，一财网，https://www.yicai.com/news/2280269.html。

台，但是这些平台发展较晚，现阶段还是无法满足这种强大的资金需求。二是项目选择难。落后的基础条件使沿线国家都想搭上"海丝"建设的便车，使项目申请远超现有建设资金的承受能力，必须选择重点项目进行建设，项目评估不得不考虑每个国家落后的实际情况，但对于很多国家来说，每一个项目可能都是影响经济发展的重点项目，从而造成重点项目选择困难。

（三）超国家的协调和保障机制缺失

"21 世纪海上丝绸之路"作为旨在促进国际合作的倡议，既需要各国政府营造优良的投融资环境、健全运营规范与标准、完善市场规则，也需要各国政府加强标准、运行、监管等方面的合作，形成相对统一、互动协同的管理协调机制或管理体系。而现实情况是，沿线各国、各地区经济发展水平、经济活动布局、人口地理分布密度等方面都存在较大差异，导致其基础设施建设的侧重点也有所不同，在基础设施方面的技术规范、口岸管理、运输标准等差别较大，不同程度地阻碍了贸易便利化水平的提高。互联互通建设迫切需要借鉴全球基础设施领域区域合作的最佳实践及有益经验，加强沿线国家之间的合作，建立超国家的协调和保障机制，从宏观方面对整个基础设施互联互通建设进行布局，并进一步厘清政府与市场边界，在软硬性基础设施建设等方面更好地发挥各国政府的作用，进而探索和构建符合国际通行规则，能确保各方利益共赢的基础设施建设和运营的规则或协调机制。

三 基础设施互联互通对"21 世纪海上丝绸之路"建设的重要意义

国际经验证明，建设互联互通的国际大通道不仅对区域重大战略的实施有重要作用，而且对相关国家和地区的社会经济发展也会产生巨大的影响。历史上，欧洲高速公路网、铁路网等的修建促成了欧盟经济的紧密联系，北美国际大通道的修建促成了北美自由贸易区的形成，泛美交通网的构建把南美洲和北美洲连为一体，促进了美洲市场的繁荣。[1] 作为"一带一路"倡议的重要内容，《推动共建丝绸之路经济带和 21 世纪海上丝绸之

---

① 陈利君：《加快西南互联互通建设助推"一带一路"发展》，社会科学文献出版社，2015。

路的愿景与行动》明确指出，基础设施互联互通是"一带一路"建设的优先领域。中国与沿线国家实现基础设施互联互通对"21 世纪海上丝绸之路"建设具有重要意义。

（一）为"海丝"倡议的顺利实施提供基础条件

基础设施互联互通被视为"一带一路"倡议的最佳切入点和重要推动力，"一带一路"倡议的重要目的之一就是推动彼此间的贸易往来，做到物畅其流，而要做到物畅其流，首先要做到基础设施的互联互通。基础设施互联互通被认为是构建"21 世纪海上丝绸之路"的基本前提，[1] 但大多数国家和地区推进互联互通建设的基础条件还普遍较弱。在交通基础设施方面，沿线很多骨干通道存在缺失路段，虽然中国与一些国家有铁路相连，但路况存在级别低、路况差、安全隐患多的问题。而且不少国家之间的铁路技术标准不统一，存在运输周转环节多、时间长、效率低的情况，这不仅增加了贸易难度，也增加了贸易成本。此外，"海丝"沿线主要国家既有的物流绩效指数差异巨大，导致沿线国家和地区之间的"跨边界"供应链的质量水平存在较大差异，进而导致彼此之间贸易和流通水平的不均衡，这种不均衡阻碍了国家间资源的优势互补和共同发展。基础设施互联互通能够有效改善沿线国家的交通运输格局，为贸易往来打下坚实的流通基础，从而保证"海丝"建设的顺利实施。

（二）助力中国与沿线国家的共同发展

中国与南亚许多国家的交通网络，普遍存在技术标准低、运力小、便利化程度低等问题，这导致中国与南亚各国的交往只能舍近求远从东部沿海港口绕道马六甲海峡进行，严重阻碍了中国与南亚国家的贸易往来和经济交流。基础设施便利化对经济发展具有显著的促进作用。世界经济论坛估计，如果全球供应链壁垒的削减能够达到最佳实践水平的一半，全球 GDP 预计将增长 4.7%，贸易量将增加 14.5%，相比之下，全面取消关税只能使全球 GDP 增长 0.7%，世界贸易量增加 10.1%，远不如供应链壁垒的削减所带来的福利收益。[2] 在区

① 王金波：《21 世纪海上丝绸之路与区域基础设施互联互通》，社会科学文献出版社，2015。

② 《世行报告：全球 GDP 可增长 4.7%》，https：//www.yicai.com/news/2449873.html。

域贸易方面，以泛亚铁路为例，投入使用的泛亚铁路，从昆明出发至越南海防港入太平洋，比昆明出发至广西防城港出太平洋运输距离缩短了 370公里，物流成本每吨节约近 80 元，[①] 显著地缩短了中国与东盟国家的运输距离，极大地节省了运输成本，极大地促进了贸易热情，从而推动双边经济发展。在"21 世纪海上丝绸之路"建设的背景下，加快中国与周边国家的交通连接，促进互联互通，不仅可以大大缩短我国与周边国家合作的运输距离，降低物流成本，更重要的是互联互通促进了生产要素的流动和优化组合，加快人流、物流、资金流、信息流的整合与融通，能够更好地刺激沿线国家和地区的经济发展和社会进步。因此，"21 世纪海上丝绸之路"建设将会对亚太区域生产网络的完善和重构、地区统一市场的构建、贸易和生产要素的优化配置起到积极的促进作用，也为沿线国家和地区加强海上合作、寻找新的经济增长点、提升经济发展质量提供了新的历史机遇。

四 "21 世纪海上丝绸之路"建设对基础设施互联互通的新要求

习近平同志指出，如果将"一带一路"比喻为亚洲腾飞的两只翅膀，那么互联互通就是两只翅膀的血脉经络。[②] 只有强劲的血脉经络才能为翅膀扇动提供充足和强大的动力。目前，无论南亚、东南亚等人口稠密地区的互联互通，还是中亚、西亚、北非等基础设施较不发达、地形地貌复杂地区的互联互通，都会极大地促进要素资源的境内和跨境流动，促进包括重要矿产资源、能源、特色农产品等优势的发挥，为相关市场的开拓提供更多重要通道。"21 世纪海上丝绸之路"建设虽然为各国优势要素资源提供了更大的流动平台，但也对区域基础设施互联互通提出了更高的要求，为保障"21 世纪海上丝绸之路"建设的顺利进行，完成好自己"先行官"的重要任务，基础设施互联互通需要进一步提高以下几个方面的建设。

（一）进一步提高互联互通范围，解决好"联"的问题

毫无疑问，互联互通中"联"是基础，如果没有了"联"，"通"就

---

① 翁玮：《泛亚铁路建设与人民币区域化发展路径》，《学术探索》2016 年第 7 期。
② 《习近平谈治国理政》第二卷，外文出版社，2017，第 497 页。

无从说起。从现状分析部分可知，现阶段中国与"海丝"沿线国家基础设施互联互通的架构虽然已经基本形成，但整体联通水平相对低下，并且出现了一定程度的联通不均衡现象，在很大程度上限制了整个沿线的流通效率。以沿线非洲段为例，中国与非洲的贸易往来日益密切，2016 年，中国与非洲进出口总额为 1491.2 亿美元，其中，对非洲出口 922.2 亿美元，自非洲进口 569.0 亿美元。① 中国从非洲进口的产品主要为矿产等原材料产品，受运输条件的影响很大。目前多数非洲国家的基础设施建设水平低下，中国援建的亚吉铁路（亚的斯亚贝巴—吉布提）是非洲第一条电气化铁路，肯尼亚在蒙内（蒙巴萨—内罗毕）铁路建成之前，每年的铁路货物运输能力仅为百万吨级，严重制约了中非的经济往来。"21 世纪海上丝绸之路"旨在推动、拓宽沿线国家对外开放的合作格局、建立跨境经济合作、促进贸易往来，因此建立更加广泛、更加高效的联通网络是基础设施互联互通建设中必须解决的问题。

（二）加速"标准"统一，推进联通便利化，解决好"通"的问题

目前，中国与沿线国家及沿线各国之间缺少相应的联通便利化协定，各国之间标准各异，包括建设标准、服务标准等均缺少对接，使国家间的联通通道存在诸多壁垒和障碍，造成虽联通却不高效的尴尬现象，严重影响了货物运输周转的便利化程度。具体体现在以下几个方面：一是运输组装形式不同造成中途换节换装能力差，进而导致过境货物经常积压和车辆被占用。二是建设和管理标准不统一，增加了多余成本。在铁路建设标准方面，印度、巴基斯坦、孟加拉国及斯里兰卡的铁路轨距采用 1676 毫米的宽轨，东南亚部分国家如越南、柬埔寨、老挝、泰国、缅甸及马来西亚则以米轨（1000 毫米）铁路为主，而我国使用国际标准 1435 毫米轨距，这就造成了即使铁路线路可以连接上，但仍然无法实现运输线路的畅通，货物必须经过装卸换乘才能到达目的地；在公路出行标准方面，沿线各国不仅对汽车进出限制多，且对车辆技术标准、规格、等级、行驶及责任险的

---

① 《2016 中国与非洲各国贸易数据及相关排名》，中国与非洲网，http：//www.chinafrica.cn/chinese/focus/201704/t20170411_800093191.html。

认可等都不统一，车辆出现意外时很难进行有效沟通；在通关手续方面，各国在通道上都设有不少关卡，海关监管、检验检疫不统一，相关通关政策不透明，手续复杂烦琐；在运输路线经营管理方面，通道各段运输线经营主体不同，缺乏有效的协调机制，导致出现货物多次停留、多次检验的现象。因此，进一步推动互联互通中"标准"的统一，完善相关服务设施和服务标准建设，是基础设施互联互通建设中必须关注的重点之一。

（三）加强能力建设合作，更好解决"畅"的问题

由于"海丝"建设跨域亚、非、欧三洲，沿线国家发展程度差别很大，国情、文化繁杂多样，如何保证彼此间互联互通的基础设施能够持续高效地发挥作用，也是需要密切关注的问题。对于基础设施来说，建成之后不仅需要大量的人员来进行管理、运营、养护，而且对相关联通政策的沟通、执行也需要大量人员去落实和提供服务，如果没有充足的专业人员，很难发挥基础设施应有的价值。例如，中国援助沿线国家建设的铁路，往往需要中国相关公司为他们提供对建设工人、列车服务人员、火车司机、道路和列车维护人员、车站管理人员等人员的培训服务，不然中国公司撤走之后，这条铁路可能会因为得不到专业的维护而不断降速，最后失去它的速度优势。目前，中国乃至全球正在推动无纸化、一体化通关服务，对软硬件都提出了很高的要求，需要大量的专业从业人员。对沿线许多国家来说，硬件可以通过适当的投资实现快速更新，但专业人员的培训工作是一个漫长的过程。因此，必须大力推动沿线国家人力资源能力建设合作，共同培养更多相关领域专业人才。

第三节　海外华商对"海丝"建设中中国与沿线国家基础设施互联互通的作用分析

基础设施互联互通建设作为涉及民生的大工程，影响大、涉及面广，需要大量的资源投入，然而沿线多数国家受限于自身的经济实力和技术水平，并不能独立完成相关项目建设，非常需要国外资金和技术的帮助。作为"21 世纪海上丝绸之路"的倡导国，中国改革开放以来的基建成就有目

共睹，建设能力和技术水平得到世界认可。长期以来，中国对帮助沿线国家进行基础设施建设一直持积极的态度，致力于与沿线国家实现共同发展。目前，沿线国家的大型基础设施建设项目很多都是由中国公司承建，虽然取得了不错的成绩，但也面临诸多问题。多年的对外基础设施投资实践证明，不同的国家有自己特殊的国情现状。例如，在某国的投资项目，中央政府与地方政府、政府与民间都可能存在严重利益冲突，代表中央意志的工程可能因为遭到地方利益集团的反对而夭折。"21 世纪海上丝绸之路"互联互通建设更为复杂，涉及众多跨国项目，很多国家对与中国的互联互通建设既有期待，又迟疑不决。一方面，作为世界最大的贸易国，中国是沿线很多国家的主要贸易伙伴，是拉动区域经济增长的重要引擎，中国倡导的互联互通建设为沿线国家的经济和社会发展提供了巨大助推力，沿线国家普遍希望搭乘中国经济发展的顺风车，借助与中国建设互联互通之机改善其国内落后的基础设施，扩大与中国的贸易往来，促进自身经济发展。另一方面，相比中国，沿线国家经济规模较小，加之一些历史遗留问题和现实利益的纷争，对中国提出互联互通的初衷心存疑虑，并且一些区域外大国一直鼓吹"中国威胁论"，严重影响了中国与沿线国家的战略互信关系。中国与沿线国家基础设施互联互通建设迫切需要建立互信机制，增加沟通、增进了解，从而更好地推进互联互通项目的合作。

另外，"海丝"沿线国家基础设施建设的投资缺口巨大，导致许多互联互通项目被迫搁浅，严重阻碍了互联互通建设的顺利进行。尽管许多沿线国家已经展开合作，但仍然无法满足市场的投资需求，迫切需要更多的民间资本参与基础设施建设。拥有雄厚资源的海外华商作为连接中国与住在国的桥梁，一方面能够发挥自身强大的经济实力，为项目建设提供投资、融资等财力和物力资源，保障项目建设的顺利进行；另一方面还可以利用自身在住在国的声望、关系网络等资源，为各相关利益方建立沟通平台，建立良好的合作环境，促成互信合作。具体如图 8-1 所示。

一　市场驱动机制下海外华商对中国与沿线国家基础设施互联互通建设的影响分析

抓住双赢契机，撬动互联互通投资。面对巨大的资金缺口，亚投行、

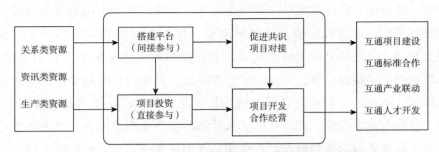

图 8-1　海外华商对"海丝"建设中基础设施互联互通的影响分析

丝路基金等官方金融机构，正在积极推动金融创新和模式创新。当前，基础设施建设项目开始不断尝试采用 BOT（建设—经营—转让）、PPP（政府和社会资本合作）、股权收购等新合作模式，通过增加基础设施互联互通项目的直接收益率和间接收益率，发挥市场在资源配置中的决定性作用，为吸引私营资本进入基础设施建设领域提供新的途径。这些创新对拥有雄厚资本的海外华商来说是重要的投资和发展机会，为各方提供了双赢契机。以华侨银行为代表的侨办银行，资金力量雄厚，本身就在当地经济发展中扮演重要角色，同时也更加了解当地投融资环境和规则。之前，对于大型的基础设施建设项目，这些金融机构往往会因为成本、风险等因素而放弃为它们提供融资，现在通过与丝路基金、亚投行等进行合作，不仅可以利用这些政府间金融机构的公信力降低投资风险，也可以借助丝路基金、亚投行的国际化投融资渠道和能力走向更广阔的国际市场。海外华商的参与不仅可以直接缓解基础设施互联互通项目建设的投融资压力，而且也对推动 PPP 合作模式具有重要的作用，能够带动更多社会资本的进入。

同时，海外华商能够提升中国企业的国际化管理水平。中国投资建设的许多国外基建项目，如港口、铁路等，往往需要中国企业进行多年的经营管理，方能获得收益和回报，而能否有效地进行经营管理便成为其中的关键。经营期间，中国企业需要雇用大量的当地员工，相比具有多年经营管理经验的当地华商，中国企业缺乏对当地文化环境、生活水平和风土人情的了解，对当地员工的管理显得力不从心，一旦管理不善，不仅对项目的运营管理产生影响，甚至会引发一些冲突和矛盾。海外华商可以利用自身资源优势与中国企业强强联合，参与项目开发，共同经营，帮助中国企业在当地选人、用人，处理中国企业与当地民众、企业界、政府的关系，从而降低项目风险，推动项目健康、稳定、快速地发展。

二　政府驱动机制下海外华商对中国与沿线国家基础设施互联互通建设的影响分析

牵线搭桥，强化合作信任，提高互联互通建设效率。在"海丝"沿线国家基础设施互联互通建设中，不管是从祖籍国发展的角度，还是从住在国发展的角度、海外华商自身发展的角度，海外华商都有足够的动力和实力投入更多力量参与其中。政府间良好的互信水平是保障合作顺利进行的基础，是推动基础设施互联互通的前提，如果没有中国和巴基斯坦"全天候战略伙伴关系"的互信水平，基于瓜达尔港的重要战略位置，中国对它的开发和运营将会遇到诸多困难。由于一些历史遗留问题和外部势力的影响，中国与沿线一些国家的政府间互信水平需要进一步提高。海外华商经过多年发展，为祖籍国和住在国的社会经济发展都作出了重要贡献，已经具备了一定的社会地位和经济实力，能够在政府间的沟通合作中发挥至关重要的作用。首先，海外华商可以利用自身的关系类资源，为中国企业投资"海丝"沿线国家基础设施项目建立各种正式和非正式的交流沟通机制，降低信任成本，提高谈判效率，增强合作互信，提供项目的中标率。其次，海外华商可以利用自身的资讯类资源，帮助中国企业在招投标当中避免一些法律陷阱，降低文化障碍或差异对项目投资所带来的影响。最后，海外华商还可以利用自身的生产类资源，如参与投资、经营管理、承包部分工程等方式，一方面通过自身投入为双方项目合作进行背书，加快项目谈判合作进程，还能破解项目建设资金紧缺的燃眉之急，另一方面通过参与经营管理的方式还可以降低项目在住在国的运营成本和风险，确保项目顺利实施。

三　民间交流机制下海外华商对中国与沿线国家基础设施互联互通建设的影响分析

宣传互联互通优势，凝聚合作共识。"国之交在于民相亲"，民心通，则经济合作事半功倍，通过民间驱动机制，海外华商也能够通过三类资源推进中国与"海丝"沿线国家的基础设施互联互通建设。首先，海外华商熟悉中国文化又了解住在国的社会背景，能够在推动中国和住在国之间互信方面发挥重要作用，帮助住在国民众认识到互联互通建设不是西方鼓吹的所谓的"新殖民入侵"，而是以平等互惠为原则，对增进住在国经济发展和社会福利大有裨益。其次，海外华商利用自身经营的媒体及参加的社团协会，开展各类民间交流活动，丰富宣传载体和形式，以住在国居民习惯的方式传播互联互通建设的客观动态，让更多住在国居民可以真实地获取一手资讯，增进对两国互联互通合作项目的了解和认识。海外华商社团活动已由传统的联谊、互助转向商贸、科技教育和文化等领域，规模不断发展壮大，逐渐融入并成为当地主流社会，下属的各类协会和社团对当地民心舆论具有很大的影响力，通过各种报刊、影视媒体对"海丝"基础设施建设的宣传推广，帮助当地民众了解"海丝"的作用和优势。最后，海外华商引导住在国的各类民间社团与中国的民间社团合作，在两国之间举办各种文化交流活动，增进住在国居民对互联互通设施建设的理解，凝聚共识，为互联互通项目的投资合作和顺利实施打好基础。

第九章　海外华商对 21 世纪海上丝绸之路建设的影响：海洋经济合作视角

在全球经济快速发展的背景下，陆地资源、能源和空间的局限性不断被放大，许多沿海国家开始将战略视野转向资源丰富的海洋，通过制定与调整发展海洋的战略与政策，促进海洋经济的持续发展。目前，中国经济对海洋资源、空间的依赖程度大幅提高，已发展成为高度依赖海洋的外向型经济。据统计，中国对外贸易运输量的 90% 是通过海上运输完成的。[①] 党的十八大报告提出，要"提高海洋资源开发能力，发展海洋经济，保护海洋生态环境，坚决维护国家海洋权益，建设海洋强国"[②]。海洋经济是中国经济发展的重要组成部分，海洋经济发达是海洋强国的一个显著特征。随着中国沿海地区的深入开发与对外开放，海洋经济对中国经济发展的贡献程度和战略重要性不断提高，并成为推动中国经济持续稳定发展的新增长点。2013 年 10 月，中国国家主席习近平在出访印度尼西亚时，提出中国愿同东盟国家加强海上合作，共同建设 21 世纪"海上丝绸之路"。[③] 中国国家海洋局局长王宏在

[①] 《目前中国对外贸易运输量的 90% 通过海上运输完成》，中国政府网，http://www.gov.cn/jrzg/2013-11/08/content_2524368.htm。

[②] 《十八大以来重要文献选编》（上），中央文献出版社，2014，第 31 页。

[③] 参见《习近平谈治国理政》，外文出版社，2014，第 293 页。

2015 厦门国际海洋论坛暨第五届发展中国家海洋可持续发展部长级论坛中指出，海洋合作已成为"21 世纪海上丝绸之路"建设的重要合作领域。① 随着"21 世纪海上丝绸之路"建设的逐步推进，"海丝"沿线国家海洋经济的合作与开发也将被赋予新的内涵，并面临着前所未有的发展机遇。

第一节　海洋经济研究现状

20 世纪 60 年代以来，随着地球陆地资源的日益减少、生态环境的恶化以及海洋科学技术的进步，人类开始进入海洋领域，探索海洋资源的经济价值，"海洋经济"一词开始慢慢被提及。20 世纪 70 年代初，国外学者开始从经济角度研究海洋问题，而在国内，"海洋经济"这一概念最早于 1978 年由著名经济学家于光远正式提出。随着海洋经济的持续发展及其战略地位的不断提升，有关海洋经济的研究也受到持续的关注与重视，研究内容越来越丰富，研究角度也更具多元化，国内外学者对于海洋经济的研究正不断扩展和深化，归纳起来，大致可分为以下四类：海洋经济的概念与特征研究、海洋经济的问题与策略研究、海洋经济的发展评价研究、海洋经济的国际合作研究。

一　海洋经济的概念与特征研究

"海洋经济"这一概念是相对"陆域经济"而言的，是以海洋为发展载体而产生的各类经济活动。② 许多学者从自身专业背景、研究思路及实践经验入手，从不同的角度对海洋经济进行了定义，但是从概念内涵来看，大多数学者阐述的内容相差不多，将海洋经济定义为基于海洋资源开发、利用和保护而形成的各类海洋产业及相关经济活动的总称。③ 在国务

---

① 《海洋局：海洋合作是"21 世纪海上丝绸之路"建设重要领域》，中国新闻网，https://www.chinanews.com/gn/2015/11-06/7610213.shtml。

② 狄乾斌、韩增林、孙迎：《海洋经济可持续发展能力评价及其在辽宁省的应用》，《资源科学》2009 年第 2 期。

③ 杨金森：《发展海洋经济必须实行统筹兼顾的方针》，载张海峰主编《中国海洋经济研究》，海洋出版社，1982；徐质斌：《海洋经济与海洋经济科学》，《海洋科学》1995 年第 2 期；徐杏：《海洋经济理论的发展与我国的对策》，《海洋开发与管理》2002 年第 2 期。

院 2003 年出台的《全国海洋经济发展规划纲要》和国家海洋局 2006 年制定的《海洋及相关产业分类》也采用了类似的定义。根据经济活动与海洋的关联程度，海洋经济可进一步分为狭义海洋经济、广义海洋经济和泛义海洋经济三种。[①] 从狭义概念到广义概念，再到泛义概念，海洋经济所包含的产业空间和范围都在不断拓宽。由于海洋对于不同区域的连通性和海水水体的流动性，海洋经济具有整体性、综合性、公共性、高技术性和跨区域性等特征。[②]

二　海洋经济的问题与策略研究

海洋经济的蓬勃发展引起了众多学者的关注，而发展当中存在的各种问题和挑战也成为学者们研究的主题，大致可分为四类：一是针对我国特定区域的海洋经济问题及策略研究。例如，潘凤钗、姜宝珍对温州市海洋经济的发展现状、存在问题和对策进行了研究；[③] 张效莉等基于长三角地区两省一市海洋经济发展现状的全面剖析，提出了该区域海洋经济统筹协调发展的对策建议；[④] 向晓梅等探讨了广东省建设海洋经济强省的发展战略；[⑤] 陈茵等基于"一带一路"背景，研究了青岛市海洋经济的发展之路；[⑥] 高田义等研究了青岛市海洋经济发展存在的问题，从提升青岛海洋经济科技创新效率、推动产业结构转型升级等方面提出了相关对策建议；[⑦] 杨黎静等对粤港澳大湾区海洋经济合作的主要特征、面临的问题、总

① 陈可文：《中国海洋经济学》，海洋出版社，2003。
② 任女：《两岸经济合作视角下北部湾经济区海洋经济发展研究》，硕士学位论文，广西师范大学，2013。
③ 潘凤钗、姜宝珍：《基于体制机制创新视角的区域海洋经济发展对策研究——以温州市为例》，《浙江农业学报》2013 年第 6 期。
④ 张效莉、周剑、宗传宏、姜卫红、李娜：《长三角地区海洋经济协调发展问题研究》，《海洋经济》2012 年第 3 期。
⑤ 向晓梅、燕雨林、陈小红：《广东建设海洋经济强省的抓手》，《开放导报》2016 年第 4 期。
⑥ 陈茵、李玉琳、罗丽：《"一带一路"背景下海洋经济发展研究——以青岛市为例》，《青岛大学学报（自然科学版）》2016 年第 4 期。
⑦ 高田义、常飞、高斯琪：《青岛海洋经济产业结构转型升级研究——基于科技创新效率的分析与评价》，《管理评论》2018 年第 12 期。

体趋势与政策建议进行了研究。^① 二是对海洋经济产业相关问题的研究。海洋经济具有广泛的概念内涵，涉及的细分产业繁多，这些细分产业的选择、布局和结构都将影响着海洋经济的发展水平，因而也成为学者们重点关注的领域。这类研究主要通过二手数据的统计分析，实证探讨中国海洋经济的产业空间布局、产业结构演变与优化、产业集聚与产业联动、产业转型升级等问题，并提出产业结构合理化和高级化的对策建议。^② 三是对发达国家或地区的海洋经济发展经验的归纳性研究。这些研究大多针对海洋经济发展成熟的某一国家和地区（特别是美国、英国、日本、澳大利亚等发达国家）进行研究，并提出有关中国海洋经济发展的建议。^③ 四是关于海洋生态环境问题的研究。海洋经济在快速发展的同时，与资源、环境和社会的矛盾也日益凸显，在一定程度上制约了海洋经济的发展空间。海洋经济发展过程中的生态环境方面的问题也引起了学者们的关注与重视。这些研究主要聚焦于海洋经济与生态环境的协调发展^④、海洋经济发展的生态环境响应

① 杨黎静、李宁、王方方：《粤港澳大湾区海洋经济合作特征、趋势与政策建议》，《经济纵横》2021 年第 2 期。

② 杜媛媛、肖建红、张志刚：《海洋产业集群和产业关联研究——以中国三大海洋经济示范区为例》，《青岛大学学报（自然科学版）》2015 年第 4 期；高乐华、高强、史磊：《中国海洋经济空间格局及产业结构演变》，《太平洋学报》2011 年第 12 期；纪建悦、孙岚、张志亮、初建松：《环渤海地区海洋经济产业结构分析》，《山东大学学报（哲学社会科学版）》2007 年第 2 期；李山、赵璐：《中国海洋经济空间格局演化及其影响因素》，《地域研究与开发》2020 年第 4 期；盛朝迅、任继球、徐建伟：《构建完善的现代海洋产业体系的思路和对策研究》，《经济纵横》2021 年第 4 期；孙久文、高宇杰：《中国海洋经济发展研究》，《区域经济评论》2021 年第 1 期；章成、平瑛：《海洋产业结构优化与海洋经济增长研究》，《海洋开发与管理》2017 年第 3 期。

③ 林香红、周通、高健：《印度尼西亚海洋经济研究》，《海洋经济》2014 年第 5 期；孙悦琦：《韩国海洋经济发展现状、政策措施及其启示》，《亚太经济》2018 年第 1 期；吴崇伯、姚云贵：《日本海洋经济发展以及与中国的竞争合作》，《现代日本经济》2018 年第 6 期；谢子远、闫国庆：《澳大利亚发展海洋经济的经验及我国的战略选择》，《中国软科学》2011 年第 9 期；薛英杰：《阿联酋海洋经济研究》，《海洋经济》2015 年第 4 期；于璐：《香港海洋经济演化及其渔业经济》，《现代商业》2010 年第 7 期；赵锐：《美国海洋经济研究》，《海洋经济》2014 年第 2 期；邹新梅：《马来西亚海洋经济发展：国家策略与制度建构》，《东南亚研究》2020 年第 3 期。

④ 高乐华、高强、史磊：《中国海洋经济空间格局及产业结构演变》，《太平洋学报》2011 年第 12 期；刘波、龙如银、朱传耿、孙小祥：《海洋经济与生态环境协同发展水平测度》，《经济问题探索》2020 年第 12 期；徐胜、张超：《低碳视角下环渤海地区海洋经济与生态环境协调性研究》，《中国渔业经济》2013 年第 4 期。

变化及影响因素①、海洋经济的环境评价指标体系构建②等方面，肯定了海洋经济与生态环境之间的密切联系。

三　海洋经济的发展评价研究

海洋经济的发展评价是了解海洋经济发展质量的重要方式，也是完善海洋经济发展相关策略的重要手段。基于不同视角看待海洋经济发展，将呈现不一样的评价结果，因此从多个角度评价海洋经济的发展状况，能够获得更为全面的认识。因此，学者们基于不同的研究兴趣和目的开展海洋经济的发展评价研究，如伍业锋重点关注海洋经济的评价维度和具体指标的设计；③ 赵昕等、赵林等、盖美等主要聚焦海洋经济的经济效率评价；④ 苏为华等、殷克东和李兴东聚焦海洋经济发展水平的测度与统计研究；⑤ 白福臣等建立了海洋经济可持续发展综合评价模型并进行了实证研究；⑥ 鲁亚运等构建了包含 16 个评价维度、25 个指标的海洋经济高质量发展评价指标体系并对中国沿海各省市的海洋经济高质量发展综合水平进行了实证研究。⑦ 刘波等从"创新、协调、绿色、开放、共享"五大维度构建评价指标体系并对江苏省海洋经济高质量发展水平的动态演化规律进行研

① 李华、高强、丁慧媛：《中国海洋经济发展的生态环境响应变化及影响因素分析》，《统计与决策》2020 年第 20 期。

② 陈金良：《我国海洋经济的环境评价指标体系研究》，《中南财经政法大学学报》2013 年第 1 期。

③ 伍业锋：《中国海洋经济区域竞争力测度指标体系研究》，《统计研究》2014 年第 11 期。

④ 赵昕、彭勇、丁黎黎：《中国沿海地区海洋经济效率的空间格局及影响因素分析》，《云南师范大学学报（哲学社会科学版）》2016 年第 5 期；赵林、张宇硕、焦新颖、吴迪、吴殿廷：《基于 SBM 和 Malmquist 生产率指数的中国海洋经济效率评价研究》，《资源科学》2016 年第 3 期；盖美、刘丹丹、曲本亮：《中国沿海地区绿色海洋经济效率时空差异及影响因素分析》，《生态经济》2016 年第 12 期。

⑤ 苏为华、张崇辉、李伟：《中国海洋经济综合发展水平的统计测度》，《统计与信息论坛》2014 年第 10 期；殷克东、李兴东：《中国沿海地区海洋经济发展水平测度研究》，《经济管理》2010 年第 12 期。

⑥ 白福臣、赖晓红、肖灿夫：《海洋经济可持续发展综合评价模型与实证研究》，《科技管理研究》2015 年第 3 期。

⑦ 鲁亚运、原峰、李杏筠：《我国海洋经济高质量发展评价指标体系构建及应用研究——基于五大发展理念的视角》，《企业经济》2019 年第 12 期。

究。① 从这些研究可知，各个国家对于海洋经济发展的关注点开始从粗放型增长转向内涵型增长，重视海洋经济发展的绿色效率、可持续发展评价、竞争力、潜力及综合实力评价。

四　海洋经济的国际合作研究

随着全球经济一体化程度和国际分工程度的提高，各国经济相互依赖的程度不断加深，各种形式的国际经济合作不断涌现，正深刻地影响着世界经济的发展方式。海洋经济的跨区域特征，为不同国家之间的海洋经济合作提供了天然条件。海洋经济的国际合作是指不同国家或地区之间的各类组织基于共同的经济利益诉求而对海洋经济生产要素（资源、人力和科技等）进行合理配置和自由转移的各种经济协作活动。目前，海洋经济的国际合作研究主要集中在以下两个方面：一是中国与东盟国家之间的海洋经济合作研究。有学者探讨了中国与马来西亚、印度尼西亚、文莱等东盟国家之间合作的必要性、机制、重点领域及完善措施；② 有学者研究了中国海洋经济发展对东盟国家的影响及东盟国家对中国海洋经济快速发展的态度。③ 二是中国南海区域的海洋经济合作研究。有学者聚焦南海周边

①　刘波、龙如银、朱传耿、孙小祥：《海洋经济与生态环境协同发展水平测度》，《经济问题探索》2020 年第 12 期。

②　邹桂斌：《中国与马来西亚海洋渔业合作机制研究》，硕士学位论文，广东海洋大学，2010；鞠海龙：《印度尼西亚海上安全政策及其实践》，《世界经济与政治论坛》2011 年第 3 期；韩杨、杨子江、刘利：《菲律宾渔业发展趋势及其与中国渔业合作空间》，《世界农业》2014 年第 10 期；杨septen玲：《印尼海洋经济的发展及其与中国的合作》，《亚太经济》2015 年第 2 期；吴崇伯：《中国—印尼海洋经济合作的前景分析》，《人民论坛·学术前沿》2015 年第 1 期；陈秀莲：《"一带一路" 倡议下中国与东盟国家海洋经贸合作对策研究——基于空间布局的视角》，《国际经济合作》2019 年第 1 期；刘雅君：《"一带一路" 倡议对中国海洋经济发展的影响效应评估》，《改革》2021 年第 2 期。

③　N. Khalid, "The Rise of the Dragon: China's Growing Economic and Maritime Clout and the Prospects for Asean Ports," *Maritime Studies*, (2006): 18-20; J. Dosch, "Managing Security in Asean-China Relations: Liberal Peace of Hegemonic Stability," *Asian Perspective*, 31 (2007); M. Majid, "Southeast Asian View of China's ' Not So Neighbourly' Rise," *International Politics*, 51 (2014): 398-403; 肖光恩、刘锦学：《中国与 "一路" 中东盟成员国经济增长时空依赖关系研究——基于时间与空间效应的视角》，《武汉大学学报（哲学社会科学版）》2017 年第 3 期。

国家滨海旅游产业、海洋渔业的协调发展及石油能源的共同开发；① Cheng
研究了中国与东盟国家之间次区域的海洋经济合作；② 陈超、罗圣荣和黄
国华讨论了南海主权争议对于南海周边国家海洋渔业资源开发与合作的影
响。③ 这些研究成果为 "21 世纪海上丝绸之路" 建设背景下的海洋经济合
作研究提供了重要支持。

第二节 "海丝" 沿线国家海洋经济的发展现状 与"海丝" 建设对中国和沿线国家海洋经济 合作的新要求

一 "海丝" 沿线国家海洋经济的发展现状

海洋是世界各国经济资源流动的重要通道。20 世纪 50 年代以来，世
界海洋经济快速增长，各海洋产业发展迅速。20 世纪 70 年代初，世界海
洋产业总产值约 1100 亿美元，1980 年增至 3400 亿美元，1990 年达到 6700
亿美元，2001 年增至 13000 亿美元。④ 20 世纪 90 年代以来，海洋经济在沿
海国家和地区的国民经济中占有越来越重要的位置。近年来，在经济全球
化、区域一体化的背景下，全球海洋产业发展迅猛，形成了海洋交通运输
业、海洋旅游业、海洋石油和天然气业、现代海洋渔业等海洋支柱产业，
以海洋生物制药、海水利用、海洋新能源开发和海洋技术为代表的海洋新

---

① 朱坚真、高世昌：《南海区域 发展海滨旅游构建中国与东盟自由贸易区》，《海洋开发与
管理》2002 年第 4 期；王大燕：《南海区域渔业合作问题探讨》，硕士学位论文，中国海
洋大学，2010；L. Buszynski, I. Sazlan, "Maritime Claims and Energy Cooperation in the South
China Sea," *Contemporary Southeast Asia：A Journal of International and Strategic Affairs*," 29
（2007）；M. George, "Fisheries Protections in the Context of the Geo-Political Tensions in the
South China Sea," *Journal of Maritime Law and Commerce*, 43（2012）：p. 85-128.

② J. Y. S. Cheng, "China-Asean Economic Co-Operation and the Role of Provinces," *Journal of
Contemporary Asia*, 43（2013）.

③ 陈超：《南海渔业资源开发与保护国际协调机制研究》，硕士学位论文，广东海洋大学，
2013；罗圣荣、黄国华：《南海争端视域下的中越海洋合作》，《和平与发展》2017 年第
2 期。

④ 马涛、任文伟、陈家宽：《上海市发展海洋经济的战略思考》，《海洋开发与管理》2007
年第 1 期。

兴产业方兴未艾，为海洋经济的发展带来了新突破，海洋经济成为许多国家新的经济增长点，成为各个国家和地区国民经济的重要组成部分，海洋经济对世界主要沿海国家经济的拉动作用也日益凸显。据统计，目前世界贸易总值的 70% 以上来自海运，海洋和涉海经济已经占到世界经济总量的 80% 左右，全世界有 100 多个沿海国家制订并实施了海洋综合管理计划，加快了海洋综合开发，海洋已成为全球新一轮发展和竞争的主战场。

"21 世纪海上丝绸之路"是中国与世界其他地区进行经济文化交流的海上通道，主要涵盖东南亚、南亚、中东、欧洲等地区。欧洲是海洋文明的发源地，欧洲各国海洋经济起步早，开发利用海洋资源受到了各个国家的重视，例如典型的"海洋贸易国家"英国。据欧盟统计，"蓝色经济"相关行业目前每年为欧盟贡献超过 5000 亿欧元的经济总附加值，预计到 2020 年，这一数值还将增加 1000 亿欧元，就业机会将增加 200 万个，这对饱受高失业率之苦、期待经济加速复苏的欧盟来说极具吸引力。[①] 作为 "21 世纪海上丝绸之路"的终点，欧洲也是当今世界海洋经济的发达地区。欧洲委员会（The Council of Europe）的研究估计，海洋和沿海生态系统服务直接产生的经济价值每年在 180 亿欧元以上；临海产业和服务业直接产生的增加值每年 1100 亿~1900 亿欧元，占欧盟国民生产总值（GNP）的 3%~5%；欧洲地区涉海产业产值已占欧盟 GNP 的 40% 以上。[②]

在中东地区，由于气候、地缘政治等各方面的原因，海洋经济的发展起步较晚、发展较为缓慢、国家（地区）之间发展不均衡，虽然与欧洲相比较为落后，但也有阿联酋这样的海洋经济高度发达地区。2006 年国际货币基金组织（IMF）发布的《中东地区经济展望》显示，阿联酋迅猛发展的经济，已让它成为中东区域经济中心，其经济贸易影响可以辐射整个非洲和欧亚大陆，而这种经贸影响正是通过港口码头海洋油气业、海洋交通运输业、海洋服务业、海洋船舶业来推动和实现的。[③] 因而，海洋经济在阿联酋的经济发展中具有重要的战略性意义，可以说是引领阿联酋各行业蓬勃发展

---

① 《强化海洋开发 欧盟推出"蓝色经济"计划》，共产党员网，https：//news. 12371. cn/ 2014/05/13/ARTI1399931266096692. shtml? from = singlemessage。

② 向云波、徐长乐、戴志军：《世界海洋经济发展趋势及上海海洋经济发展战略初探》，《海洋开发与管理》2009 年第 2 期。

③ 薛英杰：《阿联酋海洋经济研究》，《海洋经济》2015 年第 4 期。

的核心，阿联酋是中东地区海洋经济的领航者和代表者。中东地区作为建设"21 世纪海上丝绸之路"的重要节点，其特殊作用和重要地位不可忽视。

相比中东地区，东南亚和南亚各国的海洋经济则表现出较高的发展态势，以海洋交通运输业、海洋渔业、海洋旅游业、海洋石油和天然气业等为代表的海洋经济产业发展迅速。其中，以印度、新加坡、泰国、马来西亚等为代表的国家的表现尤为突出。海洋经济已经成为"21 世纪海上丝绸之路"沿线各个国家和地区国民经济的重要组成部分。东南亚绝大部分国家和地区通过海洋经济促进贸易发展进而带动社会经济的全面发展，对海洋经济的依赖极为显著。海洋在东南亚国家和民族的历史和发展中起到枢纽作用，为东南亚地区的社会和经济发展作出了巨大的贡献。

进入 21 世纪，中国海洋经济经历了高速增长期，成为国民经济新的增长点，中国的海洋经济在过去数十年间取得了长足的进步。国家海洋局发布的《2020 年中国海洋经济统计公报》显示，2020 年中国海洋生产总值80010 亿元，占沿海地区生产总值的比重为 14.9%，比 2019 年下降了 1.3 个百分点。其中，海洋产业增加值 52953 亿元，海洋相关产业增加值 27056 亿元。[①] 显然，近年来，中国海洋经济的发展取得了引人瞩目的成就，但较往年相比仍呈放缓态势，海洋经济增速放缓的主要原因是受国内外经济下行趋势的影响。伴随着中国经济逐渐步入中低速增长的"新常态"，海洋经济也进入了发展转型期和结构调整期。当前中国海洋经济发展在取得成绩的同时仍然存在发展不平衡、不协调的问题，主要体现在：近海资源开发秩序亟待规范；海洋产业同构和重复建设问题依然存在；海洋科技创新能力有待提高；近岸海洋环境污染形势依旧严峻；制约海洋经济发展的体制机制问题还比较突出。

二　中国与"海丝"沿线国家海洋经济合作的现状

我国与"海丝"沿线国家在海洋领域的交流历史悠久，最早可追溯到古代海上丝绸之路的商贸流通，而自 20 世纪 90 年代以来，随着中国改革

---

① 《2020 年中国海洋经济统计公报》，中国海洋信息网，http：//www.nmdis.org.cn/hygb/zghyjjtjgb/2020hyjjtjgb/。

开放的逐步深入，中国与"海丝"沿线国家在海洋领域的经济合作便不断增加。

在东南亚地区，中国与相关国家的海洋经济合作有着良好的合作基础，在海上互联互通、海洋合作平台与机制、海洋气候灾害预防救助及海洋生态保护等方面进行了 20 多年的探索与合作，并取得了一系列成果。在海上互联互通方面，签署了《中国-东盟交通合作谅解备忘录》（2004）、《中国-东盟交通合作谅解备忘录》（2007）、《中国-东盟港口城市合作网络论坛宣言》等一系列合作协议，增强了中国与东南亚国家之间的海上联系；在海洋合作平台与机制方面，构建了中国-东盟自由贸易区、泛北部湾经济合作区、中国-东盟博览会等各种平台，并设计了相应的运行机制，推进了中国与东南亚国家海洋经济的快速发展；在海洋气候灾害预防救助及海洋生态保护方面，中国发布了《南海及其周边海洋国际合作框架计划（2011—2015）》，推进了中国与东南亚相关国家在海洋防灾减灾、海洋生态系统、生物多样性保护、海洋气候变化监测等方面的合作。

在"21 世纪海上丝绸之路"的其他地区，如南亚、西亚、北非、欧洲等，中国与这些地区相关国家的海洋经济交流合作相比东南亚国家有所下降，但合作潜力巨大，前景广阔。在南亚地区，中国国家海洋局和印度海洋开发部签署了《海洋科技领域合作详解备忘录》（2003）、和斯里兰卡国防与城市发展部签署了《共建中斯联合海岸带与海洋研究与研发中心的谅解备忘录》（2014）、和马尔代夫环境与能源部签署了《海洋领域合作谅解备忘录》（2014），为中国与相关国家在海洋科学、海洋技术、气候变化、海岸侵蚀与修复、海洋观测、海水淡化等领域开展合作，共同应对各种海洋问题提供了合作基础。而在南亚、北非、欧洲等地区，中国主要通过各种项目在港口码头、深水能源、海洋油气开发等领域与相关国家进行合作。随着"21 世纪海上丝绸之路"建设的不断推进，中国与这些国家的海洋经济合作将会大大增加。

三　三　"21 世纪海上丝绸之路"建设对中国与沿线国家海洋经济合作的新要求

随着中国"21 世纪海上丝绸之路"建设的提出和持续推进，沿线各国和地区积极响应和参与，各方相互合作，互利共赢，多边贸易额持续增长。作为"21 世纪海上丝绸之路"建设的重要内容，"海丝"沿线国家的海洋经济合作发展被赋予了新的内涵，即以海洋这一人类共同的资源为纽带，通过发展多元的友好互利合作，共同建立政治互信、经济融合、文化包容的新型战略合作伙伴关系，增强务实合作，实现共同发展，其核心价值观就是增进共同福祉，发展共同利益。《推动共建丝绸之路经济带和 21 世纪海上丝绸之路的愿景与行动》明确指出，拓展相互投资领域，开展农林牧渔业、农机及农产品生产加工等领域深度合作，积极推进海水养殖、远洋渔业、水产品加工、海水淡化、海洋生物制药、海洋工程技术、环保产业和海上旅游等领域合作。而且，《推动共建丝绸之路经济带和 21 世纪海上丝绸之路的愿景与行动》还强调在投资贸易中突出生态文明理念，加强生态环境、生物多样性和应对气候变化合作，共建绿色丝绸之路。2017 年 6 月，国家发展改革委和国家海洋局联合发布了《"一带一路"建设海上合作设想》，强调中国致力于推动联合国制定的《2030 年可持续发展议程》在海洋领域的落实，愿与"海丝"沿线各国开展全方位、多领域的海上合作，建立积极务实的蓝色伙伴关系，铸造可持续发展的"蓝色引擎"，对中国与"海丝"沿线国家的海洋经济合作提出了更高的要求。

（一）中国与"海丝"沿线国家的海洋经济合作空间将进一步拓宽

海洋不只是人类活动的载体，也不只是人类经济的通道，作为驱动 21 世纪世界经济发展的重要力量，其本身的经济价值也将随着"21 世纪海上丝绸之路"建设的推进而凸显出来。在"21 世纪海上丝绸之路"建设中，中国沿海地区及腹地通过海洋经济带，不仅会进一步推动中国在海岸线、海上安全维护、海洋生态等政治和安全领域与"海丝"沿线国家保持良好的常规化合作，还会释放出巨大的经济需求，极大地拓宽中国与"海丝"沿线国家海洋经济合作的空间范围。基于"21 世纪海上丝绸之路"视角下的海洋经济合作，不再是在特定领域通过零散项目展开合作，而是一种全方位的合作。它将围绕"共享蓝色空间、发展蓝色经济"这一主线，推进中国与"海丝"沿线国家的务实合作，将合作范围从海洋资源的联合开发利用，延伸到远洋渔业、海水养殖业、船舶工业、港口建设以及海洋旅游观光等领域，发展蓝色伙伴关系，最终形成海上合作的利益共同体。

（二）中国与"海丝"沿线国家的海洋经济合作深度将进一步提高

随着"21 世纪海上丝绸之路"建设的推进，中国与"海丝"沿线国家在海洋经济领域的对接程度将会不断提高，为中国海洋经济新一轮发展注入新的动力。这种合作程度的进一步提高，首先体现为中国与"海丝"沿线国家海洋经济的合作平台及其内容不断升级。在已有经贸合作平台的基础上，在"共赢思维"的引导下，推动现有合作平台的升级，即：推动平台从简单的经贸交流合作向海洋产品的产业链拓展，推进相关产业的有效对接和深度合作。另外，海洋科技合作的深化与创新也是中国与"海丝"沿线国家海洋经济合作程度提高的重要体现。在已有合作研发项目的基础上，深化科技合作领域，增加海洋调查、观测装备、可再生能源、海水淡化、海洋生物制药、海洋食品技术、海上无人机、无人船等领域的合作，推进海洋技术的产业化及标准体系的构建。在已有科技合作平台的基础上，创新合作机制，增强平台在特定区域范围内的开放程度，推进沿线国家的海洋研究基础设施和科技资源互联共享。

基于上述分析可知，中国与"海丝"沿线国家的海洋经济合作范围的拓展与合作内容的深化是"21 世纪海上丝绸之路"建设的重要目标，也是中国海洋经济进一步开放发展的内在要求。然而，"海丝"沿线各国的海洋经济发展存在较大的差异，且与中国的合作基础也不相同，因此可将"21 世纪海上丝绸之路"建设对海洋经济合作的新要求进一步细化：一是对于具有良好合作基础的东南亚国家，中国应与它们进一步挖掘各自海洋产业的内在需求，一方面推进海洋旅游业、海洋运输业、海洋渔业等领域的产业合作深化，促进各国海洋产业的转型升级，另一方面尝试在海洋生物医药业、海洋可再生资源开发等高技术海洋产业开展合作，推进深海资源的协同开发利用；二是对于西亚、南亚、北非、欧洲等合作不多的国家，中国应与它们加强在海洋经济领域的沟通交流，求同存异，加强在海洋渔业和海洋旅游业的对接合作，共同发展海洋经济，共走绿色发展之路。

第三节　海外华商对"海丝"建设中海洋
经济合作的影响分析

博弈论研究相互影响的有限个体的理性选择问题，重点分析有限个体在考虑对手反应时的决策行为，能够有效解释各类主体在社会经济实践中的动态行为。合作博弈是以团体理性为基础的行动强制性协议，[①] 强调个体基于效率、公正、公平等原则开展各项合作和进行利益分配。海洋经济合作作为"21 世纪海上丝绸之路"建设的重要领域，坚持"求同存异，凝聚共识""开放合作，包容发展""市场运作，多方参与""共商共建，利益共享"[②] 原则，本质上是"海丝"沿线国家在合作博弈思维引导下，共同致力于海洋利益最大化的过程。根据《"一带一路"建设海上合作设想》，中国与"海丝"沿线国家的海洋经济合作应以中国沿海经济带为支撑，连接中国—中南半岛经济走廊，经南海向西进入印度洋，衔接中巴、孟中印缅经济走廊，共同建设中国—印度洋—非洲—地中海蓝色经济通道，重点聚焦于加强海洋资源开发利用合作、提升海洋产业合作水平、推进海上互联互通、提升海运便利化等领域。然而，"海丝"沿线国家的产业基础、政治社会环境有着巨大的差异，中国与"海丝"沿线国家发展海洋经济合作不仅要面临经济领域本身带来的风险，还要面临国际关系及政治方面的挑战。海外华商是中国得天独厚的国际竞争优势，是中国加快"21 世纪海上丝绸之路"建设的重要力量，主要通过市场驱动机制和政府协调机制促进中国与"海丝"沿线国家海洋经济的合作发展，如图 9-1 所示。

一　市场驱动机制下海外华商对"海丝"建设中海洋经济合作的影响分析

需求是市场驱动机制的基础，而利益是市场驱动机制的核心。在市场

[①] J. F. Nash, "The Bargaining Problem," *Econometrica*, 18 (1950): 155-162.

[②] 《国家发展改革委、国家海洋局联合发布〈"一带一路"建设海上合作设想〉》，中华人民共和国自然资源部网，https://www.mnr.gov.cn/dt/hy/201706/t20170620_2333219.html。

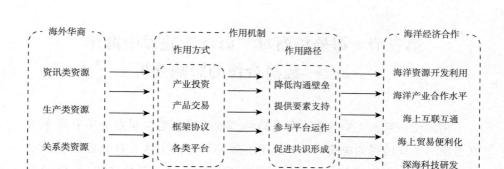

图 9-1　海外华商对"海丝"建设中海洋经济合作的影响分析

　　驱动机制下,"海丝"沿线国家都将基于自身的产业发展需求和市场消费需求,以国家利益最大化为目标,通过产业投资项目和产品交易活动的积极参与来推进"海丝"建设中的海洋经济合作。产业投资项目既包括已有合作的深化或延伸项目,如从海洋捕捞合作到渔产品的加工制造合作,以及捕捞工具、船舶制造生产的合作,还包括海洋资源的新开发项目,如海洋生物科技方面的合作。产品交易活动包括渔产品的多边贸易及渔产品交易平台的建设及共同治理。

　　作为重要参与者,海外华商能够利用自身资源提高中国与"海丝"沿线国家海洋经济合作的效率。首先,海外华商熟悉中国和住在国的政策和制度,这使他们能够利用资讯类资源促进两国政策的有效解读与商业资讯的快速流通,帮助他们识别和抓住各种转瞬即逝的商业机会,为两国海洋经济的深化合作和产业对接降低沟通成本,提高信息透明度,增强商业互信。其次,海外华商自身积累的产业优势,特别是东南亚华商在船舶运输业、仓储业以及货运代理等领域具有坚实的基础,能够作为住在国代表企业参与各种产业投资项目,激发投资热情,创造合作氛围,从而吸引更多的经济主体参与海洋经济的双边合作,共同加快海上港口互通建设,扩大海产品交易市场。最后,海外华商积累多年的商业信誉、社会地位、广泛的人脉网络,一方面能够增加资讯信息流通的有效性和可靠性,降低各类政策和商业信息的认知壁垒,另一方面能够吸引更多的海外经济主体参与海产品交易活动和产业投资项目的合作,扩大中国与住在国的海洋经济发展规模,提升两国海洋经济合作的深度。

二　政府协调机制下海外华商对"海丝"建设中海洋经济合作的影响分析

　　政府不仅可以在市场失灵的公共领域内发挥作用，还可以积极发挥主观能动性，为市场发挥基础性的资源配置作用创造有利条件。双方或多方共同商讨达成的框架协议是政府协调机制发生作用的宏观指导性文件，界定了各国政府之间的合作方向。这种框架协议既包括面向特定领域的合作协议，如《中国—东盟海运协定》，还包括涉及多个领域的政策协议，如《中国与东盟全面经济合作框架协议》《南海及其周边海洋国际合作框架计划（2011—2015）》。涉及多方参与主体的各种合作平台是政府协调机制发生作用的有效载体，它承载着将各种框架协议转化为现实的任务，是"海丝"沿线国家进行合作交流和产业对接的重要途径。在海洋经济合作领域，这类平台包括各种涉及特定领域或多个领域的跨国合作平台，如中国-东盟自由贸易区、泛北部湾经济合作区、中国-东盟海上合作基金、中国-东盟合作年、东亚海洋合作平台、中国-东盟海洋合作中心等；也包括中国与特定国家之间共建形成的合作平台，如中国-印尼海上合作基金；还包括中国地方政府为融入"21 世纪海上丝绸之路"建设而构建的各类平台，如落户于福建的中国-东盟海产品交易所、广东海洋经济综合试验区、海南的洋浦经济开发区等。这些不同层级的合作平台，在"海丝"沿线国家各级政府的共同推动下，为市场发挥基础性的资源配置作用创造了有利条件。

　　在政府协调机制下，海外华商所扮演的角色以及所发挥的作用同样不容忽视。首先，海外华商能够利用资讯类资源降低中国政府与住在国政府在海洋经济合作谈判过程中的信息不对称和认知障碍。中国与"海丝"沿线国家的各种框架协议的商定是一个充满挑战和智慧的过程，稍有一丝不慎都有可能导致谈判失败，海外华商能够帮助中国和住在国准确地传达各自的合作意愿，并在合作目标、内容及方式等方面提供建议，避免双方在谈判过程中形成错误认知，提高框架协议的谈判效率。其次，海外华商能够利用其资讯类和生产类资源参与和推进政府主导下的各类平台建设。一方面，海外华商涉及的产业范围十分广泛，能够利用自身掌握的商业信息和专业知识为合作平台建设提供方案和意见；另一方面，海外华商拥有雄厚的经济实力和产业基础，既可以通过资本投入或项目竞标的方式为平台建设提供要素支持，以合作者的身份共同规划平台的组织机构和运行机制，也可以通过企业入驻平台的方式，以顾客的身份支持平台持续运行。最后，海外华商能够利用关系类资源，提高海洋经济合作框架协议的谈判效率，加快海洋经济合作的平台建设。大多数海外华商在住在国有一定的行业地位，并且具有一定的社会影响力，一方面海外华商能够通过其政商关系网络分析和传播各类框架协议的内在价值，进而影响住在国政府的政策方向和合作意愿，促进合作共识的形成，另一方面海外华商能够通过其社会经济地位为平台建设提供背书，提高各类合作平台的可靠性，同时通过其政商关系网络吸引更多的经济主体参与到合作平台的建设当中。

第十章 海外华商对 21 世纪海上丝绸之路建设的影响：公共外交关系视角

随着互联网技术的不断发展以及经济全球化趋势的不断加强，世界各国之间的相互依赖程度也在不断增强，国家之间的外交活动也随之快速增加，呈现多样化的发展态势。作为传统政府外交的重要补充，公共外交是一国外交政策和实践的重要内容，在世界日益"扁平化"的背景下公共外交已成为世界各国政府树好国家形象和增进国家利益的新型外交形式。民心相通是"21 世纪海上丝绸之路"建设的重要内容，而公共外交是实现民心相通的重要途径。随着"21 世纪海上丝绸之路"建设的全面推进，公共外交作为国家外交的重要补充，将被寄予更多的期望，在推动"海丝"沿线国家之间政策沟通和民心相通方面构筑起新的桥梁和纽带。

第一节 中国公共外交研究现状

公共外交（Public Dipomacy）一词于 1965 年由塔夫茨大学弗莱彻法律与外交学院院长爱德蒙德·古利恩（Edmund Gullion）提出，并随着世界各国外交实践的蓬勃发展逐渐为学者所关注和重视。对中国而言，"公共外交"属于 21 世纪的"舶来品"，关于公共外交的理论研究和实践应用，中国与西方国家还存在着一定的差距。但是，随着公共外交在国家外交中的重要作用日益显著，与公共外交相关的理论和实践逐渐受到中国政府和学者的广泛重视。在政府层面，"公共外交"一词已经进入中国官方话语体系，2004年中国外交部新闻司成立公众外交处，2008 年更名为公共外交处，2009 年成立新闻司公共外交办公室，2012 年新闻司公共外交办公室升级为外交部公共外交办公室，同年中国公共外交协会成立。中国高层领导也开始频繁强调公共外交的重要性，习近平主席在参加中国国际友好大会暨中国人民对外友好协会成立 60 周年纪念活动时就强调"要重视公共外交，广泛参加国际非政府组织的活动，传播好中国声音，讲好中国故事，向世界展现一个真实的中国、立体的中国、全面的中国"[1]。在民间层面，有关公共外交的研究机构不断组建成立，相关研讨活动也不断展开。随着中国外交工作的不断深入及中国公共外交实践的不断发展，许多学者开始对中国公共外交的不同领域展开研究，归纳起来，大致可分为三类：中国公共外交的特征与对象；中国公共外交的工具与类型；中国公共外交的问题与策略。

一　中国公共外交的特征与对象

根据美国国务院编撰的《国际关系词典》，公共外交是指由一国政府支持的，通过出版物、电影、文化交流、广播和电视等形式，影响他国公众的一种外交方式。[2] 与传统的古典外交、公开外交或议会外交相比，公共外交具有以下四个特点：一是公共外交的对象是公众，旨在通过公众舆论为本国的外交争取支持，并影响外国政府的外交政策；二是公共外交的行为主体是一国政府，民间外交只有受到一国政府组织或幕后支持之后开展的相关活动才属于公共外交范畴；三是公共外交强调基于事实讲真话，而非不择手段地强行灌输各种观念；四是公共外交具有公开性特征，主张

---

[1] 《习近平关于社会主义文化建设论述摘编》，中央文献出版社，2017，第 205 页。
[2] 转引自苗凯周《"先声夺人"——刍议中国的公共外交战略》，《经济研究导刊》2014 年第 18 期。

以公开的方式宣传本国的外交政策和理念。① 另外，中国的公共外交与西方国家的公共外交有本质区别，中国的公共外交主要任务是对外客观展示中国形象而不是操纵国际舆论、干涉别国内政。② 外交是公共外交的本质属性，当维护国家形象和国家利益出现矛盾时，公共外交应该坚持服务于国家利益。③ 在公共外交对象方面，学者们认为，大众受众和特定目标受众应该同时受到关注，但需要采用不同的方式方法进行引导和服务。特定目标受众中的精英群体被视为公共外交的重点合作伙伴，因为他们的地位和声誉对他人的意见和决定有重要影响力。④ 在推进侨务公共外交时，应将精英群体工作和大众群体工作进行有机结合，充分发挥前者的领头羊作用，引导舆论动态；夯实后者的基础作用，稳定舆论基本盘。⑤

二　中国公共外交的工具与类型

由于公共外交具有上文提到的面向对象、行为主体、宣传特征、公开性四个特点，其在工具或手段上与传统政府外交有着显著的区别。传统外交主要通过官方的联系渠道与外国政府进行沟通谈判，而公共外交通过非官方渠道进行，主要有文化工具和媒介工具两种。⑥

文化最能够凝聚人心、铸造"民族魂"、锻造国家人文品格。文化工具主要是国际文化交流活动，相关的文化活动可以由政府组织，也可以由民间组织。文化沟通是公共外交的重要载体，文化交流作为存在于人们内心世界的不同文化背景的价值观的交流与碰撞，包含着不同文化背景的人们对异己文化的认知，以及对于这个国家或者民族的认识，⑦ 可以促进不同国家人民在更大的"文化圈"中互动融合，凝聚民心力量，为达成文化共识和价值认

① 高飞：《公共外交的界定、形成条件及其作用》，《外交评论（外交学院学报）》2005 年第 3 期。
② 曲星：《公共外交的经典含义与中国特色》，《国际问题研究》2010 年第 6 期。
③ 莫盛凯：《中国公共外交之理论与实践刍议》，《外交评论（外交学院学报）》2013 年第 4 期。
④ 金坤：《美国公共外交对我国的启示》，《新西部（理论版）》2016 年第 18 期。
⑤ 朱东芹：《中国侨务公共外交：对象与目标探析》，《国际论坛》2016 年第 3 期。
⑥ 朴钟锦：《韩国人对华负面认知与中国对韩公共外交途径》，《当代韩国》2012 年第 3 期。
⑦ 吴嘉蓉：《略论公共外交及其作用》，《中共成都市委党校学报》2011 年第 5 期。

同提供软动力。① 文化外交是大国外交不可或缺的组成部分，是建构国家形象、传播国家软实力的重要途径。② 各国文化相互交流互鉴是人类社会历史发展的必然趋势，也是各国社会发展进步的必然要求。当前中国已经开展了多种多样的国际文化交流活动，如互办"国家年"活动、开设孔子学院、促进教育交流、进行艺术巡演、展出特色文物等，通过文化交流活动有效地宣传了中国的文化特色。截至 2019 年 9 月 30 日，中国共在 158 个国家（地区）设立了 535 所孔子学院和 1134 个孔子课堂。③ 孔子学院已经成为世界认识中国、中国与各国深化友谊的窗口，促进了多元文明的交流。

媒体无论是议题设置，还是营造舆论氛围，都具有其他方式难以企及的优势，是中国公共外交的另一种主要工具。媒体能够创造出一个"拟态环境"，加上其巨大的传播效力使受众对他国形象的认知建立在媒体所传播的内容之中。④ 在媒介化语境下，共情的逻辑受到媒介逻辑的影响，形成了基于媒介化形态的共情传播。⑤ 受社交媒体媒介逻辑的影响，数字化语境下共情的表达途径更为丰富，共情逻辑也在发生变化。媒体在公共外交中承担引导、中介和参与三重角色，⑥ 至少能够发挥信息传播、舆论影响、文化传播、形象塑造等五个方面的作用。⑦

媒体外交对于提升国家软实力和促进国家间民心沟通具有重要作用。⑧有鉴于此，《人民日报》、新华社等中国主要媒体正在大力发展海外业务，及时准确地向世界传递中国声音、展示中国形象。随着互联网技术的发展，社交平台等新媒体快速兴起，现在不同国家的网民能够直接通过社交平台进行沟通和联系，使民众成为展示中国形象的重要力量。新媒体的迅

---

① 陈立生：《"一带一路"视域下文化"走出去"的逻辑理路——基于广西文化"走东盟"的实践思考》，《学术论坛》2019 年第 6 期。

② 严骁骁：《应对"中国锐实力说"：文化外交视角下中国的软实力运用与国际形象塑造》，《中南大学学报（社会科学版）》2020 年第 5 期。

③ 《张明大使：如果孔子都被视作威胁，还有什么不是威胁》，https://baijiahao.baidu.com/s？id=1654042225385265071&wfr=spider&for=pc。

④ 姜帅：《浅谈媒体在公共外交中的作用》，《新闻天地（下半月刊）》2012 年第 2 期。

⑤ 彭修彬：《文化接近性与媒介化共情：新冠疫情中的数字公共外交探索》，《新闻大学》2020 年第 12 期。

⑥ 史安斌：《国家品牌、形象与声誉》，《国际公关》2009 年第 2 期。

⑦ Lina Bartuseviciute：《中国媒体公共外交现状与对策探析》，《中国报业》2016 年第 6 期。

⑧ 林荧章：《地方主流媒体的媒体外交实践——以北部湾之声东博会直播为例》，《青年记者》2020 年第 35 期。

猛发展，让信息的消费者和生产者日益融合，移动化、智能化、个性化、交互性成为当今媒体的显著特点，新媒体与公共外交的结合让公共外交呈全球化、大众化、网络化的发展趋势，使公共外交在信息提供、形象塑造等方面有了和以往的传统媒体外交不一样的新特征。当前，中国对通过新媒体展开公共外交的应用还较少，未来通过相关战略的制定和完善，新媒体必将同传统媒体一起在中国公共外交中发挥更加重要的作用。

三　中国公共外交的问题与策略

公共外交在加强周边合作、妥善处理危机、建构国际关系互信、提升国家"软实力"和国家形象等方面具有重要作用，并取得良好效果。[1]《中国国家形象全球调查报告 2019》显示，中国国家形象在稳步上升，2019年海外受访民众对中国的整体印象为 6.3 分，较 2018 年提升 0.1 分，海外发展中国家对中国整体形象好感度较高，得分达 7.2 分，[2] 国外民众对中国的好感度明显上升。但是，也有一些学者指出了中国公共外交存在的主要问题，并提出不同视角的优化策略。在公共外交问题方面，侨务公共外交缺乏顶层设计、战略和协同机制缺位、主体定位模糊、华侨华人主体形象亟须提升、非政府行为体没有得到应有重视、多元行为体之间鲜有互动等方面成为学者关注的焦点，在一定程度上限制了中国公共外交实践的开展和理论研究的拓展。[3]

在公共外交策略方面，超越以往一厢情愿的信息或价值观输出和对全球政治经济议程的被动回应，在充分吸收西方国家公共外交经验的基础

---

① 高飞：《公共外交的界定、形成条件及其作用》，《外交评论（外交学院学报）》2005 年第 3 期；唐小松、景丽娜：《中国对东盟的公共外交：现状、动因与方向》，《东南亚研究》2017 年第 4 期；王莉丽：《"多元公共外交"理论框架的建构》，《中国人民大学学报》2018 年第 2 期；吴嘉蓉：《略论公共外交及其作用》，《中共成都市委党校学报》2011 年第 5 期；谢韬：《我国软实力和公共外交研究的现状与挑战》，《对外传播》2016 年第 6 期。

② 《〈中国国家形象全球调查报告 2019〉显示中国整体形象好感度继续上升 文化和旅游成重要加分项》，中华人民共和国文化和旅游部网，https://www.mct.gov.cn/whzx/whyw/202009/t20200917_875150.htm。

③ 韩方明：《中国公共外交：趋势、问题与建议》，《公共外交季刊》2012 年第 1 期；田立加、高英彤：《中国公共外交中多元行为体互动机制构建研究》，《理论月刊》2019 年第 5 期；张梅：《中国侨务公共外交：问题与展望》，《现代国际关系》2017 年第 11 期。

上，构筑具有中国特色的公共外交模式，已成为共识。① 有学者认为，中国公共外交模式应把与国家利益相关的跨文化传播与整个国家的未来走向和发展战略更为紧密地结合在一起，从以"向世界说明中国"为重点的单向度的"宣传模式"过渡到战略性的以文化营销为重点的"国家公关"模式;② 有学者认为，中国公共外交应坚持"以人为本"，通过"以小博大""细雨润物"的方式巧妙地将本国想表达的理念和价值观传递出去。③ 另外，还有学者指出，华侨华人是中国开展侨务公共外交的践行者和主力军，有资源优势、传播优势、融入优势和长久优势，应给予更多的关注和重视。④ 总的来说，中国开展好公共外交将是一个复杂的综合工程，可从以下四个方面进一步推进：一是构建中国"话语"，宣传中国的真实国情和文化；二是举办外交活动和有组织的国际活动，促进跨国社会交流；三是提供面向国际社会的公共外交产品，提高外国民众的获得感；四是加强社会各个行业和专业的国际合作，促进社会各方相互了解，增进认同感和信任感。⑤

第二节　中国与"海丝"沿线国家的公共外交关系现状与"海丝"建设对中国公共外交的新要求

一　中国与"海丝"沿线国家的公共外交关系现状

当前，中国高度重视对"海丝"沿线国家的公共外交，在"21 世纪海上丝绸之路"倡议提出之前，中国已经广泛开展了对相关国家的公共外交活动，并且取得了丰厚的外交成果，为"21 世纪海上丝绸之路"倡议在沿线国家获得支持发挥了重要作用。

---

① 雷芳：《新世纪以来中国公共外交研究综述》，《重庆交通大学学报（社会科学版）》2011 年第 4 期。
② 史安斌：《媒体在公共外交中的三重角色》，《公共外交季刊》2011 年第 4 期。
③ 吴白乙：《提升中国公共外交的现实路径》，《瞭望》2010 年第 44 期。
④ 张梅：《中国侨务公共外交：问题与展望》，《现代国际关系》2017 年第 11 期。
⑤ 周鑫宇：《亚投行的关键词是"基础设施"》，《世界知识》2015 年第 9 期。

（一）　中国与东盟国家公共外交关系现状

东盟作为重要的区域合作组织，在地区事务和国际事务中发挥着越来越重要的作用，中国一直注重与东盟国家发展友好合作关系，与东盟国家长期保持着友好合作的传统。目前中国与东盟已经初步形成了由国家高层、政府相关部门、地方政府、非政府组织等各方紧密结合的公共外交组织框架。

在国家高层层面，中国与东盟有关国家领导人的高层互访已经成为常态，党的十八大以来，习近平主席已访问过印度尼西亚、马来西亚、越南等东盟国家，领导人互访期间，在推动经贸合作的同时，也不断推动彼此之间的文化交流。中国政府相关部门，如文化部、外交部等也在积极开展对东盟的公共外交活动。另外，资料显示，截至 2019 年底，中国与东盟十国建立 201 对友好城市。① 友好城市的建立为中国与东盟搭建了相互交流沟通的平台，有效促进了城市间的共同发展和繁荣。非政府组织方面，截至 2019 年 11 月底，"中国-东盟民间友好大会"已经连续成功举办了十二届，第十二届于 2019 年 11 月在印尼万隆市成功举行，各国代表讨论了如何增进中国与东盟各成员国的民间友好工作，就开展务实和造福双方人民的互利合作交换意见。中国与东盟的民间智库也多次举办研讨活动，积极为"21 世纪海上丝绸之路"的发展建言献策。

（二）　中国与南亚国家公共外交关系现状

目前，中国与南亚国家的公共外交关系也在逐步升级。2011 年，北京大学等单位举办了"泰戈尔诞辰 150 周年国际学术研讨会"，2011 年被宣布为"中印交流年"，2012 年被确定为"中印友好合作年"。在 2014 年习近平主席访印期间，双方又进一步签订了《中印两国文化部关于文化机构交流与合作的谅解备忘录》，并同意启动"中国—印度文化交流计划"，将中国与印度的公共外交关系推向了新的高度。中国与巴基斯坦有着传统的友好关系，不仅在国家层面建成了中巴全天候战略合作伙伴关系，在民间也有着良好的交流基础，在中国民间对巴基斯坦素有"巴铁"之称。新华

---

① 《中国-东盟合作情况如何？》，https：//www.imsilkroad.com/news/p/397329.html。

国际开展的一份民意调查显示，中巴两国网民对双边关系的看法惊人的相似，在中国和巴基斯坦分别有 89% 和 90% 的网友提到中巴关系会想到"铁哥们"。[①] 中国与孟加拉国的文化交流也日益频繁，不仅有多个艺术团体如浙江杂技团先后访问了孟加拉国，而且连续成功举办了五年的"欢乐春晚"也成为我国对孟加拉国展示中国文化的重要平台。此外，中国也在积极开展对南亚其他国家的公共外交活动，中国－马尔代夫文化交流协会、斯里兰卡中国商业委员会等纷纷成立，逐渐成为中国与有关国家开展公共外交的重要力量。

（三）中国与西亚国家公共外交关系现状

西亚地理位置特殊，国家众多。"21 世纪海上丝绸之路"在西亚主要经过阿拉伯国家，尽管阿拉伯世界部分国家持续动荡，但依然与中国保持着良好的外交关系。为了进一步提升彼此之间的认识，中国一直在致力于推动对阿拉伯国家的公共外交关系。目前，中国与阿拉伯国家公共外交沟通形式多样，交流广泛。象征双方重要公共外交成果的第七届中阿关系暨中阿文明对话研讨会和第五届中国阿拉伯友好大会都于 2017 年在中国成功举办，会上阿拉伯国家都表示愿积极响应"一带一路"倡议，加强中阿两大文明交流互鉴，开展各领域务实合作，推动中阿共同繁荣发展。在对单个国家的公共外交方面，中国与沙特阿拉伯达成了积极支持两国官方和民间在新闻、卫生、教育、科研、旅游等领域交流与合作的共识，并一直保持相互举办文化周活动的友好传统；中国与阿曼、阿联酋等国家的旅游和文化交流也日益密切。

（四）中国与东非、欧洲国家公共外交关系现状

东非和欧洲处于"21 世纪海上丝绸之路"末端，虽然在地理位置上距离中国最远，但是与中国的联系非常密切。东非国家在全球范围内属于经济落后地区，是中国长期援助的地区，进入 21 世纪后，中国和东非国家的关系一直稳步上升。一直以来，中国致力于帮助东非国家发展经济、改善

---

① 《中国巴基斯坦"全天候伙伴"的五个理由》，中华网，http: // news. china. com/domesticgd/ 10000159/20150417/19544062. html。

基础设施，用自己的真诚赢得了东非国家的信任，当前中国与"21 世纪海上丝绸之路"沿线东非国家的公共外交关系属于重点布局、全面推进状态，以"21 世纪海上丝绸之路"在东非区域的重要节点国家肯尼亚为例，它已经成为中国在东非开展公共外交的重要支撑点。当前，中国的主流媒体包括中央电视台、新华社、中国国际广播电台、中国日报社、人民日报社、中国网络电视台等纷纷在肯尼亚设立分支机构，成为中国了解非洲和非洲认识中国的重要窗口。同时，中肯双方也注重文化交流，肯尼亚内罗毕大学孔子学院成为中国在非洲成立的第一家孔子学院，每年的学员人数已经从最初的数十人发展到现在的几百人，不仅在肯尼亚，而且在整个非洲大地都已经掀起了学习汉语的热潮。

在欧洲地区，"21 世纪海上丝绸之路"的主要支撑国家是意大利，意大利作为充满艺术气息的国家，在多个方面与中国天然相似。经过双方的共同努力，"意大利中国文化年""中意文化交流系列项目"等多个文化交流活动得以顺利举办，加深了中意两国的友好关系。2014 年，由亚太交流与合作基金会和意大利意中基金会共同发起成立的"中国意大利中心"，旨在缔造多层次、多维度的中意全民公共外交新局面，主要工作包括打造中国意大利双边论坛、中国意大利中小企业合作园、中国意大利青少年交流机制等，更是将中意两国之间的友好交流往来推向了新的境界。

二　"21 世纪海上丝绸之路" 建设对中国公共外交的新要求

"一带一路"倡议是新时期中国促进全方位对外开放与对外战略转型的必然选择，也是推动全球经济复苏发展与世界文明深度融合的必然要求。[①] 自中国国家主席习近平提出"一带一路"倡议以来，中国国内政府部门和企业积极行动，"21 世纪海上丝绸之路"沿线国家大多表现出积极的态度，并取得了若干阶段性成果。但不容忽视的是，目前国际社会对于"一带一路"倡议也存在一些消极舆论，如担心发生大国地缘政治冲突、害怕受到中国的主导和影响、质疑中国实施倡议的能力、对中国实施倡议

---

① 张新平、杨荣国：《"一带一路"公共外交的目标、挑战与路径》，《思想理论教育导刊》2016 年第 6 期。

存在偏见等。① 另外，零点研究咨询集团对于"一带一路"倡议在海外国家的传播效果调查显示，2015 年上半年，BBC、CNN、《华盛顿邮报》、《金融时报》等全球 20 家重点外媒关于"一带一路"的报道仅 322 篇，关注度仍偏低，国外舆论对"一带一路"倡议的怀疑态度仍相对普遍，"一带一路"倡议的海外民意基础仍不扎实。国际媒体及民众对于"一带一路"倡议的疑虑和误解，直接影响和制约着"一带一路"倡议的实施和成效。

《推动共建丝绸之路经济带和 21 世纪海上丝绸之路的愿景与行动》明确指出，加强政策沟通是"一带一路"建设的重要保障，民心相通是"一带一路"建设的社会根基。而公共外交是互联网时代下实现政策沟通和民心相通的重要途径。习近平指出，"要对外介绍好我国的内外方针政策，讲好中国故事，传播好中国声音"，"巩固和扩大我国同周边国家关系长远发展的社会和民意基础"②。中国国际公共关系协会副会长郭晓勇在 2016 年中国国际公共关系大会上也指出，"'一带一路'作为一项沟通多元文明、联结众多国家的倡议，一定要在加强国家外交的同时，高度重视公共外交，在促进民心相通方面构筑起新的桥梁和纽带"③。这意味着，在"一带一路"建设中，公共外交作为中国国家外交的重要补充，也被赋予了更多的责任，需要通过多种手段和途径，传播丝路文化，讲好丝路故事，弘扬丝路精神，深化国际社会和公众对"一带一路"倡议的理解、认同与支持。"海丝"沿线国家的国情复杂，文化多样，政府和民众对于"海丝"建设的了解、认识和态度差异较大，对于相关项目的实施和成效也有很大影响。随着"21 世纪海上丝绸之路"建设的纵深推进，公共外交作为展现中国"软实力"的重要体现，在面对国际不良舆论与错误认知时，要承担起更多的责任，以更好地推动中国与"海丝"沿线国家的政策沟通和民心相通。

（一）进一步强化政策宣传功能

任何组织和个体对于新生概念的认知和理解，总是需要一定的知识储

---

① 郭晓勇：《一带一路与公共外交——关于加强人文基础建设的思考》，《国际公关》2016年第 4 期。

② 《习近平谈治国理政》，外文出版社，2014，第 299、298 页。

③ 《郭晓勇："一带一路"公共外交 需着重做好五个结合》，网易网，https：//www.163.com/news/article/BQ907FG300014JB6.html。

备和积累，是组织认知学习或个体认知学习逐渐强化和深化的过程。"21世纪海上丝绸之路"作为"一带一路"倡议的重要组成部分，如果没有全面、准确地阐述其中的意义、方向、原则、基本精神和目标重点，就很容易让国际组织和民众将其定义为"古时代丝绸之路"。中国作为"一带一路"倡议的发起者，必须进一步丰富和创新公共外交手段，强化政策宣传功能，以国际民众听得懂、听得进的语言和方式，让广大国际民众了解"共商、共建、共享"原则，了解实现政策沟通、设施联通、贸易畅通、资金融通和民心相通的合作重点，了解坚持和平合作、开放包容、互学互鉴、互利共赢的"丝路精神"。特别是对于那些在岛屿主权及边境界线等方面与中国有争议的国家，在使用公共外交手段进行政策宣传时，要慎用军事色彩浓厚的词语，以免造成理解和认识上的偏差，影响政策宣传效果。

（二）进一步强化解疑释惑功能

任何组织和个体的知识积累都具有一定的差异，这也决定了他们在认识和理解新概念的过程中会产生不太相同甚至完全相反的认知。目前，"一带一路"倡议作为基于历史、面向未来的一个新概念，在传播过程中也会面临诸多疑虑、误解，甚至反对和遏制，例如，澳大利亚《外交学者》杂志刊文将"一带一路"倡议解释为中国强化对周边国家的政治和经济控制的地缘战略计划；① 美国《世界政治评论》杂志刊文将"一带一路"倡议解释为中国合法化南海主权、构建新亚太经济体系的战略计划；② 《华盛顿邮报》发表评论将"一带一路"解释为中国努力破解"马六甲困局"的战略举措；③ 另外，印度提出"季风计划"（Project Mausam），加强与南亚和东南亚国家的经贸、文化联系，以抗衡中国的"21世纪海上丝绸之路"倡议，而美国和日本则强调"一带一路"倡议和亚洲基础设施投资

① K. Brown，"The New Silkroad：China Reclaims Its Crown，"*The Diplomat*，（2014）；S. Tiezzi，"The New Silk Road：China's Marshall Plan？"*The Diplomat*，（2014）.

② G. Wade："China Tries to Rebuild Regional Trust with Maritime Silk Road，"*World Politics Review*，9（2014）.

③ S. Denyer，"China Bypasses American 'New Silk Road' with Two If Its Own，"*The Washington Post*，（2013）.

银行是中国控制、主导周边地区的政策工具。[①] 随着"21世纪海上丝绸之路"建设速度的不断加快，中国需要进一步发挥公共外交的解疑释惑功能，主动应对消极国际舆论，消除国际社会对中国发展的固有偏见，减轻国际舆论误读和曲解对相关项目合作推进所产生的负面影响。

（三）进一步强化人文交流功能

由于地理边界、语言等原因，"海丝"沿线国家的公众对于"21世纪海上丝绸之路"的了解和理解，大多从当地的媒体刊物中获得，非常容易受到各种挑拨式、歪曲式的报道与解读的误导，无法真正了解到"21世纪海上丝绸之路"的真实内涵，从而对其产生负面的认知。这种认知很有可能在微观层面阻碍相关合作项目的持续推进与深入开展。因此，随着"21世纪海上丝绸之路"建设的不断深入，中国公共外交需要进一步强化人文交流功能，将政府公共外交、媒体网络外交、文化宗教外交以及对外援助外交进行有机结合，推进中国政府或政府委托机构与沿线国家民众的直接交流和对话，减少信息传播和流动的中间环节，深化国外公众对"21世纪海上丝绸之路"的认识与理解，改变国外公众对"21世纪海上丝绸之路"的负面印象。

第三节　海外华商对"海丝"建设中中国 公共外交的影响分析

信息传播技术的快速发展、国际行为主体的多元化、国际竞争的动态变化以及民众的外交热情不断增加，为公共外交的兴起提供了基础条件。公共外交作为一种新型的外交方式，其最终目的在于维护国家利益和塑造国家形象，主要通过国家组织、推动影响国外民众的一系列文化交流、信息分享等项目和活动实现。在公共外交中，一国政府可以通过多种形式影响外国民众，但是，无论其形式如何变化，始终与其国家的政策、文化及社会价值观紧密相连，具体包括倾听、倡导、文化外交、交流、国际传

[①] 张新平、杨荣国：《"一带一路"公共外交的目标、挑战与路径》，《思想理论教育导刊》2016 年第 6 期。

播、心理战六个核心内容。①　其中，倾听强调对外国民众意见的搜集、反馈，以及在政策中的内化；倡导强调对政策和信息的直接表述；文化外交强调各种文化活动的共同参与和文化产品的出口；交流强调国内外相关群体之间的交流，特别是学生之间的互动交流；国际传播强调以国际民众为对象而展开的传播活动；心理战强调通过与敌对国家公众的交流实现战略意图。从具体作用的方式或载体来看，公共外交的手段十分丰富，可按照活动中政府的影响和参与程度分为日常交流、战略交流、情感交流三个层面。从对国际公众影响效果的控制程度的角度，公共外交可分为高层次控制、有限控制和非常有限控制三类。高层次控制公共外交包括官方声明、新闻发布、记者招待会、广告、国际广播、政要演讲、官方或权威网络发布等形式；有限控制公共外交包括媒体关系、市场、公共关系、官员间的接触、国际广播等形式；非常有限控制公共外交包括流行文化、时尚、电影、音乐、文化外交等形式。在公共外交实践中，基于特定的战略目标，往往会将不同层次的手段组合使用，以提高影响的可靠性和全面性。

　　大力推进"一带一路"公共外交是目前中国公共外交工作的重点内容，但也是一件非常具有挑战性的外交任务。不管是"丝绸之路经济带"，还是"21 世纪海上丝绸之路"，它们的沿线国家都有着错综复杂的历史文化背景及地缘政治，开展公共外交都需要做好充足的准备，以免带来一些不必要的麻烦和误解。随着"21 世纪海上丝绸之路"建设的不断推进，面向"海丝"沿线国家的公共外交也必然要跟进，制定专门的公共外交战略规划，丰富公共外交实施模式，推进相关公共外交政策布局，强化公共外交机制建设，从而深化沿线国家民众对"海丝"建设的认知、理解和支持，确保各类合作项目能够有效进行。海外华侨华人在中国公共外交中的地位和作用随着"一带一路"倡议的深入实施及世界经济的全球化变得更加重要，基于初具规模的华商网络构建全球华侨华人网络能够提高中国公共外交的针对性和有效性。②　因此，本章认为，海外华商作为"21 世纪海上丝绸之路"建设的重要参与主体，能够在"海丝"沿线国家政治经济和社会文化发展过程中发挥极大的促进作用，能够利用自身的资讯类、生产

---

① 〔美〕约瑟夫·奈：《软力量——世界政坛成功之道》，吴晓辉、钱程译，东方出版社，2005。

② 刘宏：《海外华侨华人与中国的公共外交——政策机制、实证分析、全球比较》，暨南大学出版社，2015。

类和关系类资源通过市场驱动机制、政府协调机制和民间交流机制推进"海丝"建设中的公共外交工作，如图 10-1 所示。

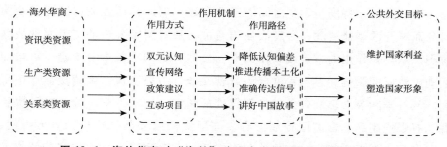

图 10-1　海外华商对"海丝"建设中中国公共外交的影响分析

一　市场驱动机制下海外华商对"海丝"建设中中国公共外交的影响分析

公共外交的行为主体是一国政府，但这并不意味着所有的公共外交活动都应由政府进行具体的筹划、组织和开展。虽然政府具备强大的实力和能力，可以亲自开展所有的公共外交活动，但由于政府的举动具有政治敏感性和多国历史文化的差异，这样做不仅会带来高额的经济成本，而且实施效果也不一定好。因此，在公共外交目标明确的情况下，一国政府只要在幕后给予充足的支持，那么完全可以通过市场化运作的方式开展各类活动。从实施模式来看，与市场机制关联度最高的是媒体网络外交。这种新型的公共外交模式，能够通过电视、广播、报纸和图书、互联网等媒介手段，及时准确地传播"21 世纪海上丝绸之路"建设的内涵以及相关项目的推进情况，避免"海丝"沿线国家的民众受到一些别有用心的媒体的误导，进而获取国际舆论和公众的支持。

在公共外交领域，中国拥有自身强大的媒体宣传网络。然而，由于每一个国家对国外媒体的信息传播都会进行管控，对传播内容也都会进行适当的过滤和修改，中国媒体关于"21 世纪海上丝绸之路"建设的相关报道信息在沿线国家难以及时准确地传播。海外华商能够利用自身资源提高中国媒体信息的境外传播效率和可靠性。首先，海外华商可以利用其资讯类资源提高"海丝"相关新闻报道的传播效率。"海丝"沿线国家的大多数华商在住在国的工作生活时间长，对当地媒体新闻传播的各种限制比较熟悉。因此，海外华商能够利用当地可以接受和理解的认知模式，修改和校对中国媒体报道的相关稿件，使之符合当地政府的要求以及民众的阅读偏好，降低稿件返修次数，提高信息传播的有效性。其次，海外华商可以利用其生产类资源提高"海丝"相关新闻报道的覆盖范围。"海丝"沿线国家的华商，在媒体领域拥有庞大的产业基础，掌握着各种纸质和网络传播平台，完全可以对"21 世纪海上丝绸之路"建设进行专栏报道，提升当地民众对其的认知度。此外，海外华商利用其关系类资源，能够吸引当地更多媒体企业融入其中，参与报道"21 世纪海上丝绸之路"建设的相关新闻，使之成为当地媒体网络新闻传播的热点。

二　政府协调机制下海外华商对"海丝"建设中中国公共外交的影响分析

不管是公共外交的顶层设计，还是公共外交的具体实践，一国政府都在其中发挥决定性作用。在政府协调机制下，中国公共外交的工作重点是加快公共外交政策布局和机制建设，推动中国与"海丝"沿线国家公共外交沟通交流的常态化和规范化。从政策布局来看，中国需要进一步明晰公共外交政策体系的重点领域、层次结构和传播手段。首先，公共外交的政策内容要进一步聚焦和强化人文交流与合作，特别是在教育科技、文化旅游和智库建设方面。其次，公共外交政策的层次结构要有多元性，要充分考虑对象群体的共同需求和差异化诉求。面向国外公众的政策内容要凸显"21 世纪海上丝绸之路"的开放性与包容性，面向精英人士和意见领域的政策内容，要凸显"21 世纪海上丝绸之路"建设对增进国家利益的重要性；面向普通公众的政策内容，要凸显"21 世纪海上丝绸之路"建设对其自身工作生活的影响。最后，公共外交政策的传播要变"被动回应"为"主动宣传"，强化传统媒体和新兴媒体的组合使用，提升相关政策的传播效率和范围。从机制建设来看，需要进一步完善高层磋商机制、交流对话机制和对外援助机制，推动政策的持续完善和有效实施。高层磋商机制主要是针对"海丝"沿线国家重大议题的共商共议机制，强调求同存异，共同发展，引导中国与"海丝"沿线国家的公共外交走向；交流对话机制是一种多层面、多领域的深入交流机制，强调"海丝"建设精神在不同行业领域的传播和落实；对外援助机制是一种人道主义的跨国互助机制，强调用实实在在的行动提升国外公众对"海丝"建设的认知和好感。

在政府协调机制下，海外华商能够利用其自身资源，帮助中国的公共外交部门优化政策布局，加快机制建设进程。在政策布局优化方面，海外华商可以利用其资讯类资源，为中国相关公共外交政策的制定、传播和实施提供有效帮助。首先，为政策制定进行民意调查及相关信息收集。"海丝"沿线国家的海外华商，对住在国不同阶层的工作和生活都有较深刻的认识，能够在中国制定公共外交政策的过程中更好地了解"海丝"沿线国家不同阶层对建设"21 世纪海上丝绸之路"的需求和态度，提高政策的层次性和针对性。其次，为政策传播和实施寻求恰当的路径和方式。同样的政策内容，对"海丝"沿线不同国家的政府、精英和普通民众而言，他们的认知和理解会有所偏差。为此，在不影响政策内涵的情况下，海外华商可以利用其资讯类资源，为中国公共外交政策在不同国家的具体表达形式和实施路径提供建议，使之本土化，提高当地民众对相关政策及相关项目的接受程度。在机制建设方面，海外华商的桥梁作用和参与者角色更为明显。一方面，海外华商可利用其资讯类资源，准确传达双方对于设立高层磋商机制、对话交流机制及对外援助机制的意图和希望，增强双方之间在公共外交方面的政治互信；另一方面，海外华商可利用其关系类资源，发挥其在商界领域的社会影响力，积极促成谈判双方达成共识，推动上述三类机制的建立和健全。最后，海外华商可以利用其生产类资源，在对话交流机制中参与项目对接，在对外援助机制中提供支持。

三 民间交流机制下海外华商对"海丝"建设中中国公共外交的影响分析

民间交流机制下的公共外交与市场驱动机制和政府协调机制下的公共外交既有相同之处，又有不同之处。相同之处是，民间交流机制下的公共外交与其他两者一样，都是服务于一国政府的外交发展需要，都能得到一国政府的幕后许可和大力支持。不同之处是，民间交流机制下的公共外交是一种由共同的爱好牵引形成的软联通，不像市场驱动机制下的公共外交那般现实，也不像政府协调机制下的公共外交那般正式，它用自己独特的方式，将一国外交的价值理念柔化成涓涓细流，流淌在各种非正式的文化和宗教活动当中。在民间交流机制下，"21 世纪海上丝绸之路"公共外交需要充分发挥民间力量，挖掘和利用沿线的丰富历史、文化、宗教、艺术资源，通过民间文化和宗教社团组织讲述"海丝故事"、记录"海丝人文"、展现"海丝风貌"，促进"海丝"沿线国家之间的文化、宗教的交流与融合，进而提升"海丝"沿线国家的普通民众对"21 世纪海上丝绸之路"建设的认同感和支持力度。

在民间交流机制下，海外华商是"21 世纪海上丝绸之路"公共外交的主力军，在其中扮演着组织者和表演者的双重角色。一方面，海外华商丰富的资讯类资源，包含了对中国和住在国文化、宗教的了解和认知判断，这让他们能够更好地把握中国与"海丝"沿线国家民众对文化、宗教认知的相同点，遴选出民间交流的合适议题，使之既能反映中国提出"21 世纪海上丝绸之路"的历史底蕴和文化内涵，又能为"海丝"沿线国家民众所喜欢、认同和接受。另一方面，海外华商强大的经济实力，使他们具备足够的实力和精力来牵头组织各种文化、宗教外交活动，从而增强这种民间交流机制的本地化和亲民性，提高文化、宗教外交活动的可行性。此外，海外华商紧密的关系网络及在当地形成社会威望，加上他们对"海丝"文化、宗教在中国和住在国的情况有独特的认识和理解，使他们成为"海丝"文化、宗教故事最为得力的讲解者，能够以"海丝"沿线国家民众乐于接受的方式，讲述着一个个经久不衰的美丽传说，勾勒出一幅幅精美绝伦的历史画卷，增进"海丝"沿线国家民众对于"21 世纪海上丝绸之路"建设的认知、好感和期盼。

第十一章　海外华商影响 21 世纪海上丝绸 之路建设的实证

第一节　样本选择

基于上述理论分析，本章从资源视角进一步实证检验海外华商对"21世纪海上丝绸之路"建设的影响，由于部分国家数据量很少，故选取"21世纪海上丝绸之路"东、中、西三段航线的 21 个国家为研究对象，包括菲律宾、柬埔寨、老挝、缅甸、泰国、文莱、新加坡、印度尼西亚、越南、埃及、也门、阿曼、巴基斯坦、巴林、卡塔尔、科威特、沙特阿拉伯、斯里兰卡、伊拉克、伊朗、印度，样本的时间区间为 2010~2018 年，样本国家财务、非财务数据来源于 CSMAR 数据库和《中国统计年鉴》。为消除异常值影响，本章对连续变量进行上下 1% 缩尾处理。

第二节　变量测度

一　被解释变量

产业转型升级、人民币区域化、互联互通基础设施建设（以下简称"互联互通建设"）、海洋经济合作和公共外交关系是中国"21 世纪海上丝绸之路"建设的重要内容，也是海外华商融入"21 世纪海上丝绸之路"建设的关键领域。考虑到上述五大领域在本书中的概念内涵和关注重点，结合数据的可获取性，分别对"21 世纪海上丝绸之路"建设的五个方面进行测量。

产业转型升级（$\mathrm{INTD}_{j,t}$）：高质量生产要素的投入是产业转型升级的前提，使用更多高质量的生产要素，才有可能更好地推动产业结构的优化和产业发展的高级化。本章从中国对他国高级生产要素的使用来表征中国产业转型升级的程度和水平，即通过 j 国高科技产品出口到中国的数额（$\mathrm{INTD}_{j,t}1$）和 j 国 t 时期在中国的专利申请总数（$\mathrm{INTD}_{j,t}2$）进行测量。

人民币区域化（$\mathrm{RMBR}_{j,t}$）：人民币在"海丝"沿线国家的使用范围和数量，是人民币在相关国家区域化的重要体现，而中国与"海丝"沿线国家是否签订货币使用方面的各类协议，则反映了"海丝"沿线国家对人民币的态度及国家间商业活动对人民币的需求程度。本章通过"海丝"沿线国家是否与中国签订双边本币互换协议来测量人民币在"海丝"沿线国家的区域化程度，即 j 国在 t 时期与中国人民银行签订了本币互换协议为 1，否则为 0。

互联互通建设（INC）：基础设施互联互通主要体现为中国与"海丝"沿线国家在交通、通信和能源三方面的互联互通，这三个方面也是中国投资"海丝"沿线国家的重点领域。为此，本章采用中国投资"海丝"沿线国家的对外直接投资存量（INC1）和对外直接投资流量（INC2）两个指标来测量中国与"海丝"沿线国家的互联互通建设水平。

海洋经济合作（MAEC）：港口基础设施建设是一国发展海洋经济的重要基础，海洋运输能力进一步反映了一国对于港口基础设施的利用和管理水平，能够反映一国海洋经济合作的潜力和水平。本章采用"海丝"沿线国家的港口基础设施质量（MAEC1），以及"海丝"沿线国家的货柜码头吞吐量（MAEC2）和物流绩效指数（MAEC3）来测量中国与"海丝"沿线国家的海洋经济合作水平。MAEC1 用 1~7 分分别表示十分欠发达到十分发达，MAEC2 表示输入地区并经过装卸作业的货物总量，数值越高，代表吞吐量越多，MAEC3 用 1~5 分进行评价，分数越高，代表物流绩效越好。

公共外交关系（$\mathrm{PUDR}_{j,t}$）：公共外交关系是一国对外开放程度的重要体现，它更加强调国家之间非正式交流的程度，特别强调通过纸质出版物、电影、文化交流、广播和电视等形式对其他国家公众的影响。孔子学院和孔子学堂是对外传播中国优秀传统文化的重要载体，其数量反映了他国公众对中国传统文化的兴趣、包容以及热爱程度，在一定程度上可以反映中国与他国之间的公共外交关系。本章采用"海丝"沿线国家设立的孔子学院和孔子学堂数量来表征中国与"海丝"沿线国家之间的公共外交关系。具体而言，用 j 国在 t 时期的孔子学院数（$\text{PUDR}_{j,t}1$）和 j 国在 t 时期的孔子学堂数（$\text{PUDR}_{j,t}2$）进行测量。

二 解释变量

现有研究采用海外华侨华人的数量对华侨华人规模或华人网络进行测量，但世界各国华侨华人的数量没有明确的数据，且没有进行动态更新，很难与本书涉及的"海丝"沿线各国的华侨华人动态面板数据进行匹配。另外，虽然海外华商资源与华侨华人网络等概念有交叉，但还有一定的差别。海外华商资源侧重于华侨华人当中的商业经济实力，而华侨华人及其网络所涵盖的范围更为宽泛。在本书中，海外华商资源是指海外华商所掌握或嵌入海外华商个体当中的各种资源的总和，主要分为以下三类：资讯类资源、生产类资源和关系类资源。本章主要从中国上市公司在"海丝"沿线国家的投资项目情况和上市公司高层在"海丝"沿线国家的履历特征进行测量。具体而言，资讯类资源（INR）采用中国上市公司高管人员是否有海外留学经历或工作经历进行测量。具体而言，中国上市公司某一高管在一个国家有留学或工作经历，就赋值"1"，如果该高管在一个国家既有留学经历，又有工作经历，就进行双重赋值。然后，将这些数值按照"海丝"沿线国家和年份进行加总，代表海外华商在"海丝"沿线各国各年的资讯类资源，"海丝"沿线国家某年的数值越大，代表海外华商在这个国家的资讯类资源越多。生产类资源（PRR）采用中国每年对"海丝"沿线各国的投资总额进行测量。中国在"海丝"沿线各国的投资额度，与中国在这些国家的华商资本和经济实力密切相关，因而中国某年在"海丝"沿线某个国家的投资额，在一定程度上可以代表该国华商生产类资源的状态。关系类资源（RER）采用中国上市公司高管当年是否在海外机构任职进行测量。具体而言，中国上市公司某一高管如果当年在"海丝"沿线国家的公司中相关机构任职，就对海外华商在该国的关系类资源赋值

"1"。然后，将这些数值按照"海丝"沿线国家和年份进行加总，代表海外华商在"海丝"沿线各国各年的关系类资源，"海丝"沿线国家某年的数值越大，代表海外华商在这个国家的关系类资源越多。

三　中介变量

（一）市场驱动机制（MAD）

市场驱动机制主要体现市场利益驱动下"海丝"沿线国家各种经济主体之间的商业合作与联系。本章主要从营商环境的角度来测量"海丝"沿线国家各种经济主体之间的商业联系和合作，营商环境越好，商业联系和合作就会越频繁，具体通过三个指标进行反向测量。一是"海丝"沿线国家创办企业的启动程序数（MAD1），即创办企业的必要程序，包括为了获取必要的许可证和执照，以及为了完成开展经营活动所需的注册、验资、通知等工作所进行的接触活动；二是在"海丝"沿线国家创办企业所需时间（MAD2），即完成合法经营企业所需程序的历日数；三是在"海丝"沿线国家注册资产所需时间（MAD3），即企业获得资产产权所需的历日数。

（二）政府协调机制（GOC）

政府作为资源配置的重要工具，其协调职能能弥补市场和制度的缺陷，创造更多的区域优势，推动区域经济的持续稳定发展。"海丝"沿线国家政府之间协调形成的一系列政策协议，决定了彼此之间的合作领域、合作内容和合作方向，对于各国微观经济主体的跨国商业实践有着强烈的导向作用，也必然会加快各国之间的交流互动程度，为此本章采用入境中国的外国旅客人数来衡量政府协调机制。

（三）民间交流机制（NGE）

民间交流机制是指"海丝"沿线国家的微观行为主体出于兴趣爱好、历史文化等非商业因素而形成的各种非正式交流与联系，民间交流机制能够像润滑剂一样缓解政策协议谈判的紧张氛围，推动政策协调机制的顺利运行。为了更好地推动国家之间的民间交流，许多国家通过城市之间的各种正式活动和非正式活动对民间交流进行强化，而互认友好城市可以很好地对民间交流进行表征，为此本章采用中国与外国每年增加的友好城市数目来衡量民间交流机制。

综上，海外华商对"21 世纪海上丝绸之路"建设影响研究中主要涉及的变量及数据来源如表 11-1 所示。

表 11-1　主要变量数据定义与来源

变量	变量名称	代理变量及代码	数据来源
被解释变量	产业转型升级	$INTD_{j,t}1$（高科技产品出口额）	CSMAR 数据库
		$INTD_{j,t}2$（专利申请总数）	CSMAR 数据库
	人民币区域化	$RMBR_{j,t}$（双边本币互换协议）	CSMAR 数据库
	互联互通建设	INC1（对外直接投资存量）	中国统计年鉴
		INC2（对外直接投资流量）	中国统计年鉴
	海洋经济合作	MAEC1（港口基础设施质量）	CSMAR 数据库
		MAEC2（货柜码头吞吐量）	CSMAR 数据库
		MAEC3（物流绩效指数）	CSMAR 数据库
	公共外交关系	$PUDR_{j,t}1$（孔子学院数）	CSMAR 数据库
		$PUDR_{j,t}2$（孔子学堂数）	CSMAR 数据库
解释变量	海外华商资源	INR（资讯类资源）	CSMAR 数据库
		PRR（生产类资源）	CSMAR 数据库
		RER（关系类资源）	CSMAR 数据库
中介变量	市场驱动机制	MAD1（企业注册的启动程序数）	CSMAR 数据库
		MAD2（创办企业所需时间）	CSMAR 数据库
		MAD3（注册资产所需时间）	CSMAR 数据库
	政府协调机制	GOC（入境中国的外国旅客人数）	CSMAR 数据库
	民间交流机制	NGE（中国与外国每年增加的友好城市数目）	CSMAR 数据库
控制变量	国内生产总值	GDP	CSMAR 数据库
	第一产业增加值占 GDP 比重	FIRST	CSMAR 数据库
	人口数量	POP	CSMAR 数据库
	人口增长率	GROW	CSMAR 数据库

注：国内生产总值、人口数量的数值分别取对数。

第三节　研究模型

资讯类资源、生产类资源和关系类资源是海外华商参与和推动"21 世纪海上丝绸之路"建设的关键要素。为了更好地检验海外华商对"21 世纪海上丝绸之路"建设的影响及作用机制，本章构建了如下基础模型。

$$COMSR = c + \rho OCB + \beta CVs + \mu + \chi + \varepsilon \tag{1}$$

模型（1）中，COMSR 为"21 世纪海上丝绸之路"建设，具体包括产业转型升级（$INTD_{j,t}$）、人民币区域化（$RMBR_{j,t}$）、互联互通建设（INC）、海洋经济合作（MAEC）和公共外交关系（$PUDR_{j,t}$）。OCB 为海外华商资源，分别包括资讯类资源（INR）、生产类资源（PRR）、关系类资源（RER）。如果回归系数 ρ 显著大于 0，表明海外华商资源对"21 世纪海上丝绸之路"建设会产生积极影响，CVs 为可能影响"21 世纪海上丝绸之路"建设控制变量，包括国内生产总值（GDP）、第一产业增加值占 GDP 比重（FIRST）、人口数量（POP）、人口增长率（GROW）。μ 和 χ 分别为年度效应和航线效应，ε 为回归残差项。为提高检验结果稳健性，本章通过报告国家层面聚类稳健标准误控制异方差。

第四节　实证分析

一　描述性统计

表 11-2 中列示了被解释变量、解释变量、控制变量的描述性统计，包括变量的均值、标准差、最小值及最大值。其中，海外华商资讯类资源均值为 27.280，最大值为 513，关系类资源均值为 11.090，最大值为 136，说明各国之间的资讯类资源和关系类资源相差较大；生产类资源均值 19.030，最大值为 24.050，与其他两类资源相比，生产类资源的国别差别程度相对较小。其他变量的描述性统计也如表 11-2 所示。

表 11-2   描述性统计

变量	均值	标准差	最小值	最大值
INR	27. 280	65. 310	0	513
PRR	19. 030	2. 869	7. 807	24. 050
RER	11. 090	23. 360	0	136
$INTD_{j,t}1$	18. 040	5. 707	1. 572	25. 730
$INTD_{j,t}2$	71. 030	225. 900	0	1683
$RMBR_{j,t}$	0. 190	0. 394	0	1
INC1	8. 942	2. 331	2. 458	13. 840
INC2	6. 499	2. 693	-4. 605	10. 590
MAEC1	2. 820	2. 274	0	6. 800
MAEC2	14. 870	1. 471	12. 150	17. 420
MAEC3	1. 366	1. 502	0	4. 144
$PUDR_{j,t}1$	0. 206	0. 406	0	1
$PUDR_{j,t}2$	0. 175	0. 381	0	1
FIRST	0. 111	0. 099	0	0. 3670
GDP	25. 64	1. 383	22. 780	28. 480
POP	7. 771	1. 905	3. 704	11. 800
GROW	2. 005	1. 572	0. 100	9. 200

二   直接效应检验

（一）海外华商资讯类资源对"21 世纪海上丝绸之路"建设直接影响分析

表 11-3 列出了海外华商的资讯类资源与"21 世纪海上丝绸之路"建设五大领域的多元回归结果。研究发现，海外华商的资讯类资源与"21 世纪海上丝绸之路"建设五大领域的回归系数为正，且达到显著水平。这意味着资讯类资源与"21 世纪海上丝绸之路"建设五大领域之间存在显著的正相关关系，即海外华商的资讯类资源会显著提升"21 世纪海上丝绸之路"建设。也就是说，"海丝"沿线某一国家华商的资讯类资源越多，越有利于中国产业转型升级和人民币区域化，以及中国和该国的互联互通建设、海洋经济合作和公共外交关系。具体而言，"海丝"沿线国家华商的资讯类资源每增加 1 个单位，中国产业转型升级增加 0. 013 个与 3. 370 个单位，人民币区域化增加 0. 002 个单位，中国和"海丝"沿线国家互联互通建设增加 0. 006 个与 0. 005 个单位，海洋经济合作增加 0. 009 个、

表 11-3　海外华商资讯类资源对 "21 世纪海上丝绸之路" 建设直接影响的实证检验

变量	COMSR									
	$INTD_{j,t}1$	$INTD_{j,t}2$	$RMBR_{j,t}$	INC1	INC2	MAEC1	MAEC2	MAEC3	$PUDR_{j,t}1$	$PUDR_{j,t}2$
INR	0.013***	3.370***	0.002***	0.006***	0.005***	0.009**	0.006***	0.004***	0.002***	0.001***
	(6.10)	(18.67)	(4.16)	(4.33)	(2.90)	(2.42)	(5.96)	(3.23)	(5.35)	(5.55)
FIRST	-24.15***	148.344*	1.072	1.223	4.620*	2.053	-13.96***	0.665	-0.378	0.160
	(-4.01)	(1.73)	(1.64)	(0.56)	(1.66)	(0.57)	(-9.15)	(0.64)	(-0.77)	(0.34)
GDP	-0.435	24.798**	0.182***	2.063***	2.477***	0.564*	-0.301**	0.040	-0.067	-0.035
	(-0.85)	(2.21)	(3.13)	(12.09)	(10.46)	(1.88)	(-2.076)	(0.34)	(-1.48)	(-0.84)
POP	1.787***	-30.471***	-0.111**	-0.874***	-1.230***	-0.334	0.880***	0.039	0.082**	0.053
	(4.04)	(-3.36)	(-2.46)	(-6.55)	(-7.10)	(-1.35)	(7.67)	(0.43)	(2.19)	(1.53)
GROW	-0.195	-9.845***	-0.027**	0.082	-0.178*	0.259***	-0.029	0.163***	0.014	0.007
	(-1.14)	(-3.46)	(-2.06)	(1.24)	(-1.82)	(2.88)	(-0.47)	(3.35)	(1.25)	(0.60)
年度	控制	控制	控制	控制	控制	控制	控制	控制	控制	控制
航线	控制	控制	控制	控制	控制	控制	控制	控制	控制	控制
C	21.117**	-4.220*	-3.728***	-37.62***	-47.41***	-9.662	17.559***	0.783	1.109	0.492
	(2.09)	(-1.86)	(-3.06)	(-10.34)	(-9.36)	(-1.54)	(5.79)	(0.32)	(1.19)	(0.56)
N	142	189	189	170	160	189	143	189	189	189
R^2	0.878	0.884	0.188	0.772	0.659	0.393	0.774	0.714	0.565	0.506

注：***、**、* 分别表示 1%、5%、10% 的显著性水平，通过报告国家层面聚类稳健标准误控制异方差。

0.006 个和 0.004 个单位,公共外交关系增加 0.002 个和 0.001 个单位。

(二) 海外华商生产类资源对 "21 世纪海上丝绸之路" 建设的直接影响分析

表 11-4 列出了海外华商生产类资源与 "21 世纪海上丝绸之路" 建设五大领域的多元回归结果。研究发现,海外华商的生产类资源与 "21 世纪海上丝绸之路" 建设五大领域的回归系数为正,且达到显著水平。这意味着生产类资源与 "21 世纪海上丝绸之路" 建设五大领域之间存在显著的正相关关系,即海外华商的生产类资源会显著提升 "21 世纪海上丝绸之路" 建设。也就是说, "海丝" 沿线某一国家华商的生产类资源越多,越有利于中国产业转型升级和人民币区域化,以及中国和该国的互联互通建设、海洋经济合作和公共外交关系。具体而言, "海丝" 沿线国家华商的生产类资源每增加 1 个单位,中国产业转型升级增加 0.338 个与 38.825 个单位,人民币区域化增加 0.027 个单位,中国和 "海丝" 沿线国家互联互通建设增加 0.097 个与 0.138 个单位,海洋经济合作增加 0.128 个、0.174 个和 0.101 个单位,公共外交关系增加 0.033 个和 0.028 个单位。

(三) 海外华商关系类资源对 "21 世纪海上丝绸之路" 建设的直接影响分析

表 11-5 列出了海外华商的关系类资源与 "21 世纪海上丝绸之路" 建设的多元回归结果。研究发现,海外华商的关系类资源与 "21 世纪海上丝绸之路" 建设五大领域的回归系数为正,且达到显著水平。这意味着关系类资源与 "21 世纪海上丝绸之路" 建设五大领域之间存在显著的正相关关系,即海外华商的关系类资源会显著提升 "21 世纪海上丝绸之路" 建设。也就是说, "海丝" 沿线某一国家华商的关系类资源越多,越有利于中国产业转型升级和人民币区域化,以及中国和该国的互联互通建设、海洋经济合作和公共外交关系。具体而言, "海丝" 沿线国家华商的关系类资源每增加 1 个单位,中国产业转型升级增加 0.051 个与 9.661 个单位,人民币区域化增加 0.006 个单位,中国和 "海丝" 沿线国家的互联互通建设增加 0.022 个与 0.018 个单位,海洋经济合作增加 0.036 个、0.024 个和 0.012 个单位,公共外交关系增加 0.003 个和 0.003 个单位。

表11-4　海外华商生产类资源对"21世纪海上丝绸之路"建设直接影响的实证检验

变量	COMSR									
	$INTD_{j,t}1$	$INTD_{j,t}2$	$RMBR_{j,t}$	INC1	INC2	MAEC1	MAEC2	MAEC3	$PUDR_{j,t}1$	$PUDR_{j,t}2$
PRR	0.338***	38.825***	0.027*	0.097**	0.138***	0.128**	0.174***	0.101***	0.033***	0.028***
	(3.41)	(4.46)	(1.70)	(2.06)	(2.63)	(2.39)	(5.65)	(3.42)	(3.55)	(3.03)
FIRST	-23.79***	1.645***	-1.25***	0.883	4.559	-1.963	-13.36***	1.297	-0.391	0.431
	(-3.31)	(3.07)	(-3.56)	(0.27)	(1.03)	(-0.52)	(-9.67)	(0.87)	(-0.61)	(0.71)
GDP	-0.140	253.115***	-0.027**	2.321***	2.660***	0.753**	-0.165	0.216	-0.059	-0.011
	(-0.24)	(4.16)	(-2.06)	(10.35)	(8.51)	(2.51)	(-1.30)	(1.50)	(-1.02)	(-0.19)
POP	1.424***	-2.202***	0.144***	-0.923***	-1.278***	-0.367	0.543***	-0.081	0.084*	0.036
	(2.84)	(-3.80)	(2.66)	(-4.65)	(-5.12)	(-1.49)	(5.29)	(-0.69)	(1.71)	(0.74)
GROW	-0.721***	-88.968***	1.232*	0.034	-0.288***	0.138	-0.325***	0.158**	0.012	0.001
	(-3.06)	(-3.16)	(1.92)	(0.37)	(-3.03)	(1.08)	(-4.95)	(2.25)	(0.43)	(0.06)
年度	控制	控制	控制	控制	控制	控制	控制	控制	控制	控制
航线	控制	控制	控制	控制	控制	控制	控制	控制	控制	控制
C	12.232	-5.300***	-0.032	-44.979***	-52.99***	-14.93**	14.691***	-4.066	0.362	-0.534
	(1.13)	(-4.36)	(-0.09)	(-10.55)	(-8.25)	(-2.391)	(5.786)	(-1.318)	(0.313)	(-0.449)
N	102	131	131	121	116	131	103	131	131	131
R^2	0.904	0.468	0.073	0.828	0.690	0.561	0.837	0.760	0.681	0.595

注：***、**、*分别表示1%、5%、10%的显著性水平，通过报告国家层面聚类稳健标准误控制异方差。

179

表 11-5 海外华商关系类资源对"21 世纪海上丝绸之路"建设直接影响的实证检验

变量	COMSR									
	$INTD_{j,t}1$	$INTD_{j,t}2$	$RMBB_{j,t}$	INC1	INC2	MAEC1	MAEC2	MAEC3	$PUDR_{j,t}1$	$PUDR_{j,t}2$
RER	0.051***	9.661***	0.006***	0.022***	0.018***	0.036***	0.024***	0.012***	0.003***	0.003***
	(7.93)	(9.68)	(5.82)	(6.52)	(3.83)	(4.82)	(10.21)	(3.68)	(4.03)	(2.93)
FIRST	-23.45***	553.296***	1.222*	1.672	4.541	2.936	-13.23***	1.084	-0.195	0.346
	(-4.07)	(4.69)	(1.92)	(0.75)	(1.65)	(0.82)	(-9.99)	(1.05)	(-0.39)	(0.73)
GDP	-0.702	28.115***	0.151***	1.980***	2.410***	0.406	-0.395***	0.015	-0.056	-0.017
	(-1.41)	(2.89)	(2.66)	(12.12)	(9.98)	(1.40)	(-3.12)	(0.13)	(-1.20)	(-0.39)
POP	1.925***	-40.216***	-0.098*	-0.842***	-1.179***	-0.274	0.940***	0.042	0.073*	0.040
	(4.52)	(-4.25)	(-2.27)	(-6.41)	(-6.67)	(-1.12)	(9.64)	(0.47)	(1.90)	(1.13)
GROW	-0.156	-10.158***	-0.023*	0.092	-0.146	0.280***	-0.001	0.166***	0.013	0.004
	(-1.00)	(-3.24)	(-1.91)	(1.40)	(-1.44)	(3.19)	(-0.03)	(3.37)	(1.09)	(0.38)
年度	控制	控制	控制	控制	控制	控制	控制	控制	控制	控制
航线	控制	控制	控制	控制	控制	控制	控制	控制	控制	控制
C	25.988***	-5.602***	-3.15***	-36.100***	-46.28***	-6.731	18.988***	1.182	0.865	0.095
	(2.64)	(-2.80)	(-2.63)	(-10.36)	(-9.02)	(-1.12)	(7.04)	(0.50)	(0.89)	(0.10)
N	142	189	189	170	160	189	143	189	189	189
R^2	0.894	0.847	0.241	0.784	0.666	0.439	0.817	0.721	0.552	0.483

注：***、**、* 分别表示 1%、5%、10% 的显著性水平，通过报告国家层面聚类稳健标准误控制异方差。

三　中介效应检验

在模型（1）的基础上构建如下机制检验模型，进一步分析海外华商资源影响"21世纪海上丝绸之路"建设五大领域的作用路径，分别为市场驱动机制、政府协调机制和民间交流机制。

$$Medium = c + mOCB + \beta CVst + \mu + \chi + \varepsilon \tag{2}$$

$$COMSR = c + \omega Medium + \rho OCB + \beta CVst + \mu + \chi + \varepsilon \tag{3}$$

其中，Medium为海外华商资源影响"21世纪海上丝绸之路"建设五大领域的中介因子，包括"海丝"沿线国家企业注册的启动程序数（MAD1）、创办企业所需时间（MAD2）、注册资产所需时间（MAD3）、入境中国的外国旅客人数（GOC）和中国与"海丝"沿线国家每年增加的友好城市数据（NGE）5个变量，分别作为市场驱动、政府协调和民间交流三个中介机制的代理变量，其他变量解释见模型（1）。模型（2）用于检验海外华商资源对三种中介因子的影响，模型（3）用于检验三种中介因子对"21世纪海上丝绸之路"建设五大领域的影响。结合模型（2）的实证检验结果，如果系数m和ω均显著异于0，则表明海外华商资源会通过中介因子Medium影响"21世纪海上丝绸之路"建设五大领域，若在此基础上模型（3）中ρ不显著，表明中介因子Medium属于完全中介。

（一）市场驱动机制的中介效应检验

表11-6给出了海外华商资源对中国与"海丝"沿线国家之间市场驱动机制的多元回归结果。研究发现，海外华商的资讯类资源和关系类资源与"海丝"沿线国家企业注册的启动程序数（MAD1）、创办企业所需时间（MAD2）、注册资产所需时间（MAD3）的回归系数均为负数，且达到显著性水平。这意味着"海丝"沿线某一国家华商的资讯类资源和关系类资源越多，"海丝"沿线国家企业注册的启动程序数、创办企业所需时间和注册资产所需时间就越少。也就是说，海外华商的资讯类资源和关系类资源显著降低了中国和"海丝"沿线国家之间商业联系和合作的成本，提升了市场驱动效率。另外，研究还发现，海外华商的生产类资源仅与

表 11-6　海外华商资源对中国与"21 世纪海上丝绸之路"沿线国家之间市场驱动机制的回归分析结果

变量	市场驱动机制								
	MAD1	MAD2	MAD3	MAD1	MAD2	MAD3	MAD1	MAD2	MAD3
INR	-0.022*** (-5.14)	-0.075*** (-3.42)	-0.145** (-2.07)						
PRR				-0.429*** (-4.43)	-0.308 (-0.45)	-0.737 (-0.53)			
RER							-0.095*** (-7.13)	-0.319*** (-4.34)	-0.725*** (-3.09)
FIRST	-0.280 (-0.03)	81.581* (1.71)	92.246 (0.88)	-16.487* (-1.70)	64.934 (1.02)	-67.399 (-0.62)	-2.570 (-0.36)	73.784 (1.55)	78.273 (0.72)
GDP	0.323 (0.69)	-5.568* (-1.74)	-2.782 (-0.44)	-1.951*** (-2.71)	-11.509** (-2.55)	-22.513*** (-2.90)	0.739* (1.69)	-4.197 (-1.31)	1.319 (0.20)
POP	0.420 (0.90)	-0.741 (-0.25)	-11.932** (-2.00)	2.983*** (4.61)	7.016* (1.84)	10.361** (2.07)	0.259 (0.58)	-1.266 (-0.44)	-13.691** (-2.20)
GROW	-0.143 (-0.83)	-1.182 (-1.10)	-11.389*** (-3.67)	1.154*** (3.88)	4.132*** (2.77)	-1.462 (-0.34)	-0.197 (-1.31)	-1.362 (-1.30)	-11.926*** (-3.79)
年度	控制	控制	控制	控制	控制	控制	控制	控制	控制
航线	控制	控制	控制	控制	控制	控制	控制	控制	控制
C	-0.471 (-0.05)	183.46*** (2.81)	234.274* (1.68)	41.737*** (3.01)	259.27*** (3.03)	552.10*** (2.80)	-8.203 (-0.97)	158.012** (2.45)	156.345 (1.15)
N	189	189	189	131	131	131	189	189	189
R^2	0.300	0.454	0.239	0.573	0.553	0.258	0.415	0.475	0.265

注：***、**、*表示代表 1%、5%、10% 的显著性水平，通过报告国家层面聚类稳健标准误控制异方差。

"海丝"沿线国家企业注册的启动程序数（MAD1）呈现显著负相关关系，而与创办企业所需时间（MAD2）、注册资产所需时间（MAD3）的回归系数虽为负，但未达到显著性水平。这表明海外华商的生产类资源对中国和"海丝"沿线国家之间的市场驱动机制有一定的促进作用，但作用程度不如资讯类资源和关系类资源。

1. 市场驱动机制对海外华商资讯类资源影响"21 世纪海上丝绸之路"建设的中介效应检验

表 11-7、表 11-8 和表 11-9 分别考察了市场驱动机制三个代理变量（MAD1、MAD2 和 MAD3）在海外华商资讯类资源与"21 世纪海上丝绸之路"建设五大领域之间关系中的中介效应。

如前所证，海外华商资讯类资源对企业注册的启动程序数（MAD1）具有显著的负相关关系，满足中介效应检验的基本条件。由表 11-7 可知，市场驱动机制中企业注册的启动程序数（MAD1）与中国产业转型升级、人民币区域化，以及中国和"海丝"沿线国家海洋经济合作的回归系数为负，且达到显著性水平；同时，加入中介变量后，海外华商资讯类资源与中国产业转型升级、人民币区域化，以及中国和"海丝"沿线国家海洋经济合作相关变量的回归系数数值大多数有所下降，但仍为正，且达到显著性水平，为此，市场驱动机制中企业注册的启动程序数（MAD1）的中介效应成立，在海外华商资讯类资源与中国产业转型升级、人民币区域化，以及中国和"海丝"沿线国家海洋经济合作的关系中发挥部分中介作用。由表 11-7 还可知，市场驱动机制中企业注册的启动程序数（MAD1）对中国和"海丝"沿线国家互联互通建设及公共外交关系的回归系数为负，但未达到显著性水平，中介效应分析终止，MAD1 在海外华商资讯类资源与中国和"海丝"沿线国家互联互通建设、公共外交关系之间的中介传导作用不成立。

如前所证，海外华商资讯类资源对创办企业所需时间（MAD2）具有显著的负相关关系，满足中介效应检验的基本条件。由表 11-8 可知，市场驱动机制中创办企业所需时间（MAD2）与中国产业转型升级（$INTD_{j,t}1$）、人民币区域化，以及中国和"海丝"沿线国家海洋经济合作的回归系数为负，且达到显著性水平；同时，加入中介变量后，海外华商资讯类资源与中国产业转型升级、人民币区域化，以及中国和"海丝"沿线国家海洋

表 11-7 海外华商资讯类资源、市场驱动机制（MAD1）与 "21 世纪海上丝绸之路" 建设多元回归检验

变量	COMSR									
	$INTD_{j,t}1$	$INTD_{j,t}2$	$RMBR_{j,t}$	INC1	INC2	MAEC1	MAEC2	MAEC3	$PUDR_{j,t}1$	$PUDR_{j,t}2$
MAD1	-0.03*	-0.94*	-0.03***	-0.003	-0.006	-0.089*	-0.084***	-0.019*	-0.005	-0.012
	(-0.45)	(0.45)	(-3.87)	(-0.10)	(0.19)	(-1.81)	(-3.19)	(-0.75)	(1.08)	(2.73)
INR	0.012***	3.390***	0.001**	0.006***	0.001	0.006*	0.004***	0.003***	0.001***	0.001***
	(4.27)	(17.44)	(1.98)	(3.78)	(1.03)	(1.79)	(4.42)	(2.65)	(5.43)	(6.43)
FIRST	-24.20***	148.60*	1.06	1.24	1.51	2.02	-13.83***	0.659	-0.376	0.164
	(-3.96)	(1.73)	(1.54)	(0.55)	(0.56)	(0.53)	(-8.50)	(0.61)	(-0.76)	(0.35)
GDP	-0.43	24.49**	0.19***	2.06***	2.53***	0.593*	-0.274*	0.04	-0.06	-0.03
	(-0.84)	(2.13)	(3.37)	(11.85)	(11.21)	(1.92)	(-1.93)	(0.36)	(-1.53)	(-0.94)
POP	1.81***	-30.86**	-0.09**	-0.87***	-1.11**	-0.29	0.95***	0.04	0.08**	0.04
	(4.26)	(-3.49)	(-2.24)	(-6.52)	(-6.44)	(-1.17)	(9.00)	(0.50)	(2.11)	(1.38)
GROW	-0.19	-9.71***	-0.03**	0.08	-0.02	0.24**	-0.02	0.16***	0.015	0.008
	(-1.16)	(-3.35)	(-2.40)	(1.20)	(-0.23)	(2.78)	(-0.43)	(3.26)	(1.32)	(0.72)
C	21.18**	-4.22*	-3.74***	-37.64***	-48.83***	-9.70	17.01***	0.77	1.11	0.49
	(2.09)	(-1.85)	(-3.14)	(-10.26)	(-10.10)	(-1.53)	(5.75)	(0.31)	(1.19)	(0.56)
年度	控制	控制	控制	控制	控制	控制	控制	控制	控制	控制
航线	控制	控制	控制	控制	控制	控制	控制	控制	控制	控制
N	142	189	189	170	160	189	143	189	189	189
R^2	0.891	0.893	0.307	0.792	0.732	0.455	0.821	0.739	0.601	0.555

注：***、**、*分别表示 1%、5%、10% 的显著性水平，通过报告国家聚类层面稳健标准误差控制异方差。

表11-8　海外华商资讯类资源、市场驱动机制（MAD2）与"21世纪海上丝绸之路"建设多元回归检验

变量	COMSR									
	$INTD_{j,t}1$	$INTD_{j,t}2$	$RMBR_{j,t}$	INC1	INC2	MAEC1	MAEC2	MAEC3	$PUDR_{j,t}1$	$PUDR_{j,t}2$
MAD2	-0.005**	0.095*	-0.003**	-0.015	-0.010	-0.018**	-0.006**	-0.004*	0.001	0.001
	(-0.45)	(0.43)	(-2.39)	(-4.10)	(-1.31)	(-2.55)	(-2.13)	(-1.30)	(1.20)	(0.10)
INR	0.012***	3.377***	0.001***	0.005***	0.001	0.007**	0.005***	0.003***	0.001***	0.001***
	(5.18)	(18.30)	(3.72)	(3.35)	(0.27)	(2.04)	(5.64)	(2.93)	(5.37)	(5.38)
FIRST	-23.48**	140.53*	1.286*	3.844*	3.195	3.538	-13.04***	1.045	-0.475	0.152
	(-3.25)	(1.65)	(1.87)	(1.78)	(1.04)	(0.89)	(-7.58)	(0.96)	(-0.92)	(0.31)
GDP	-0.436	25.331**	0.167***	2.069***	2.526***	0.462	-0.294**	0.014	-0.060	-0.035
	(-0.84)	(2.29)	(2.92)	(12.85)	(11.46)	(1.60)	(-1.98)	(0.12)	(-1.31)	(-0.82)
POP	1.768***	-30.40**	-0.113**	-0.966***	-1.169***	-0.348	0.858***	0.035	0.083**	0.053
	(3.72)	(-3.32)	(-2.52)	(-7.36)	(-6.35)	(-1.39)	(7.12)	(0.39)	(2.17)	(1.53)
GROW	-0.203	-9.73***	-0.030**	0.053	-0.048	0.237***	-0.032	0.158***	0.015	0.007
	(-1.16)	(-3.41)	(-2.24)	(0.84)	(-0.43)	(2.79)	(-0.53)	(3.23)	(1.34)	(0.60)
C	21.419**	-4.32*	-3.247***	-36.54***	-47.90***	-6.32	17.67***	1.64	0.88	0.473
	(2.16)	(-1.94)	(-2.67)	(-10.48)	(-10.53)	(-1.06)	(5.72)	(0.65)	(0.93)	(0.52)
年度	控制	控制	控制	控制	控制	控制	控制	控制	控制	控制
航线	控制	控制	控制	控制	控制	控制	控制	控制	控制	控制
N	142	189	189	170	160	189	143	189	189	189
R^2	0.891	0.893	0.272	0.807	0.737	0.469	0.804	0.741	0.603	0.545

注：***、**、*分别表示1%、5%、10%的显著性水平，通过报告国家层面聚类稳健标准误差控制异方差。

表 11-9 海外华商资讯类资源、市场驱动机制（MAD3）与"21 世纪海上丝绸之路"建设多元回归检验

变量	COMSR									
	$INTD_{j,t}1$	$INTD_{j,t}2$	$RMBR_{j,t}$	INC1	INC2	MAEC1	MAEC2	MAEC3	$PUDR_{j,t}1$	$PUDR_{j,t}2$
MAD3	-0.005** (2.35)	-0.062* (-1.05)	-0.001*** (0.46)	-0.002 (-1.30)	-0.001 (-0.18)	-0.010*** (-4.30)	-0.004** (2.31)	-0.003** (-2.40)	-0.001 (0.27)	-0.001 (0.91)
INR	0.013*** (6.02)	3.360*** (18.45)	0.002** (3.86)	0.006*** (4.22)	0.002 (1.00)	0.007*** (2.23)	0.006*** (5.54)	0.003*** (2.84)	0.002*** (5.34)	0.002*** (5.67)
FIRST	-25.48*** (-4.21)	154.08* (1.76)	1.048* (1.67)	1.411 (0.65)	1.615 (0.59)	2.92 (0.78)	-14.73*** (-9.71)	0.963 (0.91)	-0.386 (-0.77)	0.136 (0.29)
GDP	-0.426 (-0.86)	24.625** (2.21)	0.183*** (3.12)	2.053*** (12.04)	2.534*** (11.08)	0.538* (1.86)	-0.273* (-1.83)	0.031 (0.28)	-0.067 (-1.48)	-0.035 (-0.82)
POP	1.856*** (4.16)	-31.21** (-3.27)	-0.108** (-2.39)	-0.89*** (-6.73)	-1.117*** (-6.47)	-0.447* (-1.84)	0.862*** (7.37)	0.001 (0.01)	0.083** (2.20)	0.056 (1.63)
GROW	-0.142 (-0.79)	-10.55** (-3.29)	-0.024 (-1.63)	0.063 (0.90)	-0.031 (-0.27)	0.151* (1.72)	-0.025 (-0.40)	0.126*** (2.74)	0.015 (1.31)	0.010 (0.82)
C	20.137** (2.07)	-4.02* (-1.83)	-3.788*** (-3.05)	-37.08*** (-9.94)	-48.79*** (-9.71)	-7.44 (-1.24)	16.99*** (5.48)	1.54 (0.66)	1.088 (1.17)	0.429 (0.48)
年度	控制	控制	控制	控制	控制	控制	控制	控制	控制	控制
航线	控制	控制	控制	控制	控制	控制	控制	控制	控制	控制
N	142	189	189	170	160	189	143	189	189	189
R^2	0.894	0.893	0.254	0.794	0.732	0.496	0.802	0.752	0.600	0.547

注：***、**、*分别表示 1%、5%、10% 的显著性水平，通过报告国家层面聚类稳健标准误控制异方差。

经济合作相关变量的回归系数数值大多数有所下降，但仍为正，且达到显著性水平，为此，市场驱动机制中创办企业所需时间（MAD2）的中介效应成立，在海外华商资讯类资源与中国产业转型升级、人民币区域化，以及中国和"海丝"沿线国家海洋经济合作的关系中发挥部分中介作用。由表 11-8 还可知，市场驱动机制中创办企业所需时间（MAD2）对中国和"海丝"沿线国家互联互通建设及公共外交关系的回归系数为正，但未达到显著性水平，中介效应分析终止，MAD2 在海外华商资讯类资源与中国和"海丝"沿线国家互联互通建设及公共外交关系之间的中介传导作用也不成立。

如前所证，海外华商资讯类资源对注册资产所需时间（MAD3）具有显著的负相关关系，满足中介效应检验的基本条件。由表 11-9 可知，市场驱动机制中注册资产所需时间（MAD3）与中国产业转型升级、人民币区域化，以及中国和"海丝"沿线国家海洋经济合作的回归系数为负，且达到显著性水平；同时，加入中介变量后，海外华商资讯类资源与中国产业转型升级、人民币区域化，以及中国和"海丝"沿线国家海洋经济合作相关变量的回归系数数值大多数有所下降，但仍为正，且达到显著性水平，为此，市场驱动机制中注册资产所需时间（MAD3）的中介效应成立，在海外华商资讯类资源与中国产业转型升级、人民币区域化，以及中国和"海丝"沿线国家海洋经济合作的关系中发挥部分中介作用。由表 11-9 还可知，市场驱动机制中注册资产所需时间（MAD3）对中国和"海丝"沿线国家互联互通建设及公共外交关系的回归系数为负，但未达到显著性水平，中介效应分析终止，MAD3 在海外华商资讯类资源与中国和"海丝"沿线国家互联互通建设及公共外交关系之间的中介传导作用也不成立。

2. 市场驱动机制对海外华商生产类资源影响"21 世纪海上丝绸之路"建设的中介效应检验

由表 11-6 可知，海外华商的生产类资源对市场驱动机制中企业注册的启动程序数（MAD1）具有显著的负相关关系，而对创办企业所需时间（MAD2）和注册资产所需时间（MAD3）具有负相关关系且不显著，因而 MAD2 和 MAD3 中介效应检验的基本条件不足，无须做进一步分析。由表 11-10 可知，市场驱动机制中企业注册的启动程序数（MAD1）与人民币区域化、

表 11–10 海外华商生产类资源、市场驱动机制（MAD1）与 "21 世纪海上丝绸之路" 建设多元回归检验

变量	COMSR									
	$INTD_{j,i}1$	$INTD_{j,i}2$	$RMBR_{j,i}$	INC1	INC2	MAEC1	MAEC2	MAEC3	$PUDR_{j,i}1$	$PUDR_{j,i}2$
MAD1	0.035 (0.29)	2.895 (0.51)	-0.041*** (-2.69)	0.030 (0.81)	-0.032 (-0.46)	-0.022** (-0.36)	-0.034** (-1.25)	-0.032** (1.25)	-0.011 (-0.87)	0.007 (0.70)
PRR	0.357*** (2.79)	40.06*** (4.24)	0.004*** (-0.25)	0.115** (2.23)	0.015 (0.18)	0.118* (1.73)	0.155*** (4.41)	0.115*** (3.37)	0.028*** (2.72)	0.032*** (3.13)
FIRST	-23.28*** (-3.54)	1.703*** (2.95)	0.851 (0.91)	-0.041*** (-2.69)	0.316 (0.07)	-2.32 (-0.60)	-13.88*** (-9.32)	1.832 (1.10)	-0.576 (-0.70)	0.551 (0.79)
GDP	-0.084 (-0.15)	258.71** (3.96)	0.216*** (2.74)	2.280*** (18.24)	2.472*** (8.24)	0.710*** (2.29)	-0.220* (-1.66)	0.280* (1.71)	-0.081 (-1.04)	0.003 (0.04)
POP	1.323** (2.62)	-2.32*** (-3.48)	-0.110 (-1.49)	-0.926*** (-9.44)	-0.849*** (-3.03)	-0.301 (-0.97)	0.647*** (4.84)	-0.178 (-1.13)	0.117 (1.45)	0.015 (0.21)
GROW	-0.761*** (-3.06)	-92.31** (-2.96)	-0.050* (-1.78)	0.016 (0.19)	0.056 (0.45)	0.163 (1.16)	-0.279*** (-4.01)	0.120 (1.58)	0.025 (0.63)	-0.006 (-0.18)
C	11.052 (1.01)	-5.43*** (-4.13)	-4.043** (-2.38)	-44.33*** (-15.42)	-49.32*** (-8.03)	-14.01** (-2.16)	15.82*** (5.95)	-5.420 (-1.53)	0.830 (0.52)	-0.836 (-0.58)
年度	控制	控制	控制	控制	控制	控制	控制	控制	控制	控制
航线	控制	控制	控制	控制	控制	控制	控制	控制	控制	控制
N	102	131	131	121	116	131	103	131	131	131
R^2	0.918	0.530	0.300	0.850	0.774	0.612	0.862	0.790	0.721	0.644

注：***、**、* 分别表示 1%、5%、10% 的显著性水平，通过报告国家层面聚类稳健标准误差控制异方差。

中国和"海丝"沿线国家海洋经济合作的回归系数为负，且达到显著性水平；同时，加入中介变量后，海外华商生产类资源与人民币区域化、中国和"海丝"沿线国家海洋经济合作相关变量的回归系数数值大多数有所下降，但仍为正，且达到显著性水平，为此，市场驱动机制中企业注册的启动程序数（MAD1）的中介效应成立，在海外华商生产类资源与人民币区域化、中国和"海丝"沿线国家海洋经济合作的关系中发挥部分中介作用。由表 11-10 还可知，市场驱动机制中企业注册的启动程序数（MAD1）对中国产业转型升级、中国和"海丝"沿线国家互联互通建设及公共外交关系的回归系数都未达到显著性水平，中介效应分析终止，MAD1 在海外华商生产类资源与中国产业转型升级、中国和"海丝"沿线国家互联互通建设及公共外交关系之间的中介传导作用也不成立。

3. 市场驱动机制对海外华商关系类资源影响"21 世纪海上丝绸之路"建设的中介效应检验

表 11-11、表 11-12 和表 11-13 分别考察了市场驱动机制三个代理变量（MAD1、MAD2 和 MAD3）在海外华商关系类资源与"21 世纪海上丝绸之路"建设五大领域之间关系中的中介效应。

如前所证，海外华商关系类资源对创办企业需要注册的启动程序数（MAD1）具有显著的负相关关系，满足中介效应检验的基本条件。由表 11-11 可知，市场驱动机制中企业注册的启动程序数（MAD1）与中国产业转型升级、人民币区域化，以及中国和"海丝"沿线国家海洋经济合作及公共外交关系的回归系数为负，且达到显著性水平；同时，加入中介变量后，海外华商关系类资源与中国产业转型升级、人民币区域化，以及中国和"海丝"沿线国家海洋经济合作及公共外交关系相关变量的回归系数数值有所下降，但仍为正，且达到显著性水平，为此，市场驱动机制中企业注册的启动程序数（MAD1）的中介效应成立，在海外华商关系类资源与中国产业转型升级、人民币区域化，以及中国和"海丝"沿线国家海洋经济合作及公共外交关系之间发挥部分中介作用。由表 11-11 还可知，市场驱动机制中企业注册的启动程序数（MAD1）对中国与"海丝"沿线国家互联互通建设的回归系数为负，但未达到显著性水平，中介效应分析终止，MAD1 在海外华商关系类资源与中国和"海丝"沿线国家互联互通建设之间的中介传导作用不成立。

表 11-11　海外华商关系类资源、市场驱动机制（MAD1）与"21 世纪海上丝绸之路"建设多元回归检验

变量	COMSR									
	$INTD_{j,t}1$	$INTD_{j,t}2$	$RMBB_{j,t}$	INC1	INC2	MAEC1	MAEC2	MAEC3	$PUDR_{j,t}1$	$PUDR_{j,t}2$
MAD1	-0.074* (1.07)	-12.34** (4.32)	-0.022*** (-2.69)	-0.048 (1.49)	-0.011 (0.29)	-0.031* (-0.62)	-0.049** (-2.07)	-0.002* (-0.09)	-0.008* (1.55)	-0.014*** (2.88)
RER	0.058*** (5.58)	10.83*** (9.99)	0.004*** (2.95)	0.027*** (5.45)	0.004 (0.86)	0.033*** (3.63)	0.020*** (6.94)	0.012*** (3.12)	0.004*** (4.37)	0.004*** (4.08)
FIRST	-23.24*** (-4.31)	585.02** (4.41)	1.164* (1.76)	1.41 (0.64)	1.700 (0.63)	2.854 (0.79)	-13.26*** (-9.61)	1.078 (1.04)	-0.173 (-0.34)	0.384 (0.81)
GDP	-0.745 (-1.49)	18.99* (1.77)	0.168*** (2.93)	1.913*** (11.52)	2.531*** (10.63)	0.430 (1.44)	-0.361*** (-2.81)	0.017 (0.16)	-0.063 (-1.34)	-0.028 (-0.63)
POP	1.886*** (4.69)	-43.42*** (-4.55)	-0.093** (-2.16)	-0.827*** (-6.39)	-1.121*** (-6.40)	-0.266 (-1.07)	0.973*** (9.99)	0.043 (0.46)	0.071* (1.84)	0.036 (1.03)
GROW	-0.144 (-0.89)	-7.71*** (-2.82)	-0.027** (-2.17)	0.107 (1.56)	-0.025 (-0.22)	0.273*** (3.06)	-0.003 (-0.06)	0.166*** (3.34)	0.014 (1.24)	0.007 (0.59)
C	26.50*** (2.70)	-4.62** (-2.16)	-3.340*** (-2.80)	-35.11*** (-10.07)	-48.90*** (-9.78)	-6.99 (-1.15)	18.383*** (6.798)	1.161 (0.48)	0.935 (0.97)	0.215 (0.23)
年度	控制	控制	控制	控制	控制	控制	控制	控制	控制	控制
航线	控制	控制	控制	控制	控制	控制	控制	控制	控制	控制
N	142	189	189	170	160	189	143	189	189	189
R^2	0.906	0.882	0.326	0.806	0.732	0.485	0.843	0.743	0.591	0.536

注：***、**、*分别表示 1%、5%、10%的显著性水平，通过报告国家层面聚类稳健标准误控制异方差。

表11-12　海外华商关系类资源、市场驱动机制（MAD2）与"21世纪海上丝绸之路"建设多元回归检验

变量	COMSR									
	$INTD_{j,t}1$	$INTD_{j,t}2$	$RMBR_{j,t}$	INC1	INC2	MAEC1	MAEC2	MAEC3	$PUDR_{j,t}1$	$PUDR_{j,t}2$
MAD2	-0.003**	-0.77***	-0.001*	-0.012	-0.010	-0.014**	-0.003**	-0.003**	-0.002**	-0.001**
	(0.30)	(3.26)	(-1.85)	(-3.19)	(-1.28)	(-2.11)	(-1.38)	(-1.01)	(1.31)	(0.08)
RER	0.052***	9.908***	0.005***	0.017***	0.001	0.031***	0.023***	0.011***	0.004***	0.002***
	(6.44)	(9.78)	(5.44)	(4.73)	(-0.19)	(4.04)	(9.37)	(3.29)	(4.13)	(2.74)
FIRST	-23.87***	496.29**	1.36**	3.73*	3.46	3.99	-12.77***	1.353	-0.296	0.340
	(-3.57)	(4.09)	(2.06)	(1.75)	(1.11)	(1.05)	(-9.13)	(1.28)	(-0.57)	(0.70)
GDP	-0.709	31.36***	0.143**	2.011***	2.559***	0.346	-0.387***	0.001	-0.051	-0.01
	(-1.40)	(3.17)	(2.53)	(12.90)	(11.08)	(1.22)	(-2.99)	(0.01)	(-1.06)	(-0.38)
POP	1.94***	-39.23**	-0.10**	-0.92***	-1.19***	-0.29	0.92***	0.03	0.07*	0.04
	(4.26)	(-4.14)	(-2.33)	(-7.16)	(-6.18)	(-1.18)	(9.14)	(0.42)	(1.90)	(1.12)
GROW	-0.15	-9.10***	-0.02**	0.06	-0.05	0.26***	-0.01	0.16***	0.01	0.01
	(-0.94)	(-3.08)	(-2.02)	(1.02)	(-0.48)	(3.05)	(-0.09)	(3.27)	(1.21)	(0.38)
C	25.91***	-6.82***	-2.85**	-35.70***	-48.49***	-4.46	18.97***	1.75	0.64	0.08
	(2.67)	(-3.31)	(-2.37)	(-10.59)	(-10.43)	(-0.77)	(6.91)	(0.71)	(0.65)	(0.08)
年度	控制	控制	控制	控制	控制	控制	控制	控制	控制	控制
航线	控制	控制	控制	控制	控制	控制	控制	控制	控制	控制
N	142	189	189	170	160	189	143	189	189	189
R^2	0.905	0.864	0.311	0.812	0.737	0.500	0.838	0.745	0.593	0.524

注：***、**、*分别表示1%、5%、10%的显著性水平，通过报告国家层面面板聚类稳健标准误控制异方差。

表 11-13 海外华商关系类资质、市场驱动机制（MAD3）与 "21 世纪海上丝绸之路" 建设多元回归检验

变量	COMSR									
	$INTD_{j,t}1$	$INTD_{j,t}2$	$RMBR_{j,t}$	INC1	INC2	MAEC1	MAEC2	MAEC3	$PUDR_{j,t}1$	$PUDR_{j,t}2$
MAD3	-0.007*** (3.52)	-0.216** (2.35)	-0.002* (1.06)	-0.001 (-0.70)	-0.001 (-0.14)	-0.008*** (-3.94)	-0.003* (1.90)	-0.002** (-2.19)	-0.001* (0.49)	-0.001* (0.98)
RER	0.055*** (8.03)	9.819*** (9.66)	0.006*** (5.31)	0.021** (6.26)	0.003 (0.86)	0.030*** (4.31)	0.023*** (9.74)	0.010*** (3.21)	0.003*** (4.12)	0.003*** (3.11)
FIRST	-25.10*** (-4.41)	536.32** (4.42)	1.178* (1.95)	1.772 (0.80)	1.806 (0.66)	3.577 (0.98)	-13.80*** (-10.28)	1.311 (1.26)	-0.207 (-0.41)	0.322 (0.68)
GDP	-0.71 (-1.49)	27.82*** (2.79)	0.151*** (2.63)	1.980*** (12.15)	2.545*** (10.98)	0.417 (1.50)	-0.373*** (-2.87)	0.019 (0.17)	-0.057 (-1.20)	-0.017 (-0.40)
POP	2.03*** (4.75)	-37.24*** (-3.89)	-0.09*** (-2.06)	-0.854*** (-6.47)	-1.127*** (-6.42)	-0.386 (-1.61)	0.925*** (9.28)	0.003 (0.04)	0.075* (1.93)	0.044 (1.24)
GROW	-0.08 (-0.50)	-7.57** (-2.24)	-0.016 (-1.18)	0.082 (1.15)	-0.032 (-0.27)	0.182** (2.07)	-0.001 (-0.01)	0.132*** (2.80)	0.015 (1.22)	0.008 (0.64)
C	25.16*** (2.67)	-5.92*** (-2.94)	-3.242*** (-2.67)	-35.90*** (-10.06)	-49.07*** (-9.72)	-5.451 (-0.95)	18.55*** (6.75)	1.63 (0.72)	0.840 (0.87)	0.047 (0.05)
年度	控制	控制	控制	控制	控制	控制	控制	控制	控制	控制
航线	控制	控制	控制	控制	控制	控制	控制	控制	控制	控制
N	142	189	189	170	160	189	143	189	189	189
R^2	0.910	0.862	0.307	0.804	0.732	0.523	0.839	0.754	0.588	0.526

注：***、**、*分别表示 1%、5%、10% 的显著性水平，通过报告国家层面聚类稳健标准误控制异方差。

如前所证，海外华商关系类资源对创办企业所需时间（MAD2）具有显著的负相关关系，满足中介效应检验的基本条件。由表 11-12 可知，市场驱动机制中创办企业所需时间（MAD2）与中国产业转型升级、人民币区域化，以及中国和"海丝"沿线国家海洋经济合作和公共外交关系的回归系数为负，且达到显著性水平；同时，加入中介变量后，海外华商关系类资源与中国产业转型升级、人民币区域化，以及中国和"海丝"沿线国家海洋经济合作和公共外交关系相关变量的回归系数数值有所下降，但仍为正，且达到显著性水平，为此，市场驱动机制中创办企业所需时间（MAD2）的中介效应成立，在海外华商关系类资源与中国产业转型升级、人民币区域化、中国和"海丝"沿线国家海洋经济合作和公共外交关系之间发挥部分中介作用。由表 11-12 还可知，市场驱动机制中创办企业所需时间（MAD2）对中国和"海丝"沿线国家互联互通建设的回归系数为负，但未达到显著性水平，中介效应分析终止，MAD2 在海外华商关系类资源与中国和"海丝"沿线国家互联互通建设之间的中介传导作用也不成立。

　　如前所证，海外华商关系类资源对注册资产所需时间（MAD3）具有显著的负相关关系，满足中介效应检验的基本条件。由表 11-13 可知，市场驱动机制中注册资产所需时间（MAD3）与中国产业转型升级、人民币区域化，以及中国和"海丝"沿线国家海洋经济合作和公共外交关系的回归系数为负，且达到显著性水平；同时，加入中介变量后，海外华商关系类资源与中国产业转型升级、人民币区域化，以及中国和"海丝"沿线国家海洋经济合作和公共外交关系相关变量的回归系数数值有所下降，但仍为正，且达到显著性水平，为此，市场驱动机制中注册资产所需时间（MAD3）的中介效应成立，在海外华商关系类资源与中国产业转型升级、人民币区域化、中国和"海丝"沿线国家海洋经济合作和公共外交关系之间发挥部分中介作用。由表 11-13 还可知，市场驱动机制中注册资产所需时间（MAD3）对中国和"海丝"沿线国家互联互通建设的回归系数为负，但未达到显著性水平，中介效应分析终止，MAD3 在海外华商关系类资源与中国和"海丝"沿线国家互联互通建设之间的中介传导作用也不成立。

（二）政府协调机制的中介效应检验

1. 政府协调机制对海外华商资讯类资源影响"21 世纪海上丝绸之路"建设的中介效应检验

表 11-14 列出了海外华商资讯类资源、政府协调机制与"21 世纪海上丝绸之路"建设五大领域之间关系的多元回归结果。研究发现，海外华商资讯类资源对政府协调机制（GOC）具有显著的正相关关系，满足中介效应检验的基本条件。由表 11-14 可知，政府协调机制与中国产业转型升级、中国和"海丝"沿线国家互联互通建设和海洋经济合作的回归系数为正，且达到显著性水平；同时，加入中介变量后，海外华商资讯类资源与中国产业转型升级、中国和"海丝"沿线国家海洋经济合作相关变量的回归系数数值有所下降，且达到显著性水平，但海外华商资讯类资源与中国和"海丝"沿线国家互联互通建设的回归系数仍为正数，但未达到显著性水平。为此，政府协调机制的中介效应成立，在海外华商资讯类资源与中国产业转型升级、中国和"海丝"沿线国家海洋经济合作的关系中发挥部分中介作用，但在海外华商资讯类资源与中国和"海丝"沿线国家互联互通建设的关系中发挥完全中介作用。由表 11-14 还可知，政府协调机制对人民币区域化、中国和"海丝"沿线国家公共外交关系的回归系数为正，但未达到显著性水平，中介效应分析终止，也就是说，政府协调机制在海外华商资讯类资源与人民币区域化和中国与"海丝"沿线国家公共外交关系之间的中介传导作用不成立。

2. 政府协调机制对海外华商生产类资源影响"21 世纪海上丝绸之路"建设的中介效应检验

表 11-15 列出了海外华商的生产类资源、政府协调机制与"21 世纪海上丝绸之路"建设五大领域之间关系的多元回归结果。研究发现，海外华商生产类资源对政府协调机制（GOC）具有显著的正相关关系，满足中介效应检验的基本条件。由表 11-15 可知，政府协调机制与中国的产业转型升级、中国和"海丝"沿线国家互联互通建设和海洋经济合作的回归系数为正，且达到显著性水平；同时，加入中介变量后，海外华商生产类资源与中国的产业转型升级、中国和"海丝"沿线国家海洋经济合作相关变量的回归系数数值有所下降，且达到显著性水平，但海外华商生产类资源与中国

表11-14　海外华商资讯类资源、政府协调机制与"21世纪海上丝绸之路"建设多元回归检验

变量	政府协调机制				21世纪海上丝绸之路建设						
	GOC	$INTD_{j,t}1$	$INTD_{j,t}2$	$RMBR_{j,t}$	INC1	INC2	MAEC1	MAEC2	MAEC3	$PUDR_{j,t}1$	$PUDR_{j,t}2$
INR	0.006***	0.007*	3.341***	0.001***	0.002	0.001	0.005*	0.004***	0.002*	0.001**	0.001***
	(6.44)	(1.92)	(15.12)	(2.83)	(1.56)	(-0.35)	(1.63)	(3.61)	(1.84)	(2.24)	(2.80)
GOC		0.988**	26.18*	0.04	0.52***	0.27*	0.50**	0.41***	0.05*	0.02	0.01
		(2.61)	(1.81)	(1.01)	(4.68)	(1.71)	(2.06)	(3.28)	(0.73)	(0.51)	(0.13)
FIRST	-6.15***	-20.54**	275.48*	1.43*	4.94*	3.42	6.89	-11.22***	1.84*	-0.17	0.003
	(-5.01)	(-2.40)	(2.18)	(1.81)	(2.09)	(1.21)	(1.47)	(-5.55)	(1.78)	(-0.31)	(0.01)
GDP	-0.11	-0.53	26.21**	0.194***	2.147***	2.49***	0.95***	-0.21	0.17*	-0.05	-0.04
	(-1.02)	(-0.88)	(2.09)	(2.86)	(12.37)	(10.98)	(2.73)	(-1.34)	(1.69)	(-1.27)	(-1.09)
POP	0.94***	0.95	-51.18*	-0.16**	-1.38***	-1.33***	-0.993***	0.499***	-0.097	0.045	0.049
	(10.41)	(1.30)	(-2.89)	(-2.42)	(-8.10)	(-5.52)	(-2.50)	(2.68)	(-0.93)	(0.81)	(1.08)
GROW	-0.09***	-0.112	-6.003*	-0.025*	0.120*	0.005	0.28***	0.035	0.14***	0.009	0.007
	(-4.01)	(-0.66)	(-1.95)	(-1.95)	(1.71)	(0.04)	(2.81)	(0.55)	(3.08)	(0.81)	(0.66)
C	8.90***	17.43	-6.32**	-4.28***	-42.78***	-49.69***	-21.07***	12.55***	-2.43	0.88	0.751
	(3.82)	(1.30)	(-2.17)	(-3.09)	(-10.76)	(-9.29)	(-2.65)	(3.41)	(-1.04)	(0.87)	(0.82)
年度	控制	控制	控制	控制	控制	控制	控制	控制	控制	控制	控制
航线	控制	控制	控制	控制	控制	控制	控制	控制	控制	控制	控制
N	165	129	165	165	157	147	165	125	165	165	165
R^2	0.887	0.907	0.905	0.173	0.789	0.730	0.372	0.814	0.751	0.653	0.599

注：***、**、* 分别表示1%、5%、10%的显著性水平，通过报告国家层面聚类稳健标准误控制异方差。

表 11-15 海外华商生产类资源、政府协调机制与"21 世纪海上丝绸之路"建设多元回归检验

变量	政府协调机制				21 世纪海上丝绸之路建设						
	GOC	$INTD_{j,t}1$	$INTD_{j,t}2$	$RMBR_{j,t}$	INC1	INC2	MAEC1	MAEC2	MAEC3	$PUDR_{j,t}1$	$PUDR_{j,t}2$
PRR	0.12*** (4.48)	0.10* (1.06)	26.75*** (3.33)	0.01 (0.38)	0.01 (0.09)	0.01 (0.18)	0.10* (1.51)	0.11*** (2.93)	0.07*** (2.62)	0.02** (2.22)	0.02*** (2.68)
GOC		1.05*** (3.05)	102.33*** (3.80)	0.04 (1.11)	0.59*** (4.86)	0.31* (1.63)	0.34* (1.70)	0.36*** (2.9)	0.03* (0.51)	0.01 (0.41)	0.01 (0.28)
FIRST	-5.74*** (-3.55)	-17.75* (-1.95)	2.23*** (3.97)	1.95** (2.05)	7.06*** (2.07)	2.91 (0.65)	0.12 (0.02)	-11.41*** (-6.33)	1.62 (1.06)	0.18 (0.28)	0.35 (0.60)
GDP	0.07 (0.46)	-0.03 (-0.06)	238.51*** (4.67)	0.31*** (3.90)	2.46*** (11.09)	2.42*** (8.15)	0.81** (2.60)	-0.14 (-1.12)	0.22 (1.54)	-0.01 (-0.27)	-0.01 (-0.24)
POP	0.73*** (5.64)	0.53 (0.83)	-3.02*** (-4.90)	-0.28*** (-4.39)	-1.51*** (-6.79)	-1.13*** (-3.91)	-0.661* (-2.18)	0.28** (2.08)	-0.13 (-1.12)	0.02 (0.55)	0.02 (0.57)
GROW	-0.26*** (-3.84)	-0.54** (-2.38)	-65.97*** (-2.68)	-0.09*** (-3.34)	0.12 (1.33)	0.10 (0.87)	0.20 (1.46)	-0.20*** (-3.07)	0.13** (2.03)	-0.01 (-0.06)	0.01 (0.18)
C	4.41 (1.40)	5.62 (0.49)	-5.53*** (-5.28)	-6.24*** (-3.83)	-51.06*** (-11.58)	-50.28*** (-7.58)	-18.63*** (-2.78)	11.86*** (4.39)	-3.78 (-1.21)	-0.46 (-0.41)	-0.41 (-0.35)
年度	控制	控制	控制	控制	控制	控制	控制	控制	控制	控制	控制
航线	控制	控制	控制	控制	控制	控制	控制	控制	控制	控制	控制
N	120	97	120	120	112	107	120	96	120	120	120
R^2	0.816	0.929	0.579	0.156	0.861	0.780	0.542	0.875	0.785	0.701	0.649

注:***、**、*分别表示 1%、5%、10% 的显著性水平,通过报告国家层面聚类稳健标准误控制异方差。

和"海丝"沿线国家互联互通建设的回归系数仍为正数，但未达到显著性水平。为此，政府协调机制的中介效应成立，在海外华商生产类资源与中国产业转型升级、中国和"海丝"沿线国家海洋经济合作的关系中发挥部分中介作用，但在海外华商生产类资源与中国和"海丝"沿线国家互联互通建设的关系中发挥完全中介作用。由表 11-15 还可知，政府协调机制对人民币区域化、中国和"海丝"沿线国家公共外交关系的回归系数为正，但未达到显著性水平，中介效应分析终止，也就是说，政府协调机制在海外华商生产类资源与人民币区域化及中国和"海丝"沿线国家公共外交关系之间的中介传导作用不成立。

3. 政府协调机制对海外华商关系类资源影响"21 世纪海上丝绸之路"建设的中介效应检验

表 11-16 列出了海外华商关系类资源、政府协调机制与"21 世纪海上丝绸之路"建设五大领域之间关系的多元回归结果。研究发现，海外华商关系类资源对政府协调机制（GOC）具有显著的正相关关系，满足中介效应检验的基本条件。由表 11-16 可知，政府协调机制与中国和"海丝"沿线国家互联互通建设、海洋经济合作、公共外交关系的回归系数为正，且达到显著性水平；同时，加入中介变量后，海外华商关系类资源与中国和"海丝"沿线国家互联互通建设、海洋经济合作、公共外交关系的回归系数有所下降，且达到显著性水平，为此，政府协调机制的中介效应成立，在海外华商关系类资源与中国和"海丝"沿线国家互联互通建设、海洋经济合作、公共外交关系之间发挥部分中介作用。由表 11-16 还可知，政府协调机制对中国产业转型升级和人民币区域化的回归系数为正，但未达到显著性水平，中介效应分析终止，也就是说，政府协调机制在海外华商关系类资源与中国产业转型升级和人民币区域化之间的中介传导作用不成立。

（三）民间交流机制的中介效应检验

根据因果逐步回归法的中介效应检验程序，自变量对中介变量的回归系数不显著，则中介效应分析停止。数据分析显示，海外华商的资讯类资源对民间交流机制不存在显著的相关关系，故民间交流机制在海外华商资讯类资源与"21 世纪海上丝绸之路"建设之间的中介效应不存在，本部分

表 11-16 海外华商关系类资源、政府协调机制与"21 世纪海上丝绸之路"建设多元回归检验

变量	政府协调机制			21 世纪海上丝绸之路建设							
	GOC	$INTD_{j,t}1$	$INTD_{j,t}2$	$RMBR_{j,t}$	INC1	INC2	MAEC1	MAEC2	MAEC3	$PUDR_{j,t}1$	$PUDR_{j,t}2$
RER	0.02*** (9.34)	0.03*** (3.08)	9.77*** (8.81)	0.007*** (5.73)	0.01** (2.23)	0.004 (-0.61)	0.02*** (2.85)	0.01*** (4.74)	0.01*** (2.77)	0.002* (1.67)	0.002* (1.66)
GOC		0.58 (1.50)	6.30 (-0.52)	0.01 (-0.29)	0.42*** (3.11)	0.31* (1.62)	0.29 (1.17)	0.28** (2.39)	0.02** (-0.31)	0.01 (0.29)	0.007** (0.18)
FIRST	-5.50*** (-4.55)	-23.01** (-2.78)	544.51* (4.09)	1.17 (1.57)	4.40* (1.89)	3.71 (1.31)	6.16 (1.36)	-11.58*** (-6.68)	1.62* (1.69)	-0.08 (-0.15)	0.19 (0.37)
GDP	-0.21** (-2.03)	-0.90 (-1.40)	24.98** (2.08)	0.14** (2.22)	2.08*** (11.76)	2.52*** (10.43)	0.79** (2.22)	-0.31** (-2.12)	0.12 (1.20)	-0.05 (-1.15)	-0.03 (-0.75)
POP	0.97*** (11.63)	1.50* (1.93)	-34.61** (-2.53)	-0.08 (-1.41)	-1.26*** (-6.65)	-1.39*** (-5.00)	-0.74* (-1.79)	0.66*** (3.85)	-0.009 (-0.09)	0.04 (0.73)	0.03 (0.69)
GROW	-0.08*** (-4.02)	-0.10 (-0.70)	-10.50** (-2.65)	-0.02** (-2.16)	0.11* (1.68)	0.005 (0.04)	0.27*** (2.90)	0.03 (0.69)	0.14*** (3.06)	0.008 (0.69)	0.005 (0.49)
C	10.64*** (5.02)	27.19* (1.89)	-4.52 (-1.62)	-2.93** (-2.24)	-40.85*** (-9.77)	-50.65*** (-8.62)	-16.68** (-2.04)	15.30*** (4.35)	-0.90 (-0.41)	0.89 (0.78)	0.45 (0.46)
年度	控制	控制	控制	控制	控制	控制	控制	控制	控制	控制	控制
航线	控制	控制	控制	控制	控制	控制	控制	控制	控制	控制	控制
N	165	129	165	165	157	147	165	125	165	165	165
R^2	0.90	0.91	0.85	0.22	0.79	0.73	0.39	0.83	0.75	0.65	0.58

注：***、**、*分别表示 1%、5%、10% 的显著性水平，通过报告国家层面聚类稳健标准误控制异方差。

只分析它在海外华商生产类资源和关系类资源与"21世纪海上丝绸之路"建设之间的中介效应。

1. 民间交流机制对海外华商生产类资源影响"21世纪海上丝绸之路"建设的中介效应检验

表 11-17 列出了海外华商生产类资源、民间交流机制与"21世纪海上丝绸之路"建设五大领域之间关系的多元回归结果。研究发现，海外华商生产类资源对民间交流机制（NGE）具有显著的正相关关系，满足中介效应检验的基本条件。由表 11-17 可知，民间交流机制与中国产业转型升级、中国和"海丝"沿线国家海洋经济合作和公共外交关系的回归系数为正，且达到显著性水平；同时，加入中介变量后，海外华商生产类资源与中国产业转型升级、中国和"海丝"沿线国家海洋经济合作和公共外交关系相关变量的回归系数有所下降，且均达到显著性水平。为此，民间交流机制的中介效应成立，在海外华商生产类资源与中国产业转型升级、中国和"海丝"沿线国家海洋经济合作和公共外交关系之间发挥部分中介作用。由表 11-17 还可知，政府协调机制对人民币区域化、中国和"海丝"沿线国家互联互通建设的回归系数为正，但未达到显著性水平，中介效应分析终止，也就是说，民间交流机制在海外华商生产类资源与人民币区域化、中国和"海丝"沿线国家互联互通建设之间的中介传导作用不成立。

2. 民间交流机制对海外华商关系类资源影响"21世纪海上丝绸之路"建设的中介效应检验

表 11-18 列出了海外华商关系类资源、民间交流机制与"21世纪海上丝绸之路"建设五大领域之间关系的多元回归结果。研究发现，海外华商的关系类资源对民间交流机制（NGE）具有显著的正相关关系，满足中介效应检验的基本条件。由表 11-18 可知，民间交流机制与中国产业转型升级、人民币区域化，以及中国和"海丝"沿线国家海洋经济合作和公共外交关系的回归系数为正，且达到显著性水平；同时，加入中介变量后，海外华商关系类资源与中国产业转型升级、人民币区域化，以及中国和"海丝"沿线国家海洋经济合作和公共外交关系的回归系数有所下降，且达到显著性水平，为此，民间交流机制的中介效应成立，在海外华商关系类资源与中国产业转型升级、人民币区域化，以及中国和"海丝"沿线国家海

表 11-17 海外华商生产类资源、民间交流机制与"21 世纪海上丝绸之路"建设多元回归检验

变量	民间交流机制				21 世纪海上丝绸之路建设						
	NGE	$INTD_{j,t}1$	$INTD_{j,t}2$	$RMBR_{j,t}$	INC1	INC2	MAEC1	MAEC2	MAEC3	$PUDR_{j,t}1$	$PUDR_{j,t}2$
PRR	0.03** (2.20)	0.60*** (4.08)	38.36*** (4.67)	0.01 (1.03)	0.18*** (4.82)	0.14*** (2.67)	0.06* (1.07)	0.19*** (6.77)	0.10** (2.59)	0.03*** (3.37)	0.03*** (3.43)
NGE		0.36* (0.59)	1.00*** (−3.18)	0.03 (0.34)	0.41 (−1.62)	0.11 (−0.32)	0.12* (0.32)	0.26** (−2.19)	0.18* (−0.93)	0.084* (1.89)	0.009* (0.18)
FIRST	−0.30 (−0.28)	−21.89*** (−2.75)	1.53*** (3.28)	1.22 (1.34)	2.59 (0.75)	4.58 (1.03)	4.44 (0.96)	−13.34*** (−9.75)	4.94** (2.51)	−0.35 (−0.61)	0.39 (0.73)
GDP	−0.18** (−2.12)	−0.63 (−0.82)	236.90* (4.37)	0.27*** (3.17)	2.27*** (9.64)	2.64*** (8.42)	1.33*** (3.57)	−0.22* (−1.69)	0.46** (2.55)	−0.04 (−0.82)	−0.02 (−0.37)
POP	0.157** (2.25)	1.56** (2.28)	−2.02*** (−4.01)	−0.21*** (−3.05)	−1.03*** (−4.94)	−1.26*** (−4.94)	−0.89*** (−2.84)	0.57*** (5.62)	−0.35*** (−2.25)	0.06 (1.64)	0.03 (0.87)
GROW	−0.04 (−1.47)	0.11* (1.68)	−84.04** (−3.32)	−0.09*** (−3.34)	−0.17** (−2.27)	−0.29*** (−3.16)	0.03 (0.29)	−0.35*** (−5.30)	0.03 (0.51)	0.01 (0.61)	−0.005 (−0.20)
C	3.58** (2.01)	16.67 (1.13)	−5.03*** (−4.53)	−5.30*** (−3.01)	−44.20*** (−9.54)	−52.63*** (−8.22)	−25.83*** (−3.33)	15.75*** (5.97)	−8.60*** (−2.30)	0.03 (0.03)	−0.36 (−0.32)
年度	控制	控制	控制	控制	控制	控制	控制	控制	控制	控制	控制
航线	控制	控制	控制	控制	控制	控制	控制	控制	控制	控制	控制
N	131	102	131	131	121	116	131	103	131	131	131
R^2	0.254	0.799	0.551	0.243	0.828	0.725	0.482	0.863	0.723	0.725	0.638

注:***、**、* 分别表示 1%、5%、10% 的显著性水平,通过报告国家层面聚类稳健标准误控制异方差。

表 11-18　海外华商关系类资源、民间交流机制与 "21 世纪海上丝绸之路" 建设多元回归检验

变量	民间交流机制				21 世纪海上丝绸之路建设						
	NGE	$INTD_{j,t}1$	$INTD_{j,t}2$	$RMBR_{j,t}$	INC1	INC2	MAEC1	MAEC2	MAEC3	$PUDR_{j,t}1$	$PUDR_{j,t}2$
RER	0.002**	0.071***	8.658***	0.006***	0.028***	0.017***	0.027***	0.024***	0.012***	0.003***	0.003***
	(1.97)	(8.03)	(9.14)	(7.80)	(8.03)	(3.83)	(4.27)	(10.33)	(3.83)	(4.39)	(3.88)
NGE		0.94***	89.66**	0.02**	0.15	0.17	0.15	0.24*	0.11**	0.14***	0.07**
		(2.27)	(-5.04)	(0.36)	(-0.66)	(0.51)	(0.51)	(1.88)	(-0.70)	(3.34)	(1.49)
FIRST	1.90***	-10.26**	285.52*	0.734	2.590	4.307	4.771	-9.90***	3.33***	-0.22	0.40
	(2.64)	(-1.66)	(2.84)	(1.25)	(1.13)	(1.53)	(1.39)	(-7.75)	(3.22)	(-0.50)	(0.97)
GDP	-0.010	0.127	20.96**	0.10**	1.878***	2.425***	0.879***	-0.047	0.236**	-0.037	-0.017
	(-0.19)	(0.22)	(2.33)	(2.22)	(11.10)	(10.19)	(3.61)	(-0.40)	(2.40)	(-0.87)	(-0.42)
POP	0.042	0.92*	-16.82**	-0.06	-0.81***	-1.19***	-0.58***	0.657***	-0.139	0.050	0.029
	(0.98)	(1.90)	(-2.51)	(-1.60)	(-5.91)	(-6.72)	(-2.73)	(6.67)	(-1.62)	(1.46)	(0.94)
GROW	1.22	-0.43**	-0.89	-0.01	0.03	-0.13	0.32***	-0.03	0.14***	0.01	0.001
	(1.34)	(-2.30)	(-0.30)	(-1.55)	(0.68)	(-1.35)	(3.52)	(-0.63)	(3.02)	(1.35)	(0.12)
C	0.019	9.27	-4.32**	-2.23**	-33.97***	-46.60***	-16.37***	11.68***	-3.26	0.47	0.09
	(0.01)	(0.82)	(-2.25)	(-2.23)	(-9.52)	(-9.25)	(-3.15)	(4.70)	(-1.57)	(0.54)	(0.12)
年度	控制	控制	控制	控制	控制	控制	控制	控制	控制	控制	控制
航线	控制	控制	控制	控制	控制	控制	控制	控制	控制	控制	控制
N	189	142	189	189	170	160	189	143	189	189	189
R^2	0.266	0.849	0.842	0.289	0.793	0.694	0.434	0.804	0.723	0.606	0.527

注：***、**、* 分别表示 1%、5%、10% 的显著性水平，通过报告国家层面聚类稳健标准误控制异方差。

洋经济合作和公共外交关系之间发挥部分中介作用。由表 11-18 还可知，民间交流机制对中国和"海丝"沿线国家互联互通建设的回归系数为正，但未达到显著性水平，中介效应分析终止，也就是说，民间交流机制在海外华商关系类资源与中国和"海丝"沿线国家互联互通建设之间的中介传导作用不成立。

四 结论与讨论

（一）海外华商资源对"21 世纪海上丝绸之路"建设具有直接的积极促进作用

上述实证结果表明，海外华商的资讯类资源、生产类资源和关系类资源对"21 世纪海上丝绸之路"建设中的五大领域，即产业转型升级、人民币区域化、互联互通建设、海洋经济合作和公共外交关系都有着显著的正向影响。这意味着在"海丝"沿线国家的三类华商资源越多，中国和"海丝"沿线国家之间的互联互通建设、海洋经济合作和公共外交关系也会越好，中国产业转型升级和人民币在"海丝"沿线国家的区域化过程也会更加顺畅。研究结论推动了比较优势理论和国家竞争优势理论在"21 世纪海上丝绸之路"建设中的运用。根据比较优势理论和国家竞争优势理论，"海丝"沿线国家应该挖掘比较优势，在更为宽广的地域范围内实现生产要素配置和产业发展，同时通过国际贸易与合作推进本国经济发展，最终实现国家竞争优势的构建与巩固。海外华商作为中国和"海丝"沿线国家的天然连接器，利用自身三类资源，能够推动各国更好地利用比较优势开展互补合作，构建差异化竞争优势，实现共同发展。同时，研究结论也为资源基础观和国际化在"21 世纪海上丝绸之路"建设中的有机融合提供实证支持。海外华商的三类资源是中国企业国际化进程中拥有的独特资源，具有价值性、稀缺性、难以模仿性和难以替代性等特征，能够为中国企业投资"海丝"沿线国家以及推进项目合作提供重要支持。

（二）市场驱动机制对"21 世纪海上丝绸之路"建设三大领域存在直接的积极促进作用，更是海外华商利用三类资源推进"21 世纪海上丝绸之路"建设的主要传导器

如前所证，作为市场驱动机制的反向代理变量，企业注册的启动程序

数（MAD1）、创办企业所需时间（MAD2）和注册资产所需时间（MAD3）分别对产业转型升级、人民币区域化、海洋经济合作等代理变量有着显著的负向影响，这意味着中国和"海丝"沿线国家之间市场驱动机制越好，中国商业相关主体在"海丝"沿线国家创办企业时的企业注册的启动程序数、创办企业所需时间和注册资产所需时间都会大大降低，进而推动中国和"海丝"沿线国家之间的商业联系和合作，中国产业转型升级的效果也会越好，人民币在"海丝"沿线国家的区域化过程也会越顺利，中国和"海丝"沿线国家之间的海洋经济合作也会更好。然而，市场驱动机制对中国和"海丝"沿线国家之间的互联互通建设和公共外交关系的直接效应并没有得到证实，可能的原因是互联互通建设项目主要在代表国家的大型企业之间开展商业合作，受政治层面因素的影响更多，而非市场因素；而中国和"海丝"沿线国家之间公共外交关系的维护，更多的是通过一些非营利组织去开展，而非市场组织。此外，作为国家之间微观层面的商业连接纽带，市场驱动机制还对海外华商利用自身资源推动"21 世纪海上丝绸之路"建设发挥中介作用。具体如下，一是海外华商的资讯类资源会通过减少中国商业主体在"海丝"沿线国家创办企业时企业注册的启动程序数（MAD1）、创办企业所需时间（MAD2）、注册资产所需时间（MAD3）的方式，促进中国产业转型升级、人民币在"海丝"沿线国家的区域化进程，以及中国和"海丝"沿线国家之间的海洋经济合作。二是海外华商的生产类资源会通过减少中国商业主体在"海丝"沿线国家创办企业时企业注册的启动程序数（MAD1）的方式，促进中国产业转型升级，推进人民币在"海丝"沿线国家的区域化进程，以及中国和"海丝"沿线国家之间的海洋经济合作。三是海外华商的关系类资源会通过减少中国商业主体在"海丝"沿线国家创办企业时企业注册的启动程序数（MAD1）、创办企业所需时间（MAD2）以及注册资产所需时间（MAD3）的方式，促进中国的产业转型升级，推进人民币在"海丝"沿线国家的区域化进程，以及中国与"海丝"沿线国家的海洋经济合作和公共外交关系。由此可见，良好的市场驱动机制，可以降低中国和"海丝"沿线国家商业主体之间的各种联系成本，提高合作效率，能够有效推进海外华商利用三类资源推进"21 世纪海上丝绸之路"建设。

（三）政府协调机制是中国与"海丝"沿线国家为促进共同发展而商议形成的各种正式制度，更是海外华商利用三类资源推进"21 世纪海上丝绸之路"建设的重要传导器

具体而言，海外华商的资讯类资源和生产类资源可以提供高质量的信息和强大的经济实力支持，增强中国和"海丝"沿线国家在官方层面的沟通交流和协调合作，进而推动中国产业转型升级、中国和"海丝"沿线国家之间的互联互通建设和海洋经济合作；海外华商的关系类资源可以提供多元的社会资本支持，提高中国和"海丝"沿线国家之间的沟通质量和效率，从而促进中国和"海丝"沿线国家之间的互联互通建设、海洋经济合作和公共外交关系。由此可见，政府协调机制可以提高政府之间的沟通效率和质量，强化中国和"海丝"沿线国家战略合作的制度设计，进而有效传导海外华商资源对"21 世纪海上丝绸之路"建设的积极促进作用。需要注意的是，这种传导方式和作用范围因海外华商资源的不同类型和"21 世纪海上丝绸之路"建设的具体领域而存在不同。

（四）民间交流机制是中国与"海丝"沿线国家公众加强交流沟通的非正式制度，更是海外华商利用自身资源推进"21 世纪海上丝绸之路"建设的补充性传导器

具体如下，海外华商的生产类资源会通过商业化的方式举办各类民间交流项目，增进中国和"海丝"沿线国家公众之间的友谊，进而反哺中国和"海丝"沿线国家之间的社会经济合作，从而促进中国产业转型升级、中国和"海丝"沿线国家的海洋经济合作和公共外交关系；而海外华商的关系类资源提供的多元社会资本供给和支持，可以提高中国和"海丝"沿线国家之间交流合作的效率，进而促进中国产业转型升级、人民币在"海丝"沿线国家的区域化进程，以及中国和"海丝"沿线国家海洋经济合作和公共外交关系。与上述其他两种机制不同的是，民间交流机制的传导作用仅存在于海外华商的生产类资源和关系类资源与"21 世纪海上丝绸之路"建设之间的关系当中。

图书在版编目（CIP）数据

海外华商与21世纪海上丝绸之路建设／林春培，李
海林，朱晓艳著. -- 北京：社会科学文献出版社，
2023.6

（21世纪海上丝绸之路研究丛书）
ISBN 978-7-5228-1836-8

Ⅰ.①海…　Ⅱ.①林…②李…③朱…　Ⅲ.①华人经
济-研究②海上运输-丝绸之路-研究-中国-21世纪
Ⅳ.①F063.6②K203

中国国家版本馆CIP数据核字（2023）第095222号

21世纪海上丝绸之路研究丛书
海外华商与21世纪海上丝绸之路建设

著　　者／林春培　李海林　朱晓艳

出 版 人／王利民
责任编辑／黄金平
责任印制／王京美

出　　版／社会科学文献出版社·政法传媒分社（010）59367126
　　　　　地址：北京市北三环中路甲29号院华龙大厦　邮编：100029
　　　　　网址：www.ssap.com.cn
发　　行／社会科学文献出版社（010）59367028
印　　装／三河市龙林印务有限公司

规　　格／开　本：787mm×1092mm　1/16
　　　　　印　张：13.5　字　数：218千字
版　　次／2023年6月第1版　2023年6月第1次印刷
书　　号／ISBN 978-7-5228-1836-8
定　　价／89.00元

读者服务电话：4008918866

▲ 版权所有 翻印必究